欧亚语言与文化研究

许宏 主编

中国商务出版社
CHINA COMMERCE AND TRADE PRESS

图书在版编目（CIP）数据

欧亚语言与文化研究 / 许宏主编. —北京：中国商务出版社，2022.7
ISBN 978-7-5103-4329-2

Ⅰ.①欧… Ⅱ.①许… Ⅲ.①文化语言学—研究—欧洲、亚洲 Ⅳ.① H0-05

中国版本图书馆 CIP 数据核字（2022）第 109738 号

欧亚语言与文化研究
OUYA YUYAN YU WENHUA YANJIU

许宏　主编

出　　　版：	中国商务出版社
地　　　址：	北京市东城区安外东后巷 28 号　邮编：100710
责任部门：	商务事业部（010-64269744）
责任编辑：	李自满
直销客服：	010-64266119
总　发　行：	中国商务出版社发行部（010-64208388　64515150）
网购零售：	中国商务出版社淘宝店（010-64286917）
网　　　址：	http://www.cctpress.com
网　　　店：	https://shop595663922.taobao.com
邮　　　箱：	bjys@cctpress.com
排　　　版：	中正书业
印　　　刷：	三河市龙大印装有限公司
开　　　本：	710 毫米 × 1000 毫米　1/16
印　　　张：	20.5　　　　　　　　　字　　数：335 千字
版　　　次：	2022 年 10 月第 1 版　　印　　次：2022 年 10 月第 1 次印刷
书　　　号：	ISBN 978-7-5103-4329-2
定　　　价：	95.00 元

凡所购本版图书如有印装质量问题，请与本社印制部联系（电话：010-64248236）

版权所有　盗版必究（盗版侵权举报可发邮件到本社邮箱：cctp@cctpress.com）

前　　言

2021年，在中国共产党成立100周年之际，中国俄罗斯东欧中亚学会俄语教学研究会（中国俄语教学研究会）迎来了40周岁生日。以此为契机，为进一步推进俄罗斯东欧中亚研究，由中国俄罗斯东欧中亚学会俄语教学研究会主办、上海外国语大学俄罗斯东欧中亚学院承办，中国俄罗斯东欧中亚学会俄语教学研究会成立40周年纪念大会暨第三届"跨学科视野下俄罗斯东欧中亚研究"国际学术研讨会于2021年10月15—17日在上海外国语大学松江校区举行。

2017年，在上海外国语大学俄语系撤系建院之际，为了对俄罗斯中东欧中亚地区展开多方位的多维研究，打造具有上海外国语大学特色的俄罗斯东欧中亚研究学术品牌，首届"跨学科视野下俄罗斯东欧中亚研究"国际学术研讨会应运而生。2019年，第二届"跨学科视野下俄罗斯东欧中亚研究"国际学术研讨会如期举办。三届研讨会的成功举办促进了国内外与会专家学者之间的交流，有力提升了俄罗斯东欧中亚研究在国际上的影响力。研讨会搭建多语种、跨学科的学术交流平台，探索学术前沿问题，交流学术成果，推动俄罗斯东欧中亚地区语言文化的多角度、多层次探讨与交流，研究构建俄罗斯–中东欧–中亚知识体系，深化对"一带一路"沿线国家语言发展现状的了解，为推动"一带一路"建设发挥了积极作用。

本书汇集了在"跨学科视野下俄罗斯东欧中亚研究"国际学术研讨会上专家、学者所提交的三十篇学术论文。论文作者来自国内各大高校和研究院所，论题涵盖外国语言文学、政治学两大一级学科，内容涉及俄罗斯、东欧、中亚等国家和地区的语言、文学、翻译、文化、政治、外交以及"一带一路"

沿线非通用语种的教学等，是对"一带一路"沿线重要国家进行多维视角研究的最新成果。为了让广大学者能够了解这一国际学术研讨会所取得的成果，我们特将相关论文结集成册，以飨读者。

许　宏
2022 年 3 月

目 录

I. 语言与国别区域研究

谈文明互鉴语境下中国语言学研究问题……001

俄语语义"人类中心性"的认知研究……015

中国俄语语义学 40 年学科发展回眸与前瞻……029

汉语中俄源外来词的计量分析……041

俄罗斯近十年国情咨文含 знаете 的话语词语用功能分析……052

俄语语言文化空间中的动物准标尺……064

指示词的语义特征研究……072

系统功能语言学视角下的对俄外交话语显译研究
　——以张汉晖大使讲话（2019—2021）为例……081

阿尔迪亚尔学派在罗马尼亚语发展过程中的作用……095

罗马尼亚语中的温度隐喻研究……105

俄罗斯智库对十八大后中国社会发展的主要观点……112

俄罗斯数字经济发展：动因、现状及制约因素……124

18 世纪捷克教育改革研究……132

俄罗斯远东地区人口危机及中国东北地区与俄罗斯远东地区劳务合作……142

"一带一路"融合型人才培养的思考……155

高校俄语课程思政研究现状及其趋势……163

建设战略语言　服务"一带一路"
　　——上海外国语大学哈萨克语专业建设综述……175

高校基础俄语教学阶段学生词法偏误分析及教法应对策略……185

中国俄语专业语音教学探究
　　——基于教学前调查实验和调查问卷的分析……194

Ⅱ. 文学与翻译研究

世纪之交俄罗斯新现实主义文学及其艺术特征……202

寻找俄罗斯文化之根：交互文本中的小说《净罪的礼拜一》……213

当代俄罗斯战争小说的反英雄叙事……223

战争的人道主义书写
　　——试析阿斯塔菲耶夫的中篇小说《陨石雨》……234

白银时代象征主义诗歌中的恶魔形象……242

奥尔加·托卡尔丘克《云游派》的空间叙事……254

草婴先生的文学翻译观……260

俄语"意义"谱系词汇的简析与重译……268

亚历山大·万比洛夫散文汉译中的风格艺术美之体现……280

新时代背景下翻译教学中译者素养相关要素探索……294

中文歌曲俄语译配研究……304

I. 语言与国别区域研究

谈文明互鉴语境下中国语言学研究问题[①]

复旦大学　姜　宏　公艳芬

摘要：当前中国语言学发展势头强劲，但仍存在一个不容忽视的问题：各语种、流派、学说、理论缺乏必要的交流和借鉴。这一问题是阻碍中国语言学继续发展的一个绊脚石。在文明互鉴之大语境下，探讨语言学研究文明互鉴的多种类型与途径，旨在呼吁中国语言学树立文明互鉴的理念，探索中国语言学研究的新方向和新思路。在这方面，俄罗斯功能语法理论与西方系统功能语言学的相互对比和文明互鉴可以起到良好的借鉴作用。

关键词：文明互鉴；中国语言学；新文科；功能语言学

1　关于两个关键词

就本文标题来说，有两个关键词需提前做出说明：一是"文明互鉴"，二是"中国语言学"。

我们先看第一个关键词"文明互鉴"。何谓文明互鉴？它的核心理念是什么？《人民日报》就此做出了全面阐释：文明互鉴，网络流行词，文明互鉴是构建人类命运共同体的人文基础，是增进各国人民友谊的桥梁、推动人类社会进步的动力、维护世界和平的纽带。2014年3月27日，习近平主席在联合国

[①] 本文系国家社科基金一般项目"范式视域的俄罗斯语言哲学史研究"（项目批准号：17BYY034）的阶段性成果以及"复旦大学人文社科先锋计划"项目成果。

教科文组织总部发表演讲时提出,"文明因交流而多彩,文明因互鉴而丰富"。2019 年 12 月 2 日,词语"文明互鉴"被《咬文嚼字》公布为 2019 年十大流行语。互鉴,即相互借鉴;文明互鉴,即世界上不同文明之间加强交流,相互借鉴。2014 年以来,习主席在一系列重大场合阐述"文明交流互鉴"主张,其内涵不断丰富,影响不断扩大,在国际社会达成越来越广泛的共识。2019 年 5 月 15 日,习主席在亚洲文明对话大会开幕式上再次强调,"文明因多样而交流,因交流而互鉴,因互鉴而发展",引起全球共鸣。"文明互鉴"已成为全球"热词",在国际、国内媒体上广为传播。

可见,"文明互鉴"就其学科属性而言可以纳入外交学或者国际关系学,其核心理念就是构建人类命运共同体和促进世界和平发展。

接下来看第二个关键词"中国语言学"。在此需要说明的是,之所以采用"中国语言学",而非汉语语言学或俄语语言学等其他术语,一是为了强调"中国语言学"的涵盖范围之广,它不仅包括汉语语言学,而且将普通语言学以及其他语种的个别语言学研究也包含在内;二是恰恰为了与"人类""各国""世界"等概念相互呼应,体现和凸显"文明互鉴"的理念。

综上,"文明互鉴"作为一个构建人类命运共同体和促进世界和平发展的外交词语,用于我们的中国语言学研究也十分应景,十分贴切。

这样说的根据是什么?我们来看看中国语言学研究现况就可以大体明白。

2 中国语言学研究现状(以功能语言学为例)

世界当代语言学流派纷呈,学说林立,理论如云,劲头强劲。中国语言学研究紧跟步伐,不遑多让,成果迭出,成绩斐然。但是,在一派繁荣盛景之中不难发现还存在着一个不容忽视的问题:各语种、流派、学说、理论各自为是,缺乏必要的交流和互鉴。即便有不少对比研究的成果,但大多都是停留在对语言现象的对比分析上,而在语言学研究的领域、流派、理论和方法之间的相互交流和相互借鉴则十分少见。整体而言,在中国语言学界普遍存在的问题是:不同语种的语言学研究拥有各自的学术阵地,科研立项、论文发表、会议举办等各类学术活动的开展大多各自为政,少有交流和互鉴的情况。

我们以功能语言学(Функциональная лингвистика)为例。

在世界众多的功能主义类型中,由俄罗斯科学院院士邦达尔科(А. В.

Бондарко，1930—2016）创建的"功能语法理论"（Теория функциональной грамматики）和由英国学者韩礼德（M. A. K. Halliday, 1925—2018）创立的"系统功能语言学"（systemic functional linguistics）占据着举足轻重的地位。它们分别在斯拉夫语学界和英语学界有着广泛的影响力；在我国，它们又分别在俄语界和英语界拥有众多的追随者和研究者。

然而，如果说西方各种功能主义流派之间有着比较密切的交流，那么西方和俄罗斯的功能主义之间在很长一段时间里几乎是处于绝缘状态。西方的功能主义者对当今俄罗斯的功能主义了解甚少，而俄罗斯的功能主义者也很少提到韩礼德。在中国语言学界的情况则更值得深思。徐烈炯（2002）教授指出：中国功能主义的兴旺其实主要是系统功能语法的兴旺。在中国，功能语法常常就是指系统功能语法，大多关于功能主义的研究和介绍，事实上写的都是系统功能语法的研究。而且这种兴旺基本上限于英语界。在俄语界，人们对功能语言学的理解更多指的是邦达尔科的功能语法理论。如同英语界几乎听不到有关俄罗斯功能语言学的介绍和信息一样，俄语功能主义研究者也不大信奉和推介西方功能主义。自1989年北京大学召开首届全国系统功能语法研讨会之后，系统功能语言学在中国国内有组织的学术活动方兴未艾。几十年里，中国英语界系统功能语言学研究成果丰硕，名家辈出。影响较大的包括：黄国文、胡壮麟、朱永生、严世清、苗兴伟、张德禄、李战子等人的著作，论文数量更是不胜枚举。而俄罗斯的功能语法理论同样在20世纪80年代就被国内学者引介到中国，如张会森（1989），许高渝（1989），何荣昌（1990），华劭（1991）等。经过数十年的发展，俄罗斯功能语法研究在中国同样成绩卓著，人才济济，如吴贻翼、杜桂枝、王铭玉、于鑫、姜宏、王清华、赵爱国、齐芳溪等。然而，两大流派在中国的研究基本上是独立展开的，可谓泾渭分明。近年来，就两大流派进行对比研究的学者寥寥无几，目前专注于此的学者主要是复旦大学的姜宏教授，她在该领域取得了丰富的成果，如《功能语法理论和系统功能语言学的生成背景及学理传承》（姜宏、赵爱国，2014）、《俄罗斯功能语法理论与西方系统功能语言学对比研究发微》（姜宏、赵爱国，2015）、《俄罗斯功能语法理论与西方系统功能语言学的意义观对比》（姜宏、祝晶，2017）、《俄罗斯功能语法理论与西方系统功能语言学的基本学理对比》（姜宏、许汉成，2018）、《俄罗斯功能语法理论与系统功能语言学的研究方法对比》（姜宏、赵爱国、曾婷，2020)、《俄罗斯功能语法理论与西方系统功能语言学对比研究》(姜宏，2020)等。

与此同时，需要指出的是，功能语言学在汉语学界也有着自己的理论流派，那就是马庆株先生的汉语语义功能语法(马庆株，1998、2000、2012)。从某种意义上说，该语法与俄罗斯邦达尔科的功能语法在许多理念上是非常接近的。例如，它们都以语义(语法)范畴为出发点对语法进行研究，都遵循"由意义到形式"的原则对语法现象做出描写，都兼有"结构主义"和"功能主义"科学范式的特点，既注重对语言形式(结构)的描写，又注重对语言功能(表达)的阐释，都考虑到语境及其因素对语言单位实现功能所起的作用，特别对上下文语境的分析较为深入。然而，外语界却对此知之甚少。

以上情况不仅仅限于功能语言学，事实上，在其他语言学理论和流派方面也是同样的情形。我们以社会语言学为例：在中国和俄罗斯以及西方，社会语言学都是当代语言学的一个重要学科或流派，但是，三者的形成背景和学理渊源都有所不同，从而在研究内容和重心、研究方法上也有较大差异。例如，从早期发展来看，中国社会语言学比较注重汉语方言、民族语言等语言变异、语言规划的问题以及语言的应用研究；俄罗斯社会语言学一直偏重于民族语言政策、语言接触、语言规划等宏观层面的理论研究和实际应用；而以拉波夫(W. Labov)和特鲁吉尔(P. Trudgill)为代表的英美社会语言学着重考察微观层面的语言变异和社会方言的问题。就研究方法而言，俄罗斯和西方社会语言学并重采集和分析，而中国社会语言学则偏采集而少分析(郭熙，2002；赵蓉晖，2003；安梅，2005；姜艳红，2010)。再如，众所周知，当代俄罗斯语言学研究以人类中心论范式为主导地位，其中语言文化学是该范式最为重要的流派之一。然而，俄语界又有多少学者关注过汉语的文化语言学呢？

这种情况不仅存在于不同国别、不同语种之间，也存在于不同学科和不同流派之间。例如，仅限于外国语言文学一级学科的框架内，我们的语言学研究不仅与国别学是分别进行的，甚至与文学和翻译学等这样一些与语言学紧密相关的学科之间都缺乏足够的交流，更谈不上文明互鉴。

3 中国语言学研究文明互鉴的必要性和可行性

这种缺少交流的现象对于中国的语言学研究无疑是非常不利的。可见，无论是西方与俄罗斯还是中国，无论是英语界和俄语界还是汉语界，都需要加强沟通、增进交流。

这种沟通和交流不仅是完全可行的，也是十分必要的，理由如下：

其一，两种不同的学科、流派或理论要相互补充和吸收，必须建立在一定的基础之上。这个基础中不可缺少的一点是：它们之间有某些相通之处或互利之处，同时又有差异。以俄罗斯功能语法理论与英国系统功能语言学为例。可以说，二者有着千丝万缕的联系，它们都注重系统和功能两个中心的研究，把抽象的语言能力研究和具体的语言使用视为不可分割的两部分，都强调语义，都考虑到语境以及人的心理和社会文化的因素，都既注重理论性，又注重理论的可应用性。但是，二者研究的着重点和方法又不尽相同，某些问题在功能语法理论中由于缺乏系统而完善的研究方法，只是略微涉及，然而这些问题在系统功能语言学研究中却可能是热点问题。反之亦然。也就是说，两大理论对语言功能的阐释和描写各有所长，各有特点，学理上具有互补性。

其二，当今任何一种有价值的语言学学科、流派或理论都有各自的优缺长短，它们独自都无法有效解决语言学的所有问题，而且都会随着时间的推移而显露出某些不足，因此各自都有值得进一步完善的方面。功能语法理论和系统功能语言学也不例外。就功能语法理论来说，其功能语义场体系尽管已经具备比较详尽和合理的框架，但是还需做进一步的补充和完善，因为它所包纳的语义范畴和语义关系还远不能满足人类交际的需要，人类的认知能力所能挖掘的也远不止这些语义范畴；而就系统功能语言学来说，韩礼德未能描写所有的系统，而且对每个系统的描写是不够均匀的，有的细致，有的则显粗略。也就是说，二者都有进一步发展和完善的空间。而相互交流，相互沟通，相互借鉴是达成该目标的重要途径。

其三，同属一种学术范式，但具有不同学理内涵的，尤其是分属不同国别或者以不同语种为语料的两种理论或流派之间进行互鉴具有重要意义。当问题涉及俄罗斯和西方的功能主义流派时，该工作的意义显得尤为突出，因为多年来俄罗斯与西方语言学界一直缺乏必要的交流，二者在功能主义研究上也缺乏相互的认同。加强俄罗斯与西方功能主义研究的沟通和交流有助于改善这一局面。找出其异同，发现其长短，从而达到相互借鉴、相互补充、共同完善和共同发展之目的，最终为包括汉语在内的中国语言学研究找到更加科学合理的方法。

简而言之，中国各语言学流派和理论之间还需打破界限，文明互鉴，从而取长补短，共同完善。

4 中国语言学研究文明互鉴的类型与途径

事实上，语言学研究的文明互鉴具有多种类型与途径。

首先，从互鉴目的来说，可以是为了语言理论研究，可以是为了语言应用研究，也可以是为了分析具体的语言现象，即语言实践研究。其次，从借鉴主体来看，可以是不同国家或民族之间、不同语言之间的文明互鉴，例如，俄罗斯、欧美国家、中国以及其他国家之间，或者俄语、英语、汉语以及其他语言的功能语言学、社会语言学、语言文化学等之间的文明互鉴；也可以是不同学科和不同领域、不同流派（学派）之间的文明互鉴，例如，语言学与社会学、语言学与文化学、语言学与心理学、语言学与政治学、语言学与历史学、语言学与统计学、语言学与美学、语言学与国家安全等。再次，从借鉴客体来说，则可以是学说和观点、方法和经验以及成果、甚至概念之间的文明互鉴。最后，从互鉴方法来看，可以是互通有无，取长补短，去粗取精，也可以是海纳百川，博采众长，还可以是酌古御今，以往鉴来。总之是达成相辅相成，相倚为强，相得益彰的目的。

接下来，我们重点谈谈以上文明互鉴的第二和第三种类型，也即借鉴主体和借鉴客体。

4.1 不同国家或民族和不同语言之间的文明互鉴

不同国家或民族和不同语言之间的文明互鉴也即是跨国界、跨语际的文明互鉴。这往往指的是同一类型的语言理论之间的互鉴。我们仍旧以功能语言学为例。

众所周知，20世纪50~60年代起，随着结构主义语言学范式开始由语言符号的表达层面向内容层面的重大转变，语言学方法论也随之兴起了功能主义。由于不同的功能主义流派和学说有着不同的文脉传统，因此它们对语言描写或阐释的原理和方法也不尽相同，致使学派流派纷呈，令人眼花缭乱。

首先，按照地域，功能主义可分为三个主要流派：西欧流派、美国流派、苏联及后苏联流派,而以上每个流派之下还可再细分为不同的理论和学说。例如,欧美流派中包含库诺(Kuno, 1987)、瓦兰(Valin, 1990)和狄克(Dik, 1980、1981、1989)以及吉翁(Givón, 1990)、克罗夫特(Croft, 1998)、切夫(Chafe, 1970)、汤普森(Thompson, 1991)和霍珀(Hopper, 1987)等功能语法。这些流派和理论学说在研究内容、研究重心、研究方法等基本学理问题上都各有特点,各有优劣。例如,西欧功能主义从人类中心论、心理机制和社会取向出发,主要研究言语行为中语言系统的功能;美国功能主义的特点是其认知方向;苏联及后苏联功能主义涵盖了整个独联体国家,包含结构功能主义、语义功能主义、语用功能主义、认知功能主义以及元语言功能主义,他们互相交叉各有侧重。另外,从研究视域或者范围来看,它们也有所不同。例如,西方英美功能主义者主要从事微观研究,他们着重于功能所体现的各种关系的研究;相形之下,俄罗斯学者则更加擅长宏观层面的研究。他们比较注重语言的内容层面和运用功能,在观察形式的同时注意其意义功能及其运用,并出于俄语的传统把语法现象看作是形式与内容的统一(王铭玉,2001)。而从研究方法来看,有的功能语言学擅长采用内部功能分析方法,指的是从语言系统内部(包括语言单位与单位之间、语言层次与层次之间)分析语言形式和结构的功能;而有的则更倾向于采用外部功能分析方法,这指的是把语言单位及其不同类型的组合与语言外部环境联系起来进行研究。除了以上所说,中国也有自己的功能语法,如前面提到的马庆株的语义功能语法。

  本文以文明互鉴为宗旨,对俄罗斯功能语法理论和西方系统功能语言学两大功能语言学流派进行了全方位比较研究,得出结论:两大理论无论在基本学理(包括研究对象、研究内容、研究宗旨以及研究方法等)和核心思想上,还是在基本概念的理解和阐释以及未来发展方向上,都可以相互借鉴,从而达成共同完善的目标。可见,不同国家或民族和不同语言之间的文明互鉴大有裨益。

  事实上,跨国界和跨语际的文明互鉴还可以围绕许多其他流派和理论展开。例如,俄罗斯与西方以及中国的社会语言学、俄罗斯的言语修辞学(Стилистика русского языка и культура речи)和中国的美学语言学、认知语言学、俄罗斯的交际语言学(Коммуникативная лингвистика)与西方的语用学等。

  与此同时,理论方面的对比和互鉴可以从多个方面展开。这可以涉及理论的形成背景和机制(社会历史哲学等因素和条件),学理渊源和基础(学术思想传承），发展与变化及其规律和特点，基本学理（研究对象、研究内容及范围、研究目标），研究方法及价值取向，主要学术观点及思想，核心概念，研究成果和研究趋势，各自特点及优势，二者互补性及完善性，对中国语言学研究的启示。可以说，以上每一个问题都值得深入研究。

4.2 不同学科和不同领域之间的文明互鉴

不同学科和不同领域之间的文明互鉴指的就是跨学科、跨领域的文明互鉴。可以说，这一点与我们当下的"新文科"理念非常接近。

事实上，这是俄罗斯语言学研究的一个优良传统，它在俄罗斯语言学历史上是一个十分凸显的特点：从罗蒙诺索夫（М. В. Ломоносов, 1711—1765）到别林斯基（В. Г. Белинский, 1811—1848），从布斯拉耶夫（Ф. И. Буслаев, 1818—1897）到波捷布尼亚（А. А. Потебня, 1835—1891），从博杜恩·德·库尔德内（И. А. Бодуэн де Куртенэ, 1845—1929）到谢尔巴（Л. В. Щерба, 1880—1944），从维诺格拉多夫（В. В. Виноградов, 1895—1969）到巴赫金（М. М. Бахтин, 1895—1975）等，他们每一位都是百科全书式的学者，他们都主张和提倡跨学科跨领域的人文社会科学研究。我们以巴赫金为例。

米哈伊尔·巴赫金作为俄罗斯著名的哲学家、符号学家、语文学家、文艺理论家和批评家，被誉为20世纪最杰出的思想家之一。巴赫金所创理论学说精彩纷呈，所留学术遗产弥足珍贵，其中超语言学理论在巴赫金众多学术遗产中占有十分重要的地位。就其本质而言，超语言学是语言学乃至整个人文科学研究的一种方法论，也可以说是一种语言哲学。它秉承索绪尔结构主义关注语言符号的传统，同时从语言实践的社会性和动态性来阐释语言符号系统所确立的形式和意义对应的变异性，建构起一个集众多人文社会学科理念和方法为一体，超越语言学的研究体系和框架。说得更确切一点，那就是，巴赫金认为，人文科学的研究对象是社会的人，研究课题则是"文本"（текст），更具体地说，是"话语"（слово）和"表述"（высказывание）。对文本的分析是一种哲学研究，这既不是语言学或语文学的，也不是文学或任何其他专门的分析（研究），这种研究处于所有这些学科的边界处，处于它们的交汇处和交叉点。换句话说，文本和话语的性质和功能需要采用不同的方法进行分析，需要结合语言学、哲学、人类学、修辞学、心理学、社会学、美学、伦理学和其他与"人"相关的学科知识。(Бахтин，1986)因此，巴赫金的学说不是限于特定学科狭窄框架内的封闭知识，而是一种跨学科的方法论。

这些思想直至今日仍然具有重大现实意义，尤其对当下以"人"为中心，彰显人文精神主题并将学科交叉和整合作为重要手段的新文科建设不无重要启示。

如果采纳这样的思路，可以产生许多有益的研究方向和课题。例如，语言学除了与人类学、社会文化、认知心理、美学伦理等学科联系起来，还可以与政治、宗教、教育、哲学、历史、地理甚至自然科学等其他学科相结合。例如，语言学与文学、语言学与翻译学、语言学与文化学、语言学与心理学、语言学与社会学、语言学与美学、语言学与伦理学、语言学与大众传媒、语言学与政治学、语言学与国家安全等等。事实上，目前所谓的交叉（边缘/外部）语言学，都是不同学科和领域文明互鉴的结果或产物。另外，当今最为提倡的则是"新文科"理念，即人文社会科学和自然科学的文明互鉴，例如语言学与医学、语言学与计算机学、语言学与统计学等学科之间的融合。

需指出的是，这种情况可能出现在不同学科就某一个别问题研究的文明互鉴上。例如，俄罗斯功能语法理论与系统功能语言学对于系统、意义、功能和语境等概念的互鉴；又如，系统功能语言学与语料库语言学对于语法和词汇关系的观点互鉴。众所周知，系统功能语言学与语料库语言学均以外化自然语言为研究对象，强调语言的社会文化属性，探索语内、语外因素对意义表征的制约作用。虽然两者所用术语与研究方法不同，但其语境语域思想是兼容相通的。在词汇与语法关系问题上，其都尝试以连续的方式将词汇和语法统一起来，但分别以精密度与型式概念构建了语法优先与以词汇为中心两种相对立的语言描述模式，分歧较大。两者之间的兼容与分歧造就了其在语篇语义研究中的互鉴互补潜势与作为空间（王月丽，2018）。另外，这种文明互鉴还可以体现在语言学内部层次之间。例如，语法学和词汇学，语法学和语义学，词汇学和构词学，词法学和句法学，语法学、词汇学和篇章学，语义学和语用学之间的融合。

4.3 不同学说和观点、方法和经验以及成果和概念之间的文明互鉴

这属于我们前面所说的借鉴客体类型，往往适用于语言现象或语言实践研究。具体而言，是将某一国家或语种的相关学说和观点、方法和经验以及成果、

甚至概念用于解决和分析另一国家或语种的语言现象或实践问题，其中最为直接也最为有效的途径就是采用一种语言的理论和方法研究另一种语言的实例现象。例如，我们可以采用俄罗斯语言文化学的观念分析法和联想实验法以及认知阐释法来分析汉语或者英语及其他语言的观念问题：汉语或英语友谊观、金钱观、家庭观、爱情观等；也可以采用邦达尔科的功能语义场分析方法来研究汉语或英语及其他语言的语义范畴问题：汉语或英语的空间和时间范畴、主客体范畴、数量和性质范畴、肯定和否定范畴、情态性范畴、疏状限定范畴等。同样，俄罗斯的认知语言学与西方不同，那么我们可以采用西方的认知语言学分析方法（隐喻机制）来研究俄语的相关现象。还可以是将一种语言的相关成果和观点用于对另一种语言的相关现象分析。例如，汉语学者就汉语被动句研究得出结论，认为汉语被动句具有消极、负面的语义色彩（我被打了；门被损坏了），那么我们可以用这一结论去观察俄语被动句（姜宏，2006）；反之亦然。例如，俄语学者认为，俄语被动句具有功能语体色彩，它们一般出现在书面语体中，我们同样可以用这一结论去观察汉语被动句。

结语

事实上，语言学研究的文明互鉴还有许多途径和方法，限于篇幅，我们主要谈及以上几种。

从上可见，"文明互鉴"理念与当下的"新文科建设"理念十分接近，二者强调的都是"融合""互鉴""共享""共同发展"的理念。另外，需要强调的是，文明互鉴既提倡世界共同发展，又强调中国语境和中国特色，正所谓"立足中国，走向世界"。

总而言之，"文明因交流而多彩，文明因互鉴而丰富"。文明互鉴之大语境给中国语言学研究提出了新方向和新要求。我们该怎样顺应时代，打破藩篱，架设不同学科、流派和学说以及不同语种之间互学互鉴的桥梁，形成多元互动的良性交流格局，这是当下语言学界共同的思考。目前国务院学位办将外国语言文学一级学科下设的13个二级学科调整为外国文学、外国语言学及应用语言学、比较文学与跨文化研究、翻译学、国别与区域研究五大学科方向。这一举措的目的在于提示我们，学科交叉、方向融合、语种界限弱化将成为未来外语学科的主流发展方向。

我们认为，文明互鉴语境下的中国语言学研究（也包括文学、翻译学和国别学等学科）应该是跨国界、跨语际、跨学科、跨层次、多角度的；与此同时，应该立足中国，将当代中国历史语境和时代特征镶嵌在学术话语体系中，在话语层面上为中国发声，凸显中国话语和中国形象，从而拓展和丰富世界文化多样性。我们相信，在当前信息化、全球化的时代，其重要性还会日益凸显。

参考文献

[1] Бахтин М М. Эстетика словесного творчества: сб. работ[M]. Москва: Искусство, 1986.

[2]Chafe W. Meaning and the Structure of Language[M]. Chicago: University of Chicago Press, 1970.

[3]Croft W. What (some) Functionalists can Learn from (some) Formalists[M]. Amsterdam John Benjamins, 1999.

[4] Dik S C. Studies in Functional Grammar[M]. London and New York: Academic Press, 1980.

[5] Dik S C. Functional Grammar[M]. Dordrecht: Foris, 1981.

[6] Dik S C. The Theory of Functional Grammar[M]. Dordrecht: Foris, 1989.

[7]Givon T. Syntax: A Functional Typological Introduction. Vol. II .[M]. Amsterdam: John Benjamins, 1990.

[8]Hopper P. Emergent Grammar[J]. Berkeley Linguistic Society, 1987, 13: 139-157.

[9]Kuno S. Functional Syntax: Anaphora, Discourse, and Empathy[M]. Chicago: University of Chicago Press, 1987.

[10]Thompson S A. On Addressing Functional Explanation in Linguistics[M]. Oxford: Pergamon Press, 1991.

[11]Valin V R. Functionalism, Anaphora and Syntax[J]. Studies in Language, 1990, 14(1): 169-219.

[12] 安梅. 中西方社会语言学的关照与审视[J]. 贵州大学学报（社会科学版），2005（4）：129-132.

[13] 杜桂枝. 简述А. В. Бондарко的功能语义场理论[J]. 外语学刊，2000(2)．

65-70.

[14] 郭熙. 中国社会语言学研究的现状与前瞻 [J]. 江苏社会科学，2002（5）：132-135.

[15] 何荣昌. 俄语功能语法纵横谈 [J]. 教学研究，1990（1）：68-76.

[16] 胡壮麟. 语言系统与功能 [M]. 北京：北京大学出版社，1990.

[17] 胡壮麟. 语篇的衔接与连贯 [M]. 上海：上海外语教育出版社，1994.

[18] 胡壮麟. 功能主义纵横谈 [M]. 北京：外语教学与研究出版社，2000.

[19] 胡壮麟，朱永生，张德禄. 系统功能语法概论 [M]. 长沙：湖南教育出版社，1989.

[20] 胡壮麟，朱永生，张德禄，等. 系统功能语言学概论 [M]. 北京：北京大学出版社，2005.

[21] 华劭. 对几种功能主义的简介和浅评 [J]. 外语研究，1991（2）：1-10.

[22] 黄国文. 语篇分析概要 [M]. 长沙：湖南教育出版社，1988.

[23] 姜宏. 汉俄语功能语法对比研究：评述与展望 [J]. 外语研究，2005（6）：45-49.

[24] 姜宏. 汉俄语被动句语用功能和特征的对比分析 [J]. 解放军外国语学院学报，2006（2）：25-28.

[25] 姜宏. 功能语法理论研究的多维思考——谈当代语言学新元素对功能语法理论的修补和完善 [J]. 中国俄语教学，2007（3）：2-6.

[26] 姜宏. 俄汉语义对比范畴的多维研究——空间和时间范畴之比较 [M]. 北京：北京大学出版社，2013.

[27] 姜宏. 俄罗斯功能语法理论与西方系统功能语言学对比研究 [M]. 北京：北京大学出版社，2020.

[28] 姜宏，齐芳溪. 俄罗斯邦达尔科功能语法理论的核心思想评介 [J]. 语言学研究，2019（1）：85-95.

[29] 姜宏，许汉成. 俄罗斯功能语法理论与系统功能语言学的基本学理对比 [J]. 外语研究，2018（4）：13-17.

[30] 姜宏，赵爱国. 二元对立视角的俄汉语义范畴对比研究之思考——兼谈空间和时间的二元对立统一关系 [J]. 外语学刊，2009（1）：63-66.

[31] 姜宏，赵爱国. 功能语法理论和系统功能语言学的生成背景及学理传

承 [J]. 外语与外语教学，2014（2）：32-37、42.

[32] 姜宏，赵爱国. 俄罗斯功能语法理论与西方系统功能语言学对比研究发微 [J]. 外语学刊，2015（1）：54-58.

[33] 姜宏，赵爱国，曾婷. 俄罗斯功能语法理论与系统功能语言学的研究方法对比 [J]. 复旦外国语言文学论丛，2020（2）：9-14.

[34] 姜宏，祝晶. 俄罗斯功能语法理论与西方系统功能语言学的意义观对比 [J]. 复旦外国语言文学论丛，2017（1）：61-66.

[35] 姜艳红. 20 世纪俄罗斯社会语言学发展历程 [J]. 中国俄语教学，2010（2）：50-55.

[36] 马庆株. 结构、语义、表达研究琐议——从相对义、绝对义谈起 [J]. 中国语文，1998（3）：173-180.

[37] 马庆株. 结合语义表达的语法研究 [J]. 汉语学习，2000（2）：1–7.

[38] 马庆株. 语义功能语法与语法范畴研究——兼评《现代汉语时量范畴研究》[J]. 渤海大学学报，2012（4）：75-78.

[39] 王铭玉. 俄语学者对功能语言学的贡献 [J]. 外语学刊，2001（3）：42-53.

[40] 王铭玉，于鑫. 功能语言学 [M]. 上海：上海外语教育出版社，2007.

[41] 王清华. 俄语功能语法理论研究 [M]. 长春：东北师范大学出版社，2009.

[42] 王月丽. 兼容与冲突：系统功能语言学与语料库语言学的互鉴互补 [J]. 成都理工大学学报（社会科学版），2018（3）：95-100.

[43] 吴贻翼. 现代俄语功能语法概要 [M]. 北京：北京大学出版社，1991.

[44] 许高渝. А. В. 邦达尔科功能语法 [J]. 外语与外语教学，1989（2）：9-17，8.

[45] 徐烈炯. 功能主义与形式主义 [J]. 外国语，2002（2）：8-14.

[46] 张会森. 功能语法问题——А. В. Бондарко 功能语法观述评 [J]. 外语与外语教学，1989a（1）：17-23.

[47] 张会森. 苏联的功能语法研究 [J]. 国外语言学，1989b（3）：115-119.

[48] 赵蓉晖. 社会语言学的历史与现状 [J]. 外语研究，2003（1）：13-19、26.

[49] 朱永生，严世清. 系统功能语言学多维思考 [M]. 上海：上海外语教育出版社，2001.

[50] 朱永生，严世清，苗兴伟. 功能语言学导论 [M]. 上海：上海外语教育出版社，2004.

[51] 曹玲娟. 区块链、硬核、我太难了……2019十大流行语来了！[EB/OL]. （2019-12-02）[2022-06-30]. https://wap.peopleapp.com/article/4872331/4762198.

俄语语义"人类中心性"的认知研究

信息工程大学洛阳校区　赵　亮

摘要：人类"近取诸身，远取诸物"的认知特点体现在语言当中，便是认知语言学视域下语义的"人类中心性"。俄语语义的"人类中心性"体现为语义的主观性（即"说话主体"和"观察主体"），以及语义的概念化和范畴化过程（即"认知主体"）。其中，语义的主观性包括"显性说话人"和"观察者（隐性说话人）"因素。同时，语义的概念化和范畴化过程体现了"认知主体"的认知建构，其机制包括原型范畴、意象图式和隐喻。

关键词：认知语言学；语义；人类中心性

1　引言

诸多语言事实表明，人们认知世界的起点是人类自身，"人是万物的尺度"（普罗泰戈拉，古希腊哲学家），人的认识遵循"取诸身物而后触类引申"（《易传·系辞上》）。我们对世界的认识来源于自身身体的感觉、体验，而体验的起点往往是人类自身。这种认知特点体现在语言当中，便是语言的"人类中心性"[①]

[①] 术语 антропоцентризм 本身兼有两个意义，既可以理解为一种语言研究范式（即 антропоцентрическая парадигма，"人类中心论范式"），一种方法论原则，又可以理解为一种语言的基本特性（即 антропоцентричность，"人类中心性"）。在前一个意义上可以译作"人类中心论"或"人文中心论"，后一个意义上可以译作"人类中心主义""人类中心性"。马斯洛娃（Маслова）提出了"人类中心论范式"（антропоцентрическая парадигма），她认为语言学研究范式包括"历史比较范式"（сравнительно-историческая парадигма）、"系统－结构范式"（системно-структурная парадигма）和"人类中心论范式"。人类中心论范式涵盖了很多语言学研究流派或分支，其代表理论是认知语言学。这些研究的重点都从认识的客体（对象和知识，объект познания）即"语言"转移到了认识的主体（субъект познания）即"人"，即开始分析"语言中的人"（человек в языке）和"人所使用的语言"（язык в человеке）。语言学从研究语言的体系和结构转向对人的语言能力，以及语言中有关世界的知识的研究（Маслова, 2008）。

(антропоцентричность)。语言中的很多词汇体现了语言的人类中心性,反映了"近取诸身,远取诸物"的朴素的认知方式,如山头(голова горы)、椅背(спинка кресла)、炮身(тело орудия)等。

2 认知语言学对"人类中心性"的认识

2.1 "说话人"(говорящий)

认知语言学对"人类中心性"的探讨,可以追溯到"说话人"(говорящий)作用的发现。言语行为中说话人总是处于中心地位,一切时空关系,交际参加者的相互关系,均以说话人为中心参照,交际语境中话语的基本参照是"我—这里—现在"(я-здесь-сейчас)。其中三者又以"我"(说话人)为基本参照:"这里"是"我"说话的地方,"现在"是"我"说话的时间。所以人在说话时,就"把自己视为宇宙万物的语言主宰"(郭聿楷,1995),所以众多语言学家把"人类中心性""自我中心性"直接与说话人相联系。

2.2 "自我中心性"(эгоцентризм)/"语言主观性"(субъективность в языке)

古里耶夫(Гуреев,2004)认为,语言是人们言语自我创造活动的结果,因而语言具有"自我中心性"(эгоцентризм)。认知语言学将"语言主观性"研究放入"人类中心性"的研究范畴,并将语言的主观性同语言的"自我中心性"相联系。

从构成上讲,首先,"语言主观性"研究包括对"指示成分"(Гуреев所用术语为эгоцентрически маркированные слова,即"自我中心标记词")的语法范畴及其功能的研究,是语言"自我中心性"的传统研究,此时,语言的"自我中心性"体现在言语交际情景、情景参与者及其语义角色中,其中"我"是"说话人",是言语活动主体,是语法分析的起点。

其次,"语言主观性"研究要求考虑"观察者"的位置(позиция наблюдателя)。在对世界进行描述的过程中,要想正确解释其意义,不可能脱离认知主体,即观察者。Апресян(1974)区分了两种上—下使用的情况,一种属于绝对定位,意即对该物体上—下的称名是恒定的,不因物体的移动转动或者观察角度的改变而发生改变。例如，"衣柜的顶部或底部"（верх низ шкафа），由于衣柜上下不对称，不管我们从侧面看，从上面看或从后面看，也不管衣柜是正放还是倒着放，衣柜的上下是固定的。但若是将衣柜换成"匣子"（ящика）情况就会不同，因为匣子的所有边界都是一样的，是上下对称的，所以它的任何一面都有可能是上表面（或下表面），其上下地位取决于观察角度，属于相对定位。

也就是说，"说话人"作为显性的"我"存在，反映在语言中，体现为"指示成分"，在很多情况下，"说话人"同时也是"观察者"。还有一种情况，那就是"观察者"与"说话人"并不重合，这时，"观察者"作为隐性的"认知主体"隐含在语言中。无论是"说话人"，还是"观察者"，其视点均可能是确定语言中空间关系、时间关系等概念范畴的认知原点。因此，语言中的"指示成分"和"观察者"要素是体现语言"主观性"的主要方面。

2.3 "人类中心性"（антропоцентричность）/"认知主体"（субъект познания）

而与此同时，作为语言系统功能实现的开端，"人类中心性"不可能仅仅体现在"说话人"（或者"观察者"）身上，而是更广泛地体现在泛指的人，即"认知主体"身上，所以"我们应该强调语言的人类中心性及其在各种语言结构中的体现"（Кравченко, 1996）。

同时，"人类中心性"的范畴基础（个体存在）具体体现为人的"视点"（точка зрения），而且"人类位置系统在语言、言语、言语行为和诗歌中都有各种不同的体现"（Байков, 1990）。"视点"应被理解为主体在认知客观事物时所处的位置。自我（Эго）不仅仅应理解为说话人，而应该是认知世界的个体（познающий мир человеческий индивид）。而语言的人类中心性和拟人性在各种空间表达中得到了尤其显著的体现，因为"现实事物和现象间的空间关系……总是依据认识主体作为原点定位的"（Кравченко, 1996）。

总体上看，一方面，俄语语义的"人类中心性"体现为语义的主观性（即"说话主体"和"观察主体"）；另一方面，体现为语义的概念化和范畴化过程（即"认知主体"）。其中，语义的主观性包括对"显性说话人"和"观察者（隐性说话人）"的关注，前者在语言中主要体现为"指示成分"，后者一般隐含在语言表述当中，没有显性的语言形式，表示"隐性说话人"。同时，语义的概念化和范畴化过程体现了"认知主体"的认知建构，其机制包括原型范畴、意象图式和隐喻，语言的概念化和范畴化体现了意义的百科知识观。

3 语义的主观性

3.1 说话人因素所体现的语义主观性

阿普列相（Апресян，1995）通过语言中的指示成分（дейктические элементы）的分析，证明语言不仅仅是"人类中心"的（антропоцентричен），还是"自我中心"的（эгоцентричен），其自我中心性程度比目前人们所承认的要大得多。阿普列相将属于说话人的时空领域称为"说话人时空"（пространство и время говорящего），认为"我"和"非我"的对立构成了近指指示（ближний /проксимальный дейксис）和远指指示（дальний / экстремальный дейксис）的对立。

3.1.1 "说话人空间"

"说话人空间"（пространство говорящего）的确立并非依据客观标准，有时它与说话人的视角有关。假设房间有两扇门，一扇离"我"五米远，位于视野之内，另一扇离"我"三米远，但在"我"身后。这时"Выход — в эту дверь, а не в ту（出口在这扇门，而非那扇门）"中的"这扇门"只能指位于视野之内的那扇门，而"那扇门"则指身后的那扇门。这里近指—远指的对立并不取决于"我"和门之间的实际距离，而取决于哪一扇门在"我"的视野之内，取决于哪一扇门被"我"纳入了"说话人时空"，即在说话人在说话时刻想象自己所在的空间之内。位于"说话人时空"之内的个体，使用近指指示词，被说话人置于《说话人时空》这个想象空间之外的个体，使用远指指示词。

此外，"说话人时空"的确立还与主体的主观认识有关，例如：

① **Вон** одна звездочка, **вон** другая, **вон** третья: как много! (И. А. Гончаров)
那儿有一颗小星星，那儿还有一颗，那儿还有第三颗：真多啊！

——冈察洛夫

这里表示远指的 вон 完全可以替换为表示近指的 вот，尽管距离星星的距离并没有变，但是说话人对空间的认知方式发生了改变。当使用 вон 时，星星位于"说话人时空"之外，而使用 вот 时，星星位于"说话人时空"之内。

3.1.2 说话人时间

"说话人时间"（время говорящего）的确立也并非总是依据客观标准，有时与说话人的视点有关。博古斯拉夫斯基（Богуславский，1996）分析了时间语气词 уже 和 ещё 的语义差异，提出两者视点的差异。他指出，如果 ещё 是把事件从说话人时间中分离出去，强调事件距离说话人很远，那么 уже 则指出事件距离前一相关点不远，从而强调事件距离说话人很远。因此，ещё 和 уже 的视点不同，ещё 的视点在说话时刻，即从说话时刻向过去看，表示时间发生已经是很久之前了，而 уже 的视点在事件发生之前的某个时刻，表示事件在该时刻之后不久就发生了。例如：

② Я ещё в самом начале сказал, что собираюсь писать детектив, а не психологическую прозу. (Вера Белоусова. Второй выстрел.)

我还在一开始时就说准备写侦探小说，而不是心理散文。

③ В Москве об этом событии стало известно уже на следующий день.（В. Морковкин）

在莫斯科，这件事第二天就传开了。

句②中 ещё 的视点在说话时刻，в самом начале 表示的时刻（即"说"这一事件发生的时刻）距离说话时刻很远，句③中 уже 的视点在"这件事"发生的时刻，而"传开"这一事件距离"这件事发生"很短，因此"传开"这一事件距离说话时刻很远。

根据阿普列相(1995)对 ещё 和 уже 的语义分析，ещё 和 уже 都表示事件发生的时间（句②中的"说"和句③中的"传开"）早于说话人的预期，其区别在于，ещё 表示的事件不属于说话人时间，而 уже 表示的事件属于说话人时间（见图1）。

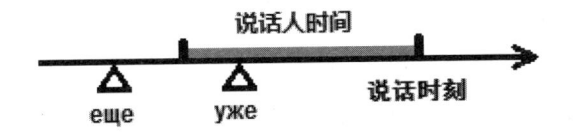

图1　ещё、уже 与"说话人时间"

ещё、уже 两者的差异可以通过例子说明 (Апресян, 1995)：

④ **Ещё** вчера я разговаривал с ним, а сегодня его нет в живых.

（昨天我还跟他说话，而今天他已不在人世。）

⑤ *****Уже** вчера я разговаривал с ним, а сегодня его нет в живых.①

（* 昨天我已经跟他说话，而今天他已不在人世。）

⑥ **Уже** сейчас ясно, что он проиграет.

（现在已经很清楚，他会输。）

⑦ *****Ещё** сейчас ясно, что он проиграет.

（* 现在还很清楚，他会输。）

Уже 和 ещё 在表示"早于"这一意义时，说话人对事件的审视角度不同，Уже 通常进入说话人时间，说话人似乎要把事件拉近，ещё 则不进入说话人时间，说话人似乎要把事件推远②。句④中事件"跟他说话"与说话人说话时刻情况"他不在人世"不一致，事件"跟他说话"不属于说话人时间，说话人将其"推远"，只能与 ещё 连用，不能与 Уже 连用。而句⑥中的事件"很清楚他会输"是"现在"的情况，属于说话人时间，说话人将其"拉近"，只能与 Уже 连用，不能与 ещё 连用。

与此同时，"说话人时间"的确立同样与主体的主观认识有关，例如：

⑧ **Ещё <уже>** в детстве я интересовался шахматами. (Апресян, 1995)

还在童年的时候我就对象棋感兴趣。/ 童年的时候我就已经对象棋感兴趣了。

在句中，说话人既可以将"对象棋感兴趣"拉远，视作说话人时间之外的事件（ещё），即认为该事件发生在距离说话时刻很远的"童年"，同时，也可以将该事件拉近，定位在说话人时间（уже），即认为早在"童年"就已经开始了该事件。

---

① 加"*"号的为错误例句，下同。

② 王永（2008）对比了两个句子：Уже Щерба обращал внимание на необходимость изучения языковых ошибок.（谢尔巴当时就已经注意到必须研究语病。）Ещё Щерба обращал внимание на необходимость изучения языковых ошибок.（谢尔巴还在当时就注意到必须研究语病。）前者将谢尔巴视为同时代人，而后者则将其视作距离当代很远的人。

3.2 "观察者"因素所体现的语义主观性

观察者（наблюдатель）的概念最初出现在语言学领域是在20世纪60年代，但对其进行详细例证分析并使其在语言研究（尤其是认知语言研究）中占重要地位的是阿普列相（1986）。如今"观察者"概念已广泛应用于语言研究领域，并在多个方面体现了其强大的阐释力（Падучева，1996）。

3.2.1 词汇意义中的"观察者"因素

"观察者"可以用来解释空间词汇的选择，如 высота контейнера（容器的高）所指场景中，观察者的视线是在容器之外的，指的是容器外部竖直方向上的广延，而 глубина контейнера（容器的深）所指场景中，观察者的视线是在容器之内的，指的是容器内部竖直方向上的广延（Падучева 1996）。

除此之外，"观察者"因素还体现在一些动词的语义之中（主要是"出现"或"消失"义动词，如 показаться、виднеться、исчезать из виду、как сквозь землю провалиться；以及表示颜色特征的动词，如 белеть、желтеть、зеленеть、краснеть、темнеть 等）。在这些动词的主语位置上不能出现я，例如：

⑨ На дороге показался всадник.

路上出现了一个骑马的人。

⑩ *Я показался на дороге.

我出现在路上。

句⑨中动词 показаться 隐含了"观察者"的语义因素，即表示"在观察者（此处是说话人）看来……"而说话人显然不能看到自己出现在路上，因此不会有句⑩这种表达。

⑪ Иван сказал, что я показался на дороге совершенно неожиданно.

伊万说我突然出现在路上。

而句⑪中，观察者已不再是说话人，而是上文中出现的伊万。

类似地，还有一批表示空间关系的副词同样包含了"观察者"的语义因素，属于指示性空间关系副词（包括 вдалеке、вдали、вблизи、вдаль），相反有一批空间关系副词不包含"观察者"的语义因素，因而属于非指示性空间关系副词（包括 вверху、внизу、наверху、вверх、вниз、впереди、сзади、далеко、недалеко、издалека 等）。例如：

⑫ *Вдали появился я верхом на лошади.

我骑马出现在远处。

⑬ *Вдалеке стояли мы с Володей.

我和瓦洛佳站在远处。

句⑫和⑬均不可能出现，原因在于，指示性空间关系副词所表示的场景中的主体不能是 я。

⑭ Я был в Москве, а он был далеко.

我在莫斯科，他在远处。

⑮ Он был в Москве, а я был далеко.

他在莫斯科，我在远处。

⑯ Я приехал издалека.

我从远方来。

而句⑭、⑮和⑯中均为非指示性空间关系副词，由于非指示性空间关系副词无此限制，因此句⑭~句⑯是成立的。

3.2.2 语法意义中的"观察者"因素

"观察者"因素还体现在一些动词完成体形式的意义当中，如"Тропа кончалась у реки（小路的终点在河附近）"中表示的是物体的客观位置，与观察者无关，而"Тропа кончилась у реки（小路的终点在河边）"则表示观察者沿着小路移动所观察到的情景（Апресян，1986）。

除此之外，"观察者"因素还体现在词汇单复数语法形式的意义之中。以 край, края 为例（Рахилина，2000）：

⑰ Он бежал **по краю** поля.

他沿着田边跑。

⑱ **По краям** поля были расставлены флажки.

田边插满了小旗。

⑲ **По краю** поля были расставлены флажки.

田边插满了小旗。

句⑰中，主体沿着田野边缘单向移动（观察者的视线也随着一起沿着边缘单向移动），这时田野边缘是一个连续的整体，所以用单数。而在句⑱中，观察者是向不同方向看到了田野的边界，此时观察者应位于田野的中央，所以在他看来，田野的边界分为几个不同的区段，因而用复数。与此同时，句⑰中观察者即使站在田野中央，其视线也一定跟随移动主体一起移动，因而不会出现复数的情况。而句⑱中，观察者有可能位于边界之上，而且其视线遵循固定方向沿边界移动，这样在他看来，边界就又是一个连续的整体了（即句⑲，用单数）。与此类似(Довлатов C)：

⑳ Но и **за границами** Германии живут тысячи немецких семей.
可就在德国的边境外生活着成千上万个德国家庭。

㉑ Она смотрит в тоске **на ту сторону границы** на Турцию.
她忧愁地望着土耳其边境线的方向。

句⑳中很显然观察者是想象自己位于德国领土的中央，其视线是向各个方向延伸的，因而用复数。而在句㉑中，观察者的视线投射到了边界之内，且朝向土耳其的方向，因而用单数。

4 语义的范畴化

在认知语言学看来，范畴化（categorization, категоризация）问题是认知研究的中心论题，因为人们认知世界的过程，其实就是将其范畴化/概念化的过程。"如果语言学所做的可用一句话来概括，那它就是对范畴的研究"。（Labov, 1973；张敏，1998）

语言中的"人类中心性"同样体现在"认知主体"的作用，体现在其范畴化过程中，具体包括原型范畴、意象图式和隐喻，语言的概念化和范畴化体现了意义的百科知识观。

4.1 原型范畴

范畴化的经典理论认为，"概念的类来源于客观世界里既定的范畴，与进行范畴化的主体无关；而范畴的归属是由概念的本质属性决定的（张敏，1998）。"与经典理论不同，认知语言学认为，范畴是凭借它的典型特征，而不是什么充要条件建立起来的。一个范畴的成员具有地位的不同，有的位于"核心（ядро）"，而有的位于"边缘（периферия）"，位于核心的是范畴的原型成员（прототип），具有本范畴成员最典型的属性，与其他成员相比，往往最易被感知，并最大限度地区别于其他范畴的原型成员，边缘成员则根据其与原型成员的相似程度被赋予不同程度的非原型成员地位，相似程度越大越靠近核心，反之则远离核心。

  俄语前置词的意义体现为原型性范畴，对前置词进行认知语义分析的任务之一，便是揭示原始空间图式（原型图式）如何扩展到非空间情景和隐喻空间。例如，前置词 на 的语义范畴就是原型性范畴，"положить книгу на стол（把书放在桌子上）"为前置词 на 的典型用法，其中"书"为射体（trajector, TR, траектор），"桌子"为地标[①]（landmark, LM, ориентир），起初射体和地标具有一段距离，随着射体向地标移动，最终射体占据了地标某个表面的某个位置，同时，由于地标的支撑作用，射体获得了固定的状态。而 на 的一些边缘意义可以通过原型图式的转换来解释，比如 взвалить мешок себе на́ спину（把袋子背在自己身上）、жать на кого-что（挤、压榨、压迫）、давить на кого-что（挤、压制、压迫）、возложить обязанность/ответственность на кого（使某人承担义务/责任）、действовать на кого-что（起作用、影响）、влиять на кого-что（影响）、напасть на кого（攻击、袭击、侵犯）、наброситься на кого（朝……猛扑）、накричать на кого（呵斥某人）。在上述例子当中，射体位于地标之上，射体通常为某种重物，这时重物对地标产生影响，通过隐喻，可以转指某种作用力（如压力、负担、影响等）对地标（物体或人，且通常是人）的影响，从而表示"对某人产生的压力、造成的负担、产生的影响"。此时，范畴的扩展，新的意义集束的产生，正是基于原型图式的特定变体形式（射体在上，地标在下，射体对地标产生物理影响或心理影响）。

[①] "射体"和"地标"由认知语言学家兰格克（Langacker, 1987、1991）提出，两者关系对应塔尔米（Talmy, 1983）的"图形"和"背景"。图形—背景理论是认知语言学的重要理论之一，是以突显原则为基础的一种理论，它来源于心理学，由丹麦心理学家鲁宾（Rubin）提出，是完形心理感知理论的组成部分。完形心理学家认为，知觉场始终被分成图形与背景两部分。图形这部分知觉场，是看上去有高度结构的、被知觉者所注意的那一部分，而背景则是与图形相对的、细节模糊的、未分化的部分。当我们观察周围环境中的某个物体时，通常会把某个物体作为知觉上突显的图形，把环境作为背景，这就是突显原则。图形和背景的感知是人类体验的直接结果，这是因为在日常生活中人们总是会用一个物体或概念作为认知参照点去说明或解释另一个物体或概念，这里的"背景"就是"图形"的认知参照点。后来该理论被塔尔米引入认知语言学研究领域。它不仅可以用来研究介词的意义，也可以用来研究语言结构。

4.2 意象图式

意象图式 (image schema, образная схема) 是初始的认知结构，形成概念范畴的基本途径，组织思维的重要形式，获得意义的主要方式。意象图式表示"不断重复的人类认知过程和运动动作的动态模式（динамический образец），而人类的经验正是根据该模式进行组织和建构"（Ченки，2002）。意象图式体现为人们日常身体经验中经常出现的相对简单的结构（容器、路径、联系、力量、平衡），或者方向和关系（上下，前后，整体—部分，中心—边缘等）。抽象的概念结构从意象图式结构中产生，并通过从物理到抽象领域的隐喻映射（metaphorical projection）形成。基于图式的范畴化（categorization by schemas）过程建立在所有成员的共同特征的基础上（Lakoff, 1987）。

以容器图式结构（схематическая структура вместилища）为例，容器的本质在于其边界将内部空间和外部环境分隔开来，容器保护其内部的物体免受外部世界的影响，容器的概念决定了"内"和"外"的基本区别。在我们的认识中，人体本身就是一个容器，我们通过吞咽和排泄，吸气和呼气，不断摄取外部物质（食物、空气等）到身体这个容器，同时将排泄物（汗水、二氧化碳）从这个容器排出。我们不断地走进容器（房间、城市、学校……），又从容器中走出。同时，我们也将状态（состояние）理解为容器，如 упасть в обморок（昏倒）、быть в бессознательном состоянии（失去知觉）、прийти в себя（恢复知觉）等。这时，空间关系中的移动或者处所（упасть куда、быть где、прийти куда）已非字面意义，通过隐喻，我们基于身体经验的对外部世界的认识被转移至抽象概念。

4.3 隐喻

隐喻 (metaphor, метафора) 可通过人类的认知和推理将一个概念域系统地、对应地映射到另一个概念域。认知语言学所说的隐喻往往不限于指其语言形式，更是指体现在语言表达中的隐喻概念（metaphoric concept）或概念隐喻（conceptual metaphor），即不是拿一个词去比喻另一个词，而是通过一个词的概念去构想另一个概念，为另一个概念提供一个结构模式。隐喻是从一个概念域（认知域）向另一个概念（认知域）的结构映射，即从"始发域（源域）（source domain, донорская зона）"向"目的域（target domain, реципиентная зона①）"的映射。即是说，一个范畴赖以得到解释的概念域是用另一个概念域来解释的。同时，认知语言学认为，隐喻的认知基础是"意象图式"（Lakoff、Johnson，2003）。

在认知语言学里，隐喻包括结构隐喻、方位隐喻和本体隐喻（Lakoff、Johnson，2003）。结构隐喻是指一个概念要通过另外一个概念组织和构筑，例如我们通过"金钱"概念来组织"时间"概念（ВРЕМЯ — ДЕНЬГИ），因而 дорожить временем（珍惜时间）、терять время（浪费时间）、располагать временем（有时间）、выиграть время（赢得时间）、отнимать время（占用时间）、время на отдых（休息时间）、тратить время на ничтожные дела（把时间花在毫无意义的事情上）等，可以与表示"金钱"的表述相对照，如 дорожить каждой копейкой（珍惜每一戈比）、терять деньги（浪费金钱）、располагать резервами（拥有准备资金）、выиграть деньги（赢钱）、отнимать деньги（抢钱）、деньги на дорогу（路费）、тратить деньги на книги（花钱买书）。方位隐喻是指许多概念被组织成一个和空间方位有关的概念系统，例如表示时间的概念很多时候是通过表示空间的概念表达的，比如 в истории（在历史中）、во втором часу（在一点多）、в прошлом году（在去年）等等。本体隐喻是指我们把对实际物体和物质的经验投射到很多抽象的事物上去，把这些抽象事物（如事件、活动等）也看作实体和物质。例如 по истечении суток（经过一昼夜之后）、текущая неделя（本周）、в течение дня（在一天内）中，显然是把时间看作了能够流动的物质（水流）。

值得指出的是，隐喻的始发域（源域）往往为具体概念，同时具有"人类中心性"特征。可以使用"人""人的身体部位"，以及"人在空间中的位置或者移动"等充当始发域概念。例如：горлышко（原义为"喉咙"）可以用来表示"（瓶）的细颈"，ручка（原义为"手"）可以用来表示"把手""钢笔"。而 Он в ярости 中 в 表示"人在空间中的位置"，指"在……里面"，这句话原义为"在愤怒之中"，这里 в 隐喻为"处于某种状态"，因而该句表达的是

---

① донорская зона 和 реципиентная зона 为拉基丽娜（Рахилина）(1998) 所用术语，对应英文为 donor domain 和 recipient domain，分别表示隐喻化过程中的"始发域（源域）"和"目的域"，最早使用该术语的是基泰（Kittay），雷勒（Lehrer）(1981)。

"他很愤怒"。类似地，Он пришёл в ярость 中 в 原指"到……里面"，这句话原义为"人在空间中的移动"，指"进入愤怒"，这里 в 隐喻为"开始处于某种状态"，该句表示"他大怒起来"。这类表达体现了隐喻化的基本原则，即语言的"体验性"（embodiment）本质，也就是说，我们对概念认识的起点，往往是"寓于身体"的（Рахилина，1998）。

结语

认知语言学认为，人是认知世界和理解世界的主体，是认知过程的出发点，也是最终归宿。外部世界和语言之间没有直接联系，两者依靠人类的概念系统作为中介，而概念系统是人类经验的产物，概念结构既来自人类身体和社会经验的结构性质，也来自人类的天赋认知能力，即将身体与现实互动的经验结构投射为抽象的概念结构的能力。

无论是"说话人""观察者"，还是反映"认知主体"认知建构过程的原型范畴、意象图式和隐喻，都证明语言对现实世界的反映体现了人类认知过程的概念化操作。实际上，语言反映的不是"现实"，而是意识中的"概念图景"，语言所处理和反映的信息，并不是世界本身的信息，而是投射到人的意识中的那个世界的信息，即经过人的概念加工的信息（Гуреев，2005）。

参考文献

[1] Labov W. The Boundaries of Word and Their Meanings[M]. Washington, D.C.: Georgetown University Press, 1973.

[2] Lakoff G, Johnson M. Metaphors We Live By[M]. Chicago: University of Chicago Press, 2003.

[3] Lakoff G. Women, Fire, and Dangerous Things[M]. Chicago: University of Chicago Press, 1987.

[4] Langacker R W. Foundation of Cognitive Grammar, Theoretical Prerequisite[M]. Stanford: Stanford University Press, 1987-1991.

[5] PICK H, ACREDOLO L. How Language Structures Space. Spatial orientation: Theory, research and application[J]. The American Journal of Psychology, 1985, 97(4): 623.

[6] Апресян Ю Д. Лексическая семантика. Синонимические средства языка[M]. Москва: Наука, 1974.

[7] Апресян Ю Д. Дейксис в лексике и грамматике и наивная модель мира[C]Москва: Росспэн, 2010.

[8] Байков В Г. Антропоцентризм языка и поэтика точки зрения[C]. Калинин: Общая стилистика. 1990

[9] Богуславский И М. Сфера действия лексических единиц[M]. Москва: Школа, 1996.

[10] Гуреев В А. Языковой эгоцентризм в новых парадигмах знания[J]. Вопросы языкознания, 2004(2): 57-67.

[11] Гуреев В А. Проблема субъективности в когнитивной лингвистике[J]. Известия РАН. Серия литературы и языка, 2005, том 64(1): 3-9.

[12] Кравченко А В. Язык и восприятие: Когнитивные аспекты языковой категоризации[M]. Иркутск: Иркут. Ун-та, 1996.

[13] Маслова В А. Современные направления в лингвистике: учебное пособие для студентов вузов, обучающихся по направлению «Филологическое образование» [M]. Москва: Академия, 2008.

[14] Рахилина Е В. Когнитивная семантика: история, персоналии, идеи, результаты[C]. Москва: ВИНИТИ, 1998

[15] Рахилина Е В. Когнитивный анализ предметных имен: семантика и сочетаемость[M]. Москва: Русские словари, 2000.

[16] Падучева Е В. Семантические исследования[M]. Москва, 1996.

[17] 郭聿楷．俄语中的指示语 [J]．外语学刊，1995（1）：7-13．

[18] 王永．俄语语气词隐含义研究 [M]．哈尔滨：黑龙江人民出版社，2008．

[19] 张敏．认知语言学与汉语名词短语 [M]．北京：中国社会科学出版社，1998．

中国俄语语义学 40 年学科发展回眸与前瞻

上海外国语大学　蒋勇敏

摘要： 本文根据对收录于"中国知网"中文学术期刊论文、中国博士学位论文和中国优秀硕士学位论文这三种全文数据库中相关主题文献的数据统计，援引部分论文作者的学术观点，对中国俄语语义学近 40 年的学科发展状况进行回顾。根据对属于不同发表时间、来源类型和主题范围文献的数据统计，阐明中国俄语语义学近 40 年学科发展的总体特点；以世纪之交为界分两个阶段，从学科的研究对象与任务、对最新学术成果的介绍、语义学理论的实践应用、教学用书的出版以及学术交流平台的建立这些方面，揭示中国俄语语义学近 40 年学科发展的阶段性特点。在此基础上，对该学科的未来发展做简要的前瞻性描述。

关键词： 俄语语义学；学科发展；总体特点；阶段性特点；前景展望

1 引言

金秋十月，第三届"跨学科视野下俄罗斯东欧中亚研究"国际学术研讨会在上海外国语大学举行，今年（2021 年）恰逢中国俄罗斯东欧中亚学会俄语教学研究会成立 40 周年，很高兴能借此机会与国内外同行进行交流。回顾过去，探讨现状，展望未来，旨在深化课程建设，提升教学质量。

俄语语义学通常被视为一门学科，从广义上讲，它是指俄语语言科学的一个独立门类（分支学科），具有自成系统并合理运作的概念、理论和研究方法；从狭义上讲，它是指高校为传授俄语语义理论知识而开设的教学科目（专业课程）。我们认为，分析中国俄语语义学近 40 年的学科发展，应综合考虑以上两种对该学科概念的理解，立足我国高校俄语专业师生的教学和研究成果；由于该学科大多数专著都是同一作者在其学术期刊论文、博士或硕士学位论文基础上进一步深化研究所取得的成果，与上述论文发生主题和内容上的重复，又受参会论文篇幅的限制，故未纳入本文数据统计和文献分析的范围。我们以从"中国知网"中文学术期刊论文、中国博士学位论文和中国优秀硕士学位论文这三种全文数据库中检索到的相关主题文献（以下简称"三类论文"）的统计数据和反映内容作为实证引文来源，尝试对近40年来中国俄语语义学的学科发展状况进行回顾。

2 从文献统计数据看学科发展的总体特点

为了通过对相关学术成果的统计数据揭示中国俄语语义学近40年学科发展的总体特点，我们在"中国知网"检索平台上首先以俄语语言学6个主要研究方向为主题检索词，以三类论文总数为序，得到数据统计结果见表1。

表1 文献数据统计结果

序号	主题检索词（研究方向）	中文学术期刊论文数量（篇）	中国博士学位论文数量（篇）	中国优秀硕士学位论文数量（篇）	成果总数（篇）
1	俄语语义	288	86	273	647
2	俄语词汇	494	10	135	639
3	俄语语法	224	11	37	272
4	俄语修辞	127	15	48	190
5	俄语语用	86	20	81	187
6	俄语语音	140	0	22	162

以上从"中国知网"采集到的三类论文统计数据[①]显示，从成果（尤其是中国优秀硕士学位论文）总数来看，俄语语义研究已超过学科发展历史更为悠久的俄语词汇、语法、修辞和语音研究；虽然从中文学术期刊论文数量来看，俄语语义研究似乎逊色于俄语词汇研究，然而，有相当部分以后者为主题的论文实际上研究的是俄语词汇语义问题。这些统计数据既说明了俄语语义学在中国俄语语言科学研究中后来居上、独占鳌头的发展势头，又印证了俄语语义学成为一门中国高校俄语专业硕士研究生阶段独立开设的专业课程的必要性及取得的初步成效。

---

① 由于会议期间部分2021年的学术成果尚未被"中国知网"收录，会后本文作者又多次进行数据采集，表1展示的是2022年1月15日本文定稿时的最新统计数据。

为了深入研究中国俄语语义学领域最重要的学术文献，需进一步缩小检索的主题范围，为此，我们先以"俄语""语义学"为主题检索词，在"中国知网"总库检索到中文学术期刊论文 100 篇，中国研究生学位论文 216 篇（其中博士学位论文 54 篇，优秀硕士学位论文 162 篇）。经浏览发现其中不少成果与俄语语义学间接相关，故又以"俄语语义学"为主题检索词，在"中国知网"上检索到三类论文共 51 篇，经再次浏览证实，这些成果文题相符，均出自我国高等院校学报或《中国俄语教学》期刊，作者身份均为我国高等院校俄语专业师生。需要说明的是，这种检索方法存在一定的局限性：由于技术原因，一些中文题名不含上述检索词的论文可能未被纳入数据统计和文献浏览。但是总体说来，所筛选出的三类论文足以反映近 40 年来中国俄语语义学的学科发展状况。下文中我们尝试从三个方面对上述文献进行归类并得出相应的结论。

2.1 文献的发表时间

根据文献的发表时间，发表于 20 世纪 80~90 年代的论文共有 5 篇，发表于 2000—2009 年的论文共有 17 篇，发表于 2010—2021 年的论文共有 29 篇。由此可见，近年来我国学者在俄语语义学领域所取得的学术成果数量上明显递增，尤其是步入新世纪（21 世纪）后，该学科日益为越来越多的我国俄语语言学领域的专家学者及高校师生所认识、接受和深入研究。

2.2 文献的来源类型

从文献的来源类型上讲，学术期刊论文共有 28 篇（其中国内期刊论文 27 篇，国外期刊论文 1 篇），学位论文共有 23 篇（包括中国博士学位论文 11 篇，中国优秀硕士学位论文 12 篇）。该统计数据表明，我国俄语语义学领域呈现出研究与教学并举的发展态势，由于大部分俄语语义学研究者都是高校教师，他们在自己开展学术研究的同时，还努力激发学生对这门语言学分支学科的研究兴趣，取得以科研带动教学、以教学促进科研的双赢成效；就拿中国优秀硕士学位论文来说，筛选出的 12 篇论文中完成于 2000—2009 年的论文仅有 2 篇，而完成于 2010—2021 年的论文达 10 篇，可见，近十年来以俄语语义学为研究课题的中国优秀硕士学位论文数量倍增，这一事实再次证明了我国高校在硕士研究生阶段设置俄语语义学这门专业课程的必要性。

2.3 文献的主题范围

就文献的主题范围而言，除了4篇俄语语义学理论综述性论文、5篇全国性俄语语义学研讨会纪要（或简况）以外，从研究对象的语言层次上讲，属于句法层面（即句子语义学方面）的论文仅有2篇，而属于词汇层面（即词汇语义学方面）的论文达18篇，占总数的35%，该数据反映了词汇语义这一俄语语义学的传统核心研究领域一直备受重视，不断推陈出新；从学科发展上讲，关于俄语语用学的论文有2篇，俄语文化语义学方面的论文有4篇，关于俄语认知语义学方面的论文有3篇，俄语框架语义学方面的论文有2篇，俄语社会语义学方面的论文有2篇，这些数据说明在与语用学、语言文化学、认知语言学、社会语言学等邻近学科有机结合的基础上发展起来的俄语语义学新学科或新领域已进入我国俄语语言学研究者的学术视野，方兴未艾；从理论的实践应用上讲，与词典编纂相关的论文有4篇，与我国高校俄语专业教学相关的论文有7篇，以上数据体现了与俄语语义学关系最为密切的两个实践应用领域。

3 从文献反映内容看学科发展的阶段性特点

为便于阐释中国俄语语义学近40年学科发展的阶段性特点，我们以世纪之交为界，将20世纪80~90年代作为第一阶段，2000—2021年作为第二阶段，根据发表时间将检索到的文献归入以上两个阶段进行分析。

3.1 第一阶段发展特点

中国学者在俄语语义学领域的理论研究通常都建立在俄罗斯各个历史时期俄语语言学家所取得的理论研究成果基础之上，由于该阶段研究生教学规模有限，俄语语言学方向学位论文的研究课题相对集中在语法和词汇方面，因此，中国俄语语义学第一阶段学科发展特点主要反映于中文学术期刊论文，绝大多数成果发表在《中国俄语教学》期刊和若干重点高校的学报上。经文献浏览，结合部分论文作者的学术观点，我们认为，中国俄语语义学该阶段的学科发展特点主要表现在以下六个方面。

3.1.1 俄语语义学研究对象与任务得以明确

这一特点在倪波教授1986年发表于《中国俄语教学》第1期上的学术论文《俄语语义学研究的对象与任务》中得到阐明。关于俄语语义学的研究对象，该论文作者指出过去大多数情况下"将语义学理解成词汇语义学"这种看法的局限性，认为"这门科学已成为研究语言所有层次和次层次意义方面的科学"；"它的中心课题主要包括两大部分：词汇语义和语法语义"；"对于语义学来说，重要的不是单一的个别的语法意义或者词汇意义，而是一组词，一个类型的词或者某一语法范畴共同具有的典型意义"。而俄语语义学的研究任务则被具体落实到以下一系列主要课题："词汇意义的性质，词汇意义的结构，它的基本单位和极限单位，词汇意义的类型，系统性语义联系，词的聚合关系，它们的语义对立关系，对立的中和，词汇单位的组合关系，符号、词义、概念与物体之间的关系和联系等等"（倪波，1986）。

3.1.2　苏联俄语语义学最新研究成果进行介绍

1977年我国恢复高考，大批专家学者回到高校工作岗位，俄语教学迎来了春天。为弥补研究断层，20世纪80年代我国俄语语义学研究者以介绍苏联该学科领域60~70年代的学术成果为主，并开始关注苏联学者80年代初提出的学术观点。这一阶段俄语语义学已开始不再依附于词汇学和语法学，逐步具有自己独立的学科定位和理论体系。维诺格拉多夫（В. В. Виноградов）、兹韦金采夫（В. А. Звегинцев）、什缅廖夫（Д. Н. Шмелёв）、诺维科夫（Л. А. Новиков）、阿普列相（Ю. Д. Апресян）等著名学者的理论观点通过中文学术期刊论文得到详尽的介绍，虽然该阶段发表的诸多论文中存在俄语术语汉语译法不统一的问题，但现在看来，这并不影响学术成果中文译介的整体推进。

3.1.3　俄语语义学理论在词典编纂中加以应用

与词典编纂关系最密切、对其影响最大的语言学分支学科当首推语义学。1988年顾柏林教授在《中国俄语教学》第4期上发表了题为《新的语义学理论在词典编纂中的应用》一文。该论文的第一部分从着眼于词汇体系性研究的新的语义学观点出发，指出了传统词典编纂方法存在的根本性矛盾。第二部分将当时语义研究常采用的各种原则和方法归成两类：①基于语义聚合关系的"聚合分析法"（其典型方法是"语义成素分析法"）和②基于语义组合关系的"组合分析法"（又称"分布分析法"）。该部分还介绍了上述新的语义学理论原则在苏联词典编纂领域的应用实例：①语义成素分析法原则在第一部《俄语义词典》[1]编写中的应用；②将组合分析法原则应用于"分布—转换词典"编纂的可行性；③根据词汇功能理论（即对语义进行综合分析的方法）编出"词汇搭配词典"的设想。第三部分向中国俄语语言学界介绍了当时"还处于实验性阶段"、阿普列相提出的"在词典编纂中贯彻对语言进行整体描写的原则"，论文作者认为这是"一种更为大胆的探索"（顾柏林，1988）。在今天看来，这篇文章以其信息量之大、前瞻性之强堪称学术典范。

1993年归定康教授在《俄语语义学及其成果的应用》一文中，以其他语种词典为例，阐释了"语义场理论"的应用特点具体表现在一种新型词典的编纂中，这种词典被论文作者称为"义类词典"（идеографический словарь 或 тезаурус）。这一术语在当时还有很多种不同的汉语译法，比较常见的有"意类词典""意念词典""题材词典""类语词典"等（归定康，1993）。这是语义学理论在词典编纂实践应用方面的又一创新范例。

3.1.4 俄语语义学理论在俄语教学中得到应用

归定康教授在《俄语语义学及其成果的应用》一文中还着重指出了"语义场理论"和"题材表意原则"对于对外俄语教学的指导作用，他不仅提到苏联时期高校语文系所用（供3~5年级外国留学生用）的教科书《俄语》中如何通过"词汇语义群"帮助学生把词放在体系中来掌握，还较为详细地介绍了教学参考书《俄语词汇辅助材料》如何根据"题材表意原则"将常用词归类，以各种练习形式配合教科书（归定康，1993）。

大部分研究者的教师身份使俄语语义学基础知识得以迅速融入我国高校的俄语教学实践，见证这一事实的有益尝试是1997年上海外语教育出版社出版的《新编俄语高级教程》（第5册和第6册）。这部俄语专业高年级学生用书的编者将俄语语义学基础知识（如多义词、上下义词、同义词、反义词、换位词的用法及义素分析法等）有机融入每一单元的练习系统中：通过以替换用词为主的题型，使学生在完成按课文内容编写的习题的同时，掌握俄语语句同义转换的方法和手段。需要指出的是，有关上述方法和手段的俄语语义学理论在倪波和顾柏林两位教授1991年合作编著的《俄语语句同义转换——方法和手段》

---

[1] 指1982年莫斯科"科学出版社"出版的由卡拉乌洛夫（Ю. Н. Караулов）等编纂的《俄语语义词典》（《Русский семантический словарь》）。

一书中得到了详尽阐释，该书在《教程》问世后起到有力配合教学的作用，为教材内容的具体实施提供理论性指导。

3.1.5 俄语词汇语义基础理论教学用书开始出版

1995年上海外语教育出版社出版了由倪波和顾柏林两位教授主编的《俄语语义学》一书，这是一部系统阐述俄语词汇语义学基础理论的著作，其创新点在于，作者"在分析词的词汇意义时充分考虑词汇单位之间的聚合联系和组合联系对词义的形成和发展所起的作用，把语义现象置于一定的语言环境中进行动态研究"（倪波、顾柏林，1995）。该书采用直观的图示和大量带汉语译文的实例对反映语义关系和语义规律的抽象理论进行生动的阐释，附录部分为《俄汉术语对照表》，为方便读者阅读，每个俄语术语都标有重音。这部集研究和教学功能于一体的著作迄今仍在我国高校硕士研究生阶段的俄语词汇语义课程教学中发挥着应有的作用，是不少俄语语言学专业方向师生的手头常备用书。

3.1.6 全国性俄语语义学研讨会陆续召开

20世纪80年代末90年代初，随着一届又一届本科生、研究生的相继毕业和师资队伍的不断壮大，我国的俄语教学步入了稳步发展时期，高校学者除了在《中国俄语教学》期刊和各所高校的学报上陆续发表论文以外，还积极参加各种规模的学术研讨会，其中留有文献资料记载、规模和影响力较大的会议当数1992年4月由上海外国语学院（1994年已更名为"上海外国语大学"）俄语系、黑龙江大学俄语系、吉林大学外语系、杭州大学外语系、四川外国语大学外语系在上海联合举办的我国"首届俄语语义学与词典编纂学专题研讨会"。与会者"不仅从词汇语义学、句法语义学、语用学、外语教学等角度出发，而且结合语言与文化研究的最新成果探讨了俄语语义学中的某些问题"；论证了语义学与词典编纂学之间相辅相成的密切联系，提出了编纂"表意词典"的开创性设想（周承，1992）。

3.2 第二阶段发展特点

我们认为，中国俄语语义学第二阶段的学科发展特点主要表现在以下六个方面。

3.2.1 俄语语义研究呈现新的发展趋势

在中国俄语语言学研究出现"语义化趋向"（即"由形式研究转向内涵研

究"）的大背景下，该阶段中国俄语语义学的发展顺应了中国俄语语言学研究的新趋势：第一，"由微观研究转向宏观研究，由单纯的俄语语言学研究转向跨学科研究"（如认知语义学、框架语义学、文化语义学、社会语义学等跨学科研究的兴起）；第二，"由单纯面向俄语的个别语言学转向广泛意义上的普通语言学研究"（研究课题和语料来源不再局限于俄语，常采用与母语对比的研究方法）；第三，借鉴西方语言学、汉语语言学以及俄语语言学其他分支学科的理论（徐来娣，2004）。因此，中国俄语语义学进入学科发展第二阶段后，研究主题愈加广泛，学术思路更为活跃，尤其是青年学者的创新意识为传统的俄语语义研究注入了新的活力。

3.2.2 当代俄罗斯语义学最新研究成果得到评介和运用

根据相关文献，如果说在第一阶段，有多位苏联语言学家的学术成果被介绍到了中国，那么第二阶段最受中国同行关注的是俄罗斯著名理论语义学家、词典编纂学家阿普列相。进入新世纪后，随着中俄两国之间教育交流的日益频繁，中国俄语学界对俄罗斯当代俄语语义学最新成果的了解和介绍更为迅速，并且不再局限于单纯介绍，而是更注重对成果所承载的学术思想的评析（以期刊论文为主）和理论原则的运用（以学位论文为主）。该阶段在中国高校俄语语义学的课程教学中，通过对当代俄罗斯主要语义学派的介绍，厘清了这门学科的发展脉络，展现了学科自身的系统性及与语言学其他分支学科之间的联系。

无论就理论研究还是课程教学而言，对中国俄语语义学发展产生重要影响的是以下两个享有世界声誉、最具代表性的当代俄罗斯语义学派。

①以阿普列相和梅利丘克（И. А. Мельчук）等学者为代表的"莫斯科语义学派"（Московская семантическая школа）。该学派的主要学术思想集中反映在这两位学者的专著《词汇语义（语言的同义手段）》（«Лексическая семантика (синонимические средства языка)»）和《"意思↔文本"语言学模式的理论尝试》（«Опыт теории лингвистических моделей СМЫСЛ ↔ ТЕКСТ»）中。《中国俄语教学》2006年第2~4期连载了由阿普列相本人撰写、杜桂枝教授翻译的《莫斯科语义学派》（«О Московской семантической школе»）一文，将以"语言整合描写和体系性词典学"为代表的该学派的理论原则和概念详细地介绍给了我国俄语教学界。

②以阿鲁久诺娃（Н. Д. Арутюнова）和帕杜切娃（Е. В. Падучева）

等学者为代表的"语言逻辑分析学派"（Логический анализ языка）。在阿鲁久诺娃的主持下每年定期举办的主题学术研讨会及会后出版的《语言逻辑分析》系列论文集成为该学派的标志性成果，论文集主题内容显示，其"学术视阈已经延伸到语言个性、语言共性、语言意识和社会文化的各个层面"（周民权，2012）；由于涉猎内容十分广泛，因此对该学派学术思想和研究方法的理解与掌握需要依靠诸多领域知识的支撑。帕杜切娃在语言逻辑分析研究方面所取得的公认成果当数她与阿鲁久诺娃等学者提出的"指称理论"（теория референции），该理论的主要思想观点集中反映在其1985年出版的要著《语句及其同现实的关联性》（«Высказывание и его соотнесенность с действительностью»）中。该学派将词汇语义研究与句子语义研究有机结合，所取得的实质性成果是扩大了对语言单位"称名功能"的认识（李勤、钱琴，2006）。

上文所提及的其他当代俄罗斯语义学派的代表性人物、核心思想和标志性成果在周民权教授2012年发表的《20世纪俄语语义学研究》一文中得到了集中阐释，"它们各具特点，互为依托，形成合力，驱使俄语语义学理论步入世界语言学研究前沿"（周民权，2012）。

3.2.3 俄语语义研究新方法及其成果得到评介和运用

这一发展阶段，俄语理论语义学中出现了一种被称之为"词典化描写"的语义研究新方法。一方面，该方法"有别于传统词汇语义研究的最大特点是其新颖的描写层次、格局和方法，而且描写的内容除了词汇语义，还包括一些相关的组配、派生关系、修辞、语用等信息"；另一方面，"词典也不再仅仅是词汇记忆库或者语言使用者的参考手册，而是完整的语义理论描写语言的必要部分"（彭玉海，2003）。

阿普列相主编的《新编俄语同义词解释词典》（«Новый объяснительный словарь синонимов русского языка»）和什维达娃（Н. Ю. Шведова）主编的《俄语语义词典》（«Русский семантический словарь»）是语言整合性描写和体系性词典学原则研究成果的体现，二者创新性的编纂原则在我国俄语教学界得到详细介绍，受到高度评价。教学界认为：前者"展示了语义学理论与实践词典学之间的逆向联系"（杜桂枝，2006），后者是"第一部全面系统的语义词典，它不仅对教学实践具有重大意义，而且对理论语言学和应用语言学具有极大的价值"（杜桂枝，2007）。多年以来，这两部俄语辞书巨著为中国俄语语义学的学科发展提供了大量重要的教学和研究素材。

3.2.4 俄语语义学专业课程教学地位得以确立

这一发展阶段，中国俄语语义学已从真正意义上成为一门独立学科，相应课程在各所高校的俄语院系成为与俄语语法学、俄语词汇学、俄语修辞学并驾齐驱的研究生专业课程。周民权教授在《20世纪俄语语义学研究》一文中所指出的现象需要引起重视："在推荐给俄罗斯高等学校的一系列词汇学教材和专著中，由于各种外部原因，有关词的意义的信息含量仅仅包括词汇语义学的部分内容，而词汇语义学的研究则摒弃了词汇学的部分内容。对比的结果显示，这两门学科相互交叉，而且有一系列问题是词汇学而不是词汇语义学的研究对象，反之亦然"（周民权，2012）。因此，我们认为，当这两门课程同时开设时，需要区分各自的研究对象，避免内容混淆和重复；当只开设其中一门课程时，应当指出所开设的课程与另一门课程之间的学科交叉关系。

3.2.5 新世纪俄语语义学研究生教学用书已有出版

2005年商务印书馆出版了由张家骅、彭玉海、孙淑芳和李红儒合著的《俄罗斯当代语义学》，这是一部"研究性质的著作"，"多数章节贯穿着作者本人的研究心得"。该著作分"词汇语义研究""句子的命题语义研究"和"语句的语用意义研究"三编，研究范围限于词汇和句子两个基本层次的语义问题；"词汇语义研究"一编遵循的是莫斯科语义学派的意义观，作者明确指出词汇语义学与传统词汇学之间存在重要区别，"其研究对象是作为义项从内容与形式统一的词中分离出来的词汇语义单位"。全书以俄语语料为主，"有些章节尝试用俄罗斯当代语义学的理论和方法分析相关的汉语语言问题"（张家骅等，2005）。这部由教育部研究生工作办公室推荐的研究生教学用书学术性较强，要求使用者具备一定的俄语语言学和语义学基础理论知识，因此比较适合俄语语言学方向的博士研究生以及进入提高阶段、对俄语语义学感兴趣的硕士研究生使用。

3.2.6 全国性成熟学术交流平台得以建立

比起第一阶段，第二阶段所举行的全国性语义学学术研讨会从数量和规模上来说都有所增长，全国各所重点高等院校均举办过此类学术会议，搭建起若干成熟的学术交流平台。特别值得一提的是，2001年至今，教育部人文社会科学重点研究基地——俄罗斯语言文学与文化研究中心、黑龙江大学俄语学院等单位已成功举办了十届全国俄语语义学研讨会，在我国俄语语言学界及语义学界均产生了重要影响。在这个两年一度的中国俄语语义学界盛会上，传统的语义学理论得到了新的阐释，会议周期内诞生的最新学术成果得到了介绍。会议纪要显示，每届会议的主题都在推陈出新，参会论文中不断出现新视角、新课题、新术语，对此后未来两年中国俄语语义学的教学与研究起了有效的推进作用。

4 对中国俄语语义学未来学科发展的前景展望

以相关主题文献资料统计数据和反映内容为基础，通过对我国高校俄语语义学近40年教学和研究成果加以梳理与总结，可以深刻感受到支撑这门学科在中国俄语教学中崛起、发展、领先的巨大动力，除了其凭借自身特点在俄语语言学中所占据的优势以外，还有我国一代又一代高校俄语专业师生对这门学科的热爱与执着。回顾过去是为了展望未来，继续发展。最后，我们从俄语语义学的研究对象与任务出发，对该学科的未来发展进行简要的前瞻性描述，以此作为本文的结语。

4.1 研究对象

在中国俄语语义学未来的学科发展中，学者应当将研究重心转向比词汇更高层次的语言单位，即转向对句子和篇章层次语言单位的研究，因为这些单位具有更复杂的语义结构，在语言交际中传递更丰富的信息。此外，值得关注和深入研究的还有以近似性、交叉性、过渡性为特征的语义现象，例如与多义、同音异义、同义、反义、上下义相比，近音异义关系、换位关系等语义现象尚未得到与前者相同程度深入系统的理论研究，长期以来被视为我国高校俄语教学的难点，这些语义单位的词典化描述或有待完善（如俄语近音词词典），或有待突破（至今尚无俄语换位词词典）。

4.2 研究任务

在中国俄语语义学未来的学科发展中，学者应当将学科研究任务与中国俄语教学和研究的总体发展联系起来，不局限于仅在俄语语言学范围内进行研究，而是将某些语义学概念、理论与方法运用到俄罗斯文学、俄汉翻译理论以及俄罗斯文化方向的研究中去。此外，学科的交叉融合是俄语语义学顺应时代、社会和高等教育发展趋势的学科建设途径，"学科交叉"成为2021年中国高等教育十大关键词之一并非偶然，"在新一轮科技革命的推动下，学科交叉融合富有新时代意蕴，是新学科产生的重要源泉，是经济社会发展的内在需求"（贺祖斌等，2022）。俄语语义学在学科的形成与发展过程中曾融合了哲学、逻辑学、符号学、数学等学科的某些概念；在未来发展中，学者应当将其与反映人类对当前客观现实世界认识的新学科交叉融合，综合各自的学科优势，攻克坚固的学术堡垒，打造良好的学术生态。

参考文献

[1] 杜桂枝. Ю. Н. Шведова 语言学理论中的"体系性"思想及其方法论 [J]. 当代语言学，2007（4）：303–316.

[2] 顾柏林. 新的语义学理论在词典编纂中的应用 [J]. 中国俄语教学，1988（4）：14–18，36.

[3] 归定康. 俄语语义学及其成果的应用 [J]. 外国语，1993（5）：76–78.

[4] 李勤，钱琴. 俄语句法语义学 [M]. 上海：上海外语教育出版社，2006.

[5] 倪波. 俄语语义学研究的对象与任务 [J]. 中国俄语教学，1986（1）：14–19.

[6] 倪波，顾柏林. 俄语语义学 [M]. 上海：上海外语教育出版社，1995.

[7] 彭玉海. 俄语语义研究的词典化倾向 [J]. 外语与外语教学，2003（5）：61–64.

[8] 徐来娣. 中国俄语语言学研究的新趋势、新方法：有关《现代俄语语义学研讨会》的若干思考 [J]. 外语学刊，2004（1）：110–111.

[9] 张家骅，彭玉海，孙淑芳，李红儒. 俄罗斯当代语义学 [M]. 北京：商务印书馆，2005.

[10] 周承. 中国俄语界的一次盛会：记俄语语义学与词典编纂学研讨会 [J]. 中国俄语教学，1992（4）：13.

[11] 周民权. 20世纪俄语语义学研究 [J]. 浙江外国语学院学报，2012（1）：1–6，44.

[12] 贺祖斌，别敦荣. 2021中国高等教育十大关键词 [N]. 中国教育报，2022–01–03.

汉语中俄源外来词的计量分析

复旦大学　高毓苑

摘要：汉语中的外来词是汉语词汇系统的重要组成部分，是语言接触的产物，是不同文化交流碰撞的见证者。俄罗斯是中国一衣带水的邻邦，两国人民在漫长的历史进程中培养出了深厚的传统友谊，因而在汉语中涌现了大量的俄源外来词。对汉语中的俄源外来词在构成形式、语义类别、词类分布等方面的量化分析可以使这一现象得以客观、精准地呈现，这也给外来词的规范化、教学方法以及研究视角等方面问题的解决带来重要启示。

关键词：俄源外来词；概念界定；构成形式；语义类别；词类分布

1 引言

在历史上，汉语经历了三次外来词借入高潮，分别是汉唐时期、"五四运动"前后和改革开放以来（姜艳红，2011）。尤其是改革开放以来，随着对外交往的不断深化，大量的外来词涌入中国，进入社会生活的各个方面。中俄两国毗邻的地理位置、深厚的历史渊源和密切的互动交流为语言接触提供了良好的土壤，而外来词作为语言接触的直接结果，无疑受到中俄语言学界的瞩目。目前来看，汉语中俄源外来词的研究成果主要集中在两个方面：一是对俄源外来词构成形式或者译介问题的研究；二是从对比语言学和社会语言学角度探讨外来词折射出的社会文化因素。采用计量的方法对俄源外来词进行客观统计分析的文章寥寥无几。本文拟采用定性和定量相结合的研究方法，对商务印书馆2019

年出版的《新华外来词词典》①中的 407 个俄源外来词②进行统计，分析它们的构成形式、语义类别、词类分布情况，并讨论研究结果对现代汉语规范工作、外语教学方法以及外来词研究视角的启发意义。

2. 外来词的界定问题

关于外来词的界定，学界一直以来都众说纷纭。《现代汉语词典》中对外来词的释义如下：从别的语言吸收来的词语。如汉语里从英语吸收来的"马达""沙发"，从法语吸收来的"沙龙"（现代汉语词典，2016）。这是对外来词较为宽泛的定义。同样，邢福义在《现代汉语（修订版）》中对外来词的解释也大致相同：外来词是指从外国或国内其他民族语言里吸收来的词（邢福义，2003）。上述对外来词的界定代表了国内大多数学者的观点，即指出外来词的词源特征，简单明了，便于理解，但是仅根据这一定义无法阐释外来词的本质特征。

张静在《新编现代汉语（下册）》中对外来词的定义则较为具体：外来词是在本族语言的语音、语义系统的制约下，从外族语言中吸收过来的词（张静，1980）。这个定义在指出外来词词源特征的基础上，着重强调了其受到"本民族语言的语音、语义、文字系统的制约"。据此，我们可以把外来词与外语词区分开来，如近年来广泛使用的 VIP、PPT、App、CCTV、MV 等英文词，则不属于外来词，而只是外语词。因为外来词虽然源自外语，但是它本质上还是本民族词汇系统中的特殊成分，应该具备本民族的文字形式。例如，高名凯、刘正埮（1958）就曾明确指出："尽管外来词是外语来源的词，它却是本语言之内的一个组成成分，它是本语言词汇体系的一个成员；它已不是外语的词，而是本语言的词。所以我们应当把'外来词'这个术语解读为'外语来源的词'，换句话说，只有从来源的角度来看，它是外来的，而就其语言的体系关系来看，它却仍然是本语言的词。我们绝不能把外来词看作'外语的词'。"

---

① 2019 年商务印书馆出版了史有为先生主编的《新华外来词词典》，收录了来自西语、梵语、古今民族语和日语等多种语言的外来词，共收录汉语外来词 20000 余条。

② 本文中的 407 个俄源外来词均来自《新华外来词词典》中标注的来源于俄语的词汇，关于该词典中词源的准确性，本文不做进一步研究。

国内学者中对外来词定义最准确完整的当属2019年出版的《新华外来词词典》主编史有为（2013）先生。他认为："外来词是指在词义与外族语中某词有源流关系或相关关系的前提下，语音形式上全部或部分借自相对应的该外族语词、并在不同程度上汉语化了的汉语词；严格地说，还应具备在汉语中使用较长时期或有相当频度的条件，才能作为真正意义上落户汉语的外来词。"史有为先生的这一定义对外来词的词源、形式及特点都做出了明确的阐释。

俄罗斯学者对外来词使用的术语有"заимствованные слова""иноязычные слова"等。尚斯基（Н.М. Шанский，1972）认为，外来词是"从外部进入俄语的词汇，其成分与俄语固有词没有任何区别。"维京斯卡娅（Л.А. Введенская，1991）指出，"外来词是俄语词汇系统的一部分，它们具备俄语固有的词汇意义、语音形式和语法特征，并以俄语字母的形式书写。"热列比洛（Т.В. Жеребило，2010）在《语言学术语词典》（Словарь лингвистических терминов）中也对外来词有过界定，他指出："外来词是任何一门语言词汇发展的客观规律现象，该语言会吸收其他语言的词语，并对其在语音和形态上做出调整，以适应本族语言系统的使用条件。"这些学者的观点均强调了外来词受本族语言语音、语义系统的制约，以本族语的书写形式呈现，是本族语词汇系统中的成员。

根据以上中俄学者对外来词的界定，我们不妨将外来词的特征总结如下：

①外来词的词源特征：来源于外语。

②外来词的形式特征：发音全部或部分借自外族语，书写则具备本民族的文字形式。

③外来词的本质特征：是本族词汇体系的组成成分，属于本族语，这一特征将其与外语词区分开来。

④外来词的其他特征：具有稳定性，经过较长时间的演变在本族语词汇体系中固定下来。

根据以上论述，本文把汉语中的俄源外来词界定如下：俄源外来词是在汉语语音、语义系统的制约下，发音全部或部分借自俄语，但保留汉字书写形式并长期使用的汉语词。

在对外来词的界定及其特征做出研究之后，本文以商务印书馆于2019年出版的《新华外来词词典》为语料来源，对其进行了筛查，在20000多个外来词词条中，共统计出 407 个来自俄语的外来词。接下来，笔者将以 407 个俄源外来词为对象进行研究。

3. 汉语中俄源外来词的构成形式统计及分析

汉语中的外来词在构成形式上有多种类型。本文对《新华外来词词典》收录的 407 个外来词进行统计分析后，认为汉语中的俄源外来词主要有四类构成形式：第一类为纯音译词，这类词是将俄语词的发音以汉字的形式记录下来，其发音与源词基本相同或相近，如阿尔康（оркан）、彼得鲁什卡（петрушка）、布拉吉（платье）等；第二类词为音译 + 类标词，这类词的特征是在保留俄语源词发音的基础上补充说明该词的类别，如查奴里琴（чианури）说明了该词表示一种乐器，杜阿登诺尔布（туальденор）说明了该词表示一种布料，弗尔兰纳舞（форлана）说明了该词表示一种民间舞蹈，拖拉机（трактор）说明了该词表示一种机器等；第三类是音译兼意译词，这类词的特征是将源词的一部分音译成汉语，另一部分按照该词的意义进行翻译，如基里尔字母（Кириллический алфавит）、卡拉苏克文化（Карасукская культура）、马卡洛夫手枪（Пистолет Макарова）等。第四类是字母词，即俄语词的首字母缩略加数字或汉字混合构成的词，如 AK 四七（Автомат Калашникова образца 1947 года）。笔者对这四类俄源外来词的构成形式的统计结果见表 1。

表 1 俄源外来词的构成形式统计结果

俄源外来词的构成形式	词条数	占总词条数的比重
纯音译词	220	54.05%
音译 + 类标词	170	41.77%
音译兼意译词	16	3.93%
字母词	1	0.25%

通过统计可见，大多数汉语中俄源外来词是通过纯音译的方式构成的，除此之外，也有部分是通过音译 + 类标的形式构成的，其中类标主要涉及舞蹈、服饰（帽、长炮、呢）、乐器（笛、号、手风琴、板）、动物（狗、羊、马、兔）、食物（汤、酒、果、饼）、化工产品（合金、胶、油、玻璃）等；音译兼意译词和字母词所占比重较少。值得注意的是，汉语的外来词还有一种构成方式——形译。形译词即形、义都与原词相同而只是读音改从本族语言的词。形译词是汉语中的日源外来词的一种构成方式，但是俄源外来词中没有此类词。这与汉

语和俄语分属两种不同语系有关。汉语属于汉藏语系，俄语则是印欧语系的分支，二者在形态结构方面存在巨大的差异，这就导致外形上并无借鉴的可能，也决定了俄语词在进入汉语词汇体系中时只能按照汉语的语言规则进行转变，这也是俄源外来词中纯音译词所占比重较大的原因。

4. 汉语中俄源外来词的语义类别统计及分析

对于汉语外来词的语义类别研究历来是一个比较复杂的问题，众多学者给出了不同的见解。例如：崔倩（2015）在《英源外来词在现代汉语中的使用现状分析》一文中，将英源外来词按照政治、经济、文化、科技、社会生活和医学进行分类。何干俊（2011）在《当代汉语中外来词的多维视角分析》一文中认为，汉语外来词多分布于服饰、教育、食品、医药、体育、经济、娱乐、科技、社会等领域。本文主要依据史有为先生（2013）在《汉语外来词》一书中的外来词语义分类，将其分为政治、军事、经济、工业、科学、社教、医卫、文体、宗教、生活、农业、度量衡、自然、余类等14类。

此处需要说明的是，史有为先生所做的是对汉语中所有外来词的一般性分类，鉴于俄源外来词的特殊性，我们在统计时需对俄源外来词在每一大类中所涉及的领域做出具体解释。

①政治：主要涉及社团组织、党派、国家机构、政治人物、政策等。

②军事：主要涉及枪支、军用飞机之类的武器设备等。

③经济：主要涉及货币、企业、经济人物、物流等。

④工业：主要涉及工业材料、器材、炸药等。

⑤科学：主要是指自然科学，涉及航天、化学等。

⑥社教：包括人文社会科学，主要涉及历史、哲学、地质学、教育等。

⑦医卫：主要涉及药物。

⑧文体：主要涉及音乐（乐器）、绘画、文学、舞蹈、体育等。

⑨宗教：主要涉及祷告、宗教派别、神、宗教节日等。

⑩生活：主要涉及服饰、饮食、发型、娱乐等。

⑪农业：主要涉及农场、肥料、农用机械等。

⑫度量衡：主要涉及长度单位、面积单位、容量单位、重量单位等。

⑬自然：主要涉及自然现象、动物、植物等。

⑭ 余类即以上不能收容者，主要包括以下 6 个词：阿依尔（Аил）、巴立克（парик）、基什拉克（кишлак）、蓝威斯曼（Ранверсамн）、斯坦尼茨（станица）、维尔夫（вервь）等。俄源外来词的语义类别汇总见表2。

表2 俄源外来词的语义类别汇总

俄源外来词的语义类别	词条数	占总词数比重
政治	27	6.63%
军事	10	2.46%
经济	11	2.70%
工业	47	11.55%
科学	3	0.74%
社教	5	1.23%
医卫	22	5.41%
文体	156	38.33%
宗教	5	1.23%
生活	67	16.46%
农业	6	1.47%
度量衡	12	2.95%
自然	30	7.37%
余类	6	1.47%

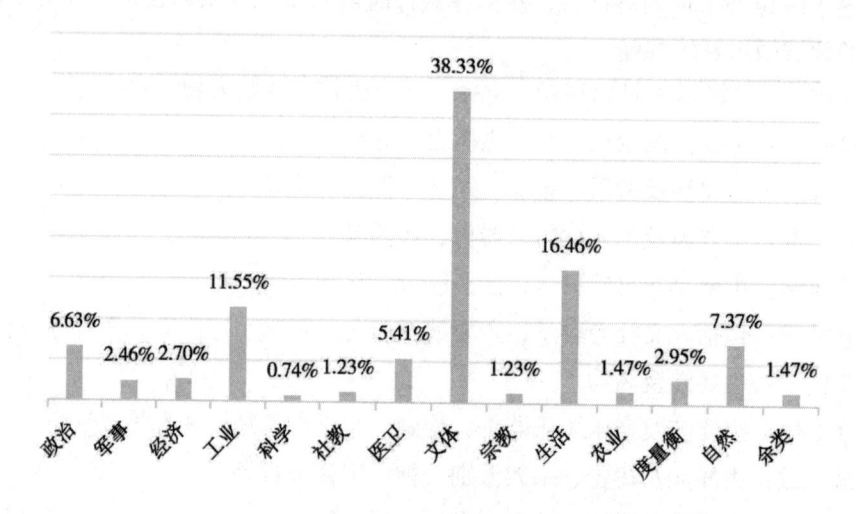

汉语中俄源外来词的语义类别统计见图1。

图1 汉语中俄源外来词的语义类别统计

由此我们可以发现，汉语中的俄源外来词在文体领域的分布最广，主要有三类：第一类是舞蹈类外来词，如尤罗奇卡舞（юрочка）、伊斯拉梅舞（исламей）、雅蕾克舞（ялыке）等；第二类是体育项目的动作类外来词，如特卡切夫腾跃（Ткачёв）是指一种单杠运动的新颖飞行动作，沙金扬（Шагинян）是一种鞍马运动动作，巴拉巴诺夫（Балабанов）是指一种吊环运动动作，这些体育项目的动作均以首创运动员的名字来命名；第三类是乐器类词汇，如扎列卡管（жалейка）、西古多克琴（сигудок）、特连比达号（трембита）、塔夫拉克罐鼓（тавляк）等。其实，一个国家在某一领域实力越强大，与其他国家的合作和交流越频繁，则该国语言在该领域中的词汇和术语就越开放，进入他国语言的可能性就越大。因此，外来词的语义类别分布可以反映源语国家在某些领域的实力强弱。汉语中俄源外来词在文体领域的分布较多，这与俄罗斯在艺术、体育等领域非凡的造诣不无关系。众所周知，俄罗斯被称为"艺术大国"，在文学、绘画、音乐、舞蹈、雕塑等领域取得了举世瞩目的成就，先后涌现出托尔斯泰、果戈理、契诃夫等享誉世界的文坛泰斗，柴可夫斯基、格林卡等音乐奇才，乌兰诺娃等芭蕾舞大师，卢勃廖夫、列宾、希施金等绘画巨匠。在体育领域，也涌现出了雅辛、科洛缅金等运动健将……俄罗斯在文体领域的突出成就使中俄两国在文体方面的互动交流频繁，这也是能源外来词在文体方面的词汇居多的原因所在。

此外，生活领域的俄源外来词同样占有较高比例，主要体现在服饰和饮食两个方面，如布拉吉（платье）、萨腊范（сарафан）、博尔食汤（борщ）、苏泊汤（суп）、伏特加（водка）等词。事实上，有很大一部分俄源外来词在东北和新疆等地得到了广泛使用，如马神（машина）、沙油子（союз）、壁里砌（печь）、列巴（хлеб）等。这与中俄两国毗邻的地理位置、长久的历史往来和两国人民的密切交流有直接关系。

同时，笔者在统计过程中发现，工业领域的俄源外来词中有很多炸药名词，如德纳立脱（донарит）、赫罗拉契（хлоратит）、狄那猛（динамон）、卡尔道克斯（кардокс）、麦喀尼特（меганит）、阿留米特（алюмит）等等这有可能与俄罗斯在爆破行业突出的成就有关。俄罗斯地大物博，拥有众多大型矿山，矿产资源品种齐全，储量丰富，分布广泛。苏联曾是矿山爆破器材及工业炸药领域技术比较先进的国家。苏联解体后，俄罗斯的经济及各种技术出现了一定程度的退步，其中也包括矿山爆破及工业炸药技术，但近十年来，随着与国外合资，俄罗斯、乌克兰等国家在爆破器材及工业炸药领域取得了不少新成就，这也为中俄两国在工业领域的合作带来了新的契机。

通过统计我们还可以发现，在自然科学和人文社会科学领域的俄源外来词所占比例较少，这也侧面说明中俄两国在科学技术领域的交流相对不足。但是我们相信，随着"一带一路"倡议的实施，以及新时代中俄全面战略协作伙伴关系的稳步推进，会有更多科学领域的俄语词进入汉语词汇体系。

5 汉语中俄源外来词的词类分布统计及分析

笔者在对《新华外来词词典》进行统计时发现，汉语中的俄源外来词相对于英源外来词和日源外来词来说，其词类相对较少，主要有名词、量词、副词和感叹词四大类，还有一类为短语。很多俄语词在进入汉语以后失去形态变化，通过文字形式我们很难区分究竟是短语还是名词。为了避免此类问题，在统计过程中，如果该词本身俄语形式为名词，则计为名词，如布尔冈红酒（бургонское）、达克斯犬（такса）、佛克律斯泉（воклюзы）等；如果该词本身俄语形式为短语，则计为短语，如伏尔泰椅（вольтеровское кресло）、卡拉苏克文化（Карасукская культура）、波尔特阔维契车刀（резец Борткевича）等。此外，我们将俄源外来词中的缩略语计为名词，如克格勃（КГБ）、格鲁乌（ГРУ）等。具体统计结果见表3。

表3 俄源外来词的词类分布汇总表

俄源外来词的词类	词条数	占总词数比重
名词	376	92.38%
量词	19	4.67%
副词	2	0.49%
感叹词	1	0.25%
短语	9	2.21%

统计显示，俄源外来词绝大多数是名词，占总词数的92.38%。季羡林先生在《外来词——异文化的使者》一书的《序》中提到："所谓外来词，无非是两大类：一类代表精神方面的，抽象的东西；一类代表物质方面的，具体的东西。佛、菩萨、耶稣教等等属于前者；沙发、咖啡、巧克力等等属于后者。无论是抽象的东西，还是具体的东西，这些词儿所代表的东西原来都是外国货，传入中国，必须有一个华名，于是千奇百怪的外来词就应运而生。"（转引自

史有为，2004）从这里我们可以看到，最初的外来词是因为称呼的需要而产生的。其实这也不难理解，本族语中之所以会出现外来词，是因为该语言中缺乏表达某些事物、现象、概念的对应词汇。换言之，跨文化交际中最容易出现文化空缺的是事物和现象，而名词的典型特征就是能表示事物的概念性意义，执行指称功能。所以在《新华外来词词典》中，名词性的俄源外来词占到了九成。其次是量词，俄源外来词中的量词主要是计量名量词，也就是度量衡单位。例如：货币单位戈比（копейка）、长度单位阿尔申（аршин）、重量单位波特（пуд）等。汉语中的俄源外来词中只有两个副词：程度副词哈拉嗦（хорошо）和时间副词杰别尔（теперь），还有一个感叹词乌拉（ура）。

6 汉语中俄源外来词统计及分析过程中的几点启示

通过以上对《新华外来词词典》中俄源外来词的统计和分析，可以得出以下几点启示。

首先是外来词的规范问题。笔者在统计过程中发现几个问题：第一，同一个外来词在汉语中有多种译名。如：Большевик 一词，在俄语中表示少数派，引入汉语后，在该词典中出现了"鲍尔雪维克""鲍尔札维克""布尔什维克""布尔塞维克"四种译名；再如：суп 一词，有"苏泊汤""苏卜汤""素朴汤"三种译名。第二，翻译规则的不统一导致同一类别属性的外来词的构成形式不同。如：кардокс 和 донарит 均为炸药名称，但是在该词典中 кардокс 被直接音译为"卡尔道克斯"，донарит 则通过音译＋类标发方式被译为"德纳立脱炸药"。第三，不同的俄源外来词进入汉语词汇体系后被翻译为同一词，难以区分。如 ЛАПП［苏联列宁格勒罗普（无产阶级）作家联盟］和 РАПП（苏联俄罗斯无产阶级作家联盟），这两个词在汉语中均使用"拉普"一词来表示，很容易使人混淆。笔者认为，对于外来词要尽量建立统一的翻译规则，至于是采取音译还是意译的方式，以及进入汉语系统后究竟对应哪个汉字，这些问题都值得文字工作者去思考和推敲。此外，在制定外来词的规范标准时，既要顾忌汉语的语言规律和表达习惯，也要考虑到社会、文化、国情等综合因素。

其次是外来词的教学问题。外来词是汉语词汇体系的重要组成部分，具有强劲的发展势头。因此，在语言教学中，对外来词的教学采用多样在的教学方法有助于扩展学生的视野，激发学习的兴趣。例如教师可以运用对比教学法分析俄汉语在语音、语素、语义等方面的异同，使学生加深对外来词的记忆；而且，外来词通常蕴涵着独特的文化背景知识。对外来词的教学可采用词源分析法和跨文化的研究方法，通过追溯源词的历史根源，使学生了解该词所负载的文化信息，有助于学生更准确、全面地理解外来词。

最后是外来词的研究视角问题。虽然对外来词的研究有很悠久的历史，但目前对于这一传统问题的探讨并非已经过时。姜宏曾指出："当代语言学研究的发展态势和重要特点之一，即为传统问题的重新审视研究结出硕果，这种研究的特点是研究的问题并不新鲜，但视域较之前人或新颖或纠误，充分体现出求真务实的科学精神。语言学现在的任务不是要增加新的事实，而是要对已有的事实加以重新思考，以现代科学新的角度重新评估，或者在前人研究成果的基础上，针对一些未解决的问题，从新的视角对既定对象加以符合时代特点的学术研究"（姜宏，2016）。可见，对于外来词可以进行历时或共时、单维或多维、描写或阐释、理论或实践、单语或对比、定性或定量等多视角研究。我们相信，从不同维度对外来词这一传统问题的研究会拓展研究的深度，得出崭新的结论。

总而言之，外来词是外来语言在形式上（语音、书写、语法、词汇等层面）被本族语改造的结果，是两种语言文化交融的结晶。对汉语中俄源外来词多维度的统计及分析，一方面可以反映两国在某些领域的交流互动程度以及俄源外来词在汉语中的使用频率；另一方面也折射出外来词研究中存在的译写原则不统一、用词混乱等问题，这也对汉语规范化、词典编纂、外语教学等方面的问题提出了挑战与思考。

参考文献

[1] Введенская Л А, Баранов М Т, Гвоздарев Ю А. Русское слово[M]. Москва: Просвещение, 1991.

[2] Жеребило Т В. Словарь лингвистических терминов[M]. Назрань: Пилигрим, 2010.

[3] Шанский Н М. Лексикология современного русского языка[M]. Москва: Просвещение, 1972.

[4] 崔倩，朱烨. 英源外来词在现代汉语中的使用现状分析 [J]. 沧州师范学

院学报，2015(04)：38.

[5] 高名凯，刘正埮.现代汉语外来词研究[M].北京：文字改革出版社，1958.

[6] 何干俊.当代汉语中外来词的多维视角分析[J].江西社会科学，2011(11)：253-254.

[7] 姜宏.传承·对比·整合：俄汉语多维视角研究[M].上海：复旦大学出版社，2016.

[8] 姜艳红.汉俄语外来词的社会语言学研究[M].苏州：苏州大学出版社，2011：116.

[9] 商务印书馆辞书研究中心.新华外来词词典[M].北京：商务印书馆，2019.

[10] 史有为.汉语外来词[M].北京：商务印书馆，2013.

[11] 史有为.外来词：异文化的使者[M].上海：上海辞书出版社，2004.

[12] 邢福义.现代汉语（修订版）[M].北京：高等教育出版社，2003.

[13] 张静.新编现代汉语（下）[M].上海：上海教育出版社，1980.

[14] 中国社会科学院语言研究所词典编辑室.现代汉语词典：第7版[M].北京：商务印书馆，2016.

俄罗斯近十年国情咨文含 знаете 的话语词语用功能分析[①]

上海外国语大学　张嘉辉

摘要： 本文通过自建的 2010—2020 年《俄罗斯国情咨文》语料库和同时期的《中国政府工作报告》语料库进行定量数据采集，采用 NVivo 软件进行定性分析，对语料库中的感知觉话语词和含 знаете 的话语词进行描写和阐释。数据表明，国情咨文的感知觉话语词使用较为丰富，而《中国政府工作报告》则较为保守。本研究构建了含 знаете 的话语词的语用功能图谱，并认为含 знаете 的话语词的使用可以增强语势、提请听众的注意、唤起听众的记忆以及使说话者的话语更加令人信服、增加可信度，这些功能具有本体层面的独立性的同时，又具有认识层面的互补性。

关键词： 语料库；знаете；质性分析；国情咨文；感知觉话语词

1　引言

俄语话语词是近年来被研究较多的对象，吸引着国内和国际上许多语言学家的注意。按照基谢廖娃（Киселева，1998）的观点，话语词的确定有两个标准：一是不具有指物意义，二是建立两个或两个以上话语组成部分的关系。这两个标准表明，话语词并非是根据词性或句法联系来确定，而是按照语用功能来确定的。因此，话语词这一概念在语用功能层面上，将连接词、语气词、副词、代副词、感叹词、述谓或半述谓单位、固定短语等难以统一研究的内容联系了起来。

[①] 本文系上海外国语大学校级二期大学生创新创业训练计划"基于认知神经科学的俄语学习成绩影响机制研究"项目的阶段性成果。

俄语当中表达感知觉的动词有很多，如 знать, видеть, слушать, слышать, понимать 等，由其构成的特定语法形式在话语当中可以构成话语词，发挥特定的语用功能。如 как знаете, слушай(те), видите, слышите, как известно, как понимаете, видите ли, вот видишь, видно 等等。

话语词的研究近年来颇有成果，许宏、刘雪娟从主观性视角出发，考察了语义虚化的感知动词构成的话语词用法，发现话语词 слушай(те) 可以调控言语行为的施事语力（许宏、刘雪娟，2019）。许家金、许宗瑞则结合语料库方法的定量分析和话语分析的定性分析考察了中国非英语专业大学生"互动话语词块"的使用与英语本族语者之间的异同，发现了中国非英语专业大学生在英语使用中存在缺乏人际互动技巧的倾向（许家金、许宗瑞，2007）。苏祖梅、岳永红在长篇小说 *Беглец-шоу* 中剖析并发现了话语词 ну 在该文学文本中的语用功能（苏祖梅、岳永红，2006）。随着新文科的发展，话语词的研究也逐渐开始运用一些数据处理软件，如 antconc、wordsmith、Citespace 和 NVivo 等，与大数据分析、语料库方法相结合。

语料库技术在近年来发展迅速，研究成果颇丰。肯帕宁（Kemppanen）采用芬兰语本土文本和译文文本的搭配词比较，发现了本土文本和译文文本中"友谊"一词的语义韵有较大差异（Kemppanen，2004）。拉维欧萨（Laviosa）对 *The Guardian* 和 *The European* 两份报纸的欧盟的各种词形及其搭配进行考察，发现没有明显语义韵倾向，说明欧盟的形象较为中立（Laviosa，2000）。意大利学者埃里卡·巴斯（Erica Bassi）通过关键词对比分析的方法，考察了意大利报纸 *La Repubblica* 和美国报纸 *The New York Times* 中对《京都议定书》的处理，发现美国报纸对该议定书的定性较负面，而在意大利报纸则较正面（Bassi，2010）。狄艳华、杨忠对 1978—2010 年的《中国政府工作报告》的核心主题词进行历时分析，剖析了语言使用与社会发展的共变关系及规律，发现中国改革开放以来的政府工作报告语篇中，"发展"和"经济"的复现篇数为 100%（狄艳华、杨忠，2010）。虽然话语词和语料库的研究都建树不少，但在新文科背景下，能够结合大数据、语料库等新方法进行话语词研究的文献却甚少，所以本文拟采用语料库定量分析的方法，对 2010—2020 年《俄罗斯国情咨文》中感知觉话语词的语用功能进行分析。

2 研究设计

2.1 数据采集

我们选取 2010—2020 年的《中国政府工作报告》俄译本为辅助语料库，选取同时期的《俄罗斯国情咨文》作为观察语料库，自建两个小型单语语料库。《中国政府工作报告》俄译本和《俄罗斯国情咨文》均全文收录。通过这两个小型语料库展示的感知觉话语词使用情况，从感知觉话语词入手，对中国政府和俄罗斯政府的工作信息传达方式进行个案层面的描述，再结合所得结果对其语用功能进行剖析。

软件 Antconc3.5.8 Mac 版提供的语料情况见表 1。

表 1 语料情况表

项目	《中国政府工作报告》俄译本	《俄罗斯国情咨文》
类符	16 205	14 454
形符	134 146	82 123

由于政府工作报告俄译本的字数普遍超过一万，而国情咨文的字数小于一万，所以前者的形符数量高于后者，但这并不妨碍我们进行研究，因为二者均全文收录，且为同时期的政府文件，《俄罗斯国情咨文》是俄罗斯总统向联邦会议做的年度报告，包括工作回顾、计划和展望，《中国政府工作报告》是中国总理两会上的报告，包括对上一年工作的总结，对当年工作以及政府自身建设的部署，提出当年的主要任务，集中体现党和政府的执政方针和治国理念。二者均属同领域政府文件，内容较为相似，有较好的对比价值。《中国政府工作报告》语料来源于理论中国网（http://ru.theorychina.org/），《俄罗斯国情咨文》语料来源于俄罗斯总统网站（http://www.kremlin.ru）。

2.2 数据处理

将从理论中国网和俄罗斯总统网站中收集到的文字和图片语料归类，对图片语料进行文本识别、校对、降噪之后，分别建库。本文主要研究《俄罗斯国情咨文》和《中国政府工作报告》这两种政府文件中的话语词使用情况，并以此为基础研究 знаете、известно 在本文自建国情咨文语料库当中的索引行表现。

根据本文的研究对象——感知觉话语词，选取研究历史较为长久，使用情况较为频繁的普通话语词和感知觉话语词进行初筛，获得两个语料库中两种话语词的整体情况，得到两个语料库的话语词情况索引表和对照表，最后据此确定研究的具体对象——含 знаете 的话语词。

在完成了具体研究对象的确定之后，需要对其索引行进行研究。通过软件 Antconc3.5.8 Mac 版对其进行检索，共获得 знаете 索引行 53 条。本文采取 NVivo 质性分析方法，对含 знаете 的话语词的语用功能进行节点化和编码，最后进行综合分析。

2.3 研究问题

随着哲学的语言转向的发展，语言学中的"人文主义"复苏，对话语的研究逐渐挣脱了逻辑实证主义的形式语言研究，开始关注话语背后的语用因素。只有表达得出我们对世界的认识，人们才能够有效交流，科学才能够不断向前推进。话语词作为能够结合说话人思想、态度、情感和话语立场的一个重要节点，逐渐走进学界语用学研究的舞台。话语词作为言语交际的重要组成部分，是表现语言主观性特质的主要形式之一（许宏、刘雪娟，2019）。政府对国家机器的运行情况、国民生活水平、国民经济的发展所做的报告是一个政府给人民传递的重要信息。这些信息的有效传递离不开话语词的参与。为了更好地研究政府文件中通过话语词进行传递的语用信息，本文通过对两个政府文件语料库的话语词研究，尝试解决以下问题：

问题一：《俄罗斯国情咨文》中的感知觉话语词使用情况如何？为什么？

问题二：《中国政府工作报告》中的感知觉话语词使用情况如何？为什么？

问题三：《俄罗斯国情咨文》中包含 знаете 的话语词的语用功能如何？为什么？

3 结果与讨论

3.1 感知觉话语词在语料库中的表现

在随机搜索当中，我们分别在两个语料库中搜索主要的语气词，如 ну, даже, уж, ах, вот 等，因为这些语气词一般在话语中充当话语词的概率很高，带有较强的口语色彩。在两个语料库中搜索这些词语，能够让我们对两种政府文件的总体风格有特定的了解。搜索结果见表2。

表2 语气词话语词对比表

单位：次

语气词	《中国政府工作报告》俄译本	《俄罗斯国情咨文》
ну	0	8
даже	7	94
уж	0	3
ах	0	1
вот	1	45

通过表2，我们可以很轻易地发现，《中国政府工作报告》和《俄罗斯国情咨文》在语气词话语词的数量上具有很大的差别，这表现了《中国政府工作报告》的文体风格偏向书面语体，而《俄罗斯国情咨文》则偏向口语体，尤其是 ну 和 вот 在国情咨文当中竟然分别出现了8次和45次之多。

通过随机搜索，我们对两个语料库有了一个较为直观的感受，那么在感知觉话语词方面，二者又有何表现呢？我们选取较有代表性的感知觉话语词，即 знать, видеть, известно, понимать, смотреть 构成的相关话语词进行检索，结果见表3。

表3 感知觉话语词对比表

话语词	《中国政府工作报告》俄译本	《俄罗斯国情咨文》
знаете	0	53
видимо	0	2
смотрите	0	3
известно	1	14
понимаете	0	5

通过上表的对比，很明显，在感知觉话语词的上述五个代表词上，《中国政府工作报告》和《俄罗斯国情咨文》的对比呈现数量上的两极分化情况。而且，呈现两极分化情况的话语词远不止上述类别，还有 наверное, может быть 等等。

综上所述，相对于《中国政府工作报告》，《俄罗斯国情咨文》当中使用的话语词使用较为丰富，如 ну, даже, понятно, наверное, только, как знаете, как известно 等等，而《中国政府工作报告》的语体偏书面化，感知觉话语词使用较贫乏。由于 знаете 在《俄罗斯国情咨文》中的话语词里占据较大数量，我们在下文中对其呈现的语用功能进行剖析和研究。

3.2 含 знаете 的话语词的语用图谱

确定具体的研究对象后，我们将 знаете 作为节点词输入《俄罗斯国情咨文》语料库中进行检索，得到 53 条索引行，经筛查，有效索引行为 53 条。将所有索引行导入 NVivo 12 for mac 中进行质性分析。在 NVivo 软件中，我们对索引行中含 знаете 的话语词的语境进行分析，得出含 знаете 的话语词所在语境的词频分布情况（见图 1）。从图 1 可知，在含 знаете 的话语词的索引行语境当中，россии、развития、сделать、года 和 страны 等词具有高复现率，这说明，《俄罗斯国情咨文》中，需要使用含 знаете 的话语词实施相关语用功能的工作内容就包含了"俄罗斯""发展""完成""年""国家"等。

图 1 含 знаете 的话语词索引行的词频分布云图

在对含 знаете 的话语词的整体语境进行了解之后，我们对含 знаете 的话语词的语用功能实施节点编码，得到《俄罗斯国情咨文》中含 знаете 的话语词的语用功能框架情况，其语用功能框架共涵盖了四个类别的八个功能（见图 2）。

欧亚语言与文化研究

знаете 类话语词的语用模型				
提请听话人注意			使说话人的话语更令人信服	唤起听众记忆
提示新信息	强调新信息		回指旧信息	承上启下
说话人对语势的加强				
增强新信息	前后信息相反		平叙补足	重复信息

图 2 《俄罗斯国情咨文》中含 знаете 的话语词的语用功能图谱

整体上，含 знаете 的话语词的语用功能类别涵盖了①提请听话人注意；②用于说话人对语势的加强；③使说话人的话语更令人信服；④唤起听众记忆。每个功能类别之下又分别对应着子功能。图中的矩形大小面积表示该类型的语用功能所在索引行占总索引行数的比例。在该图谱中，同一话语词可以拥有多种语用功能，如《俄罗斯国情咨文》中含 знаете 的话语词索引行 "В январе посещал, как вы знаете, детский хоспис в Петербурге, говорили о проблемах." 中，"как вы знаете" 既具有提请说话人注意的语用功能，也同时具有唤起听众相关记忆的功能，因为 как вы знаете 在该言语中提示下文即将出现的新信息，也让听众尝试回忆 "В январе посещал" 后面发生的事情。之所以不将提请听话人注意和唤起听众记忆这两个语用功能合并在一起，是因为它们各自可以与其他语用功能合并，实现更强的表达力度。如 "Вместе с тем, уважаемые коллеги, – сейчас обращаюсь прежде всего к Правительству, вы знаете, о чём я сейчас говорю: мы будем лишать льгот наши, скажем, инфраструктурные компании, инфраструктурные монополии." 中，"вы знаете" 具有承接上文提请政府注意的话语，启示下文说话人即将说出的信息。除此之外，该话语词吸引了听众的注意，并激活其相关表征，使得说话人的信息传达更加有力，增强说话人提请注意意向行为的语势。正是因为各语用功能相辅相成，又自成一体，所以，在该语用图谱中,我们无法将不同的语用功能简单进行合并,而应该进行有机结合和探索。

3.3 含 знаете 的话语词语用图谱应用

为了检验含 знаете 的话语词的语用功能图谱的可应用性,我们进行举例分析。在国情咨文当中,знаете 出现的次数可以说是很高的,其在话语当中承担的语用功能也较为丰富,根据上文总结的语用图谱,我们尝试进行进一步分析。

3.3.1 说话人对语势的加强

在信息传递过程当中,说话人对自身话语的语势调整具有较大的影响,说话人在话语进行当中可以采用停顿后增加 слышите, слышишь 等来增强语势,以期对听话人施加情感上的影响,并由此达到所期待的言后效果(许宏,2011)。除了 слышите, слышишь 等,还可以使用插入语 как вы знаете 来增强语势,以完成所期待的取效行为。此时 как вы знаете 的意义可以用 чтобы вы знали,так и знай 来表达,例如:

Средства, которые мы выделяем на перевооружение армии и флота, на модернизацию оборонно-промышленного комплекса, как вы знаете, беспрецедентны.

此外,как вы знаете 中还可以增加副词如 хорошо 等相应的修饰成分进行扩充来增强语势,强化话语的信息传递效果,例如:

Речь не идёт, конечно, о какихто догмах, о показном, фальшивом единении, тем более о принуждении к определённому мировоззрению – всё это в нашей истории, как вы хорошо знаете, было, и мы не собираемся возвращаться назад, в прошлое.

Объём ответственности и ресурсы муниципалитетов, к сожалению, и вы это хорошо знаете, не сбалансированы.

上述两例中,和 и вы это хорошо знаете 等相比,как вы знаете 分别增加了 …хорошо…, и …это хорошо…, 从而增强了"历史中曾经存在所述事实"和"对市政当局的责任范围和资源不平衡的遗憾"的意义。

3.3.2 提请听话人注意

政府文件的信息较为庞杂,在听取报告的过程中,为了保证信息的有效传输,说话人需要尽量与听话人进行必要的互动,以换取听话人的注意。话语词的使用就有益于吸引听话人的注意，促进沟通的效率提高。许宏（2011）通过研究俄语对话，发现说话人的话语中含有大量的针对听话人的话语词，吸引听话人注意力的话语词便是其中的一种，如 слушай, слышь, видите ли, ты глядь 等。通过我们的研究发现，不止在俄语对话当中该现象存在，在政府报告文件，如国情咨文，当中同样存在。如：

Знаете, не могу не сказать два слова о том, что реально происходит, что у нас здесь есть, чего мы добились.

И нужно продумать систему, как эти деньги изъять. Они есть, кстати говоря, такие способы, здесь ничего такого, знаете, необычного нет. В некоторых странах уже вводится такая схема: хотите в офшорах – пожалуйста, но деньги сюда.

上述例句中仅使用 знаете 一个单词的插入来提请听话人注意上下文的内容，简短而不失效果。提请说话人注意的话语词可以在前文冗长，后文有亮点的时候使用，也可以是在听众注意的焦点上再次提醒。如：

К началу 2000 года население России сокращалось – вдумайтесь только в эти цифры, вы о них хорошо знаете, но возвращаю вас к этой трагедии, – население России почти ежегодно сокращалось на 1 миллион человек.

前文 вдумайтесь только в эти цифры 为祈使句，提请了听众注意之后，使用 вы о них хорошо знаете 插入语，再次提醒听众，强化说话人的主观性。

3.3.3 唤起听众记忆

报告人在进行报告过程中，时常需要论及已经完成的事情或已被提及过的话语。为了让听话人能够理解，就需要唤起听众的记忆。而话语词的使用就能够快速帮助听话人开始关注自己听到的话语，在记忆中搜寻相关的记忆。在《俄罗斯国情咨文》中这类话语词也存在，例如：

Собственно говоря, по некоторым, вы знаете, мы уже начали работать, например, по Арктике.

为了表达"事实上我们已经开展了北极工作"，需要唤起听众注意，感知觉动词 знать 构成的话语词插入 по некоторым 之后，用以唤醒听众关于某些 内容的记忆。

Уже состоялся, как вы знаете, первый конкурс «Лидеры России», реализуется целый ряд других проектов по поддержке молодых рабочих, предпринимателей, новаторов, волонтёров, школьников и студентов.

为了表达"已经举办的比赛",直接说"Уже состоялся первый конкурс «Лидеры России»"即可,在"состоялся"之后插入话语词"как вы знаете",可以聚焦话题内容,唤起观众的相关记忆。

Уважаемые коллеги, в этом году 1 сентября, как вы знаете, прошла встреча с ребятами, которые собрались в Сочи в центре поддержки одарённых детей «Сириус».

3.3.4　使说话人的话语更令人信服

在话语交替传递的过程中,交谈双方必然存在潜在的怀疑,为了使自己的话语更令人信服,说话人可以使用话语词 как вы знаете, знаете, вы знаете 等,例如:

Россия вошла сейчас в очень сложный демографический период. Рождаемость, как вы знаете, снижается. Уже говорил, что причины здесь чисто объективные.

Смотрите. Когда мы обсуждали эту тему, многие коллеги сказали, искренне сказали, реакция была такая: страшно. Действительно, знаете, страшно, и есть проблема. Это не так просто.

Уважаемые члены Совета Федерации, депутаты Государственной Думы! Ещё совсем недавно, буквально несколько месяцев назад, вы знаете, я в своих предвыборных статьях, а затем и в майских указах подробно изложил нашу позицию, наши планы на ближайшую и среднесрочную перспективу.

"Рождаемость снижается。""Действительно страшно""я изложил нашу позицию, наши планы на ближайшую и среднесрочную перспективу"对于一部分人来说可能是未知信息,在适当位置插入话语词 как вы знаете,可以借助对听话人注意力、记忆的提醒,将说话人想要传达的信息以强化的形式传递给听话人,增强可信度。

结语

综上所述,《俄罗斯国情咨文》和《中国政府工作报告》是中俄政府文件的代表，其中使用的话语词具有较好的研究价值。通过上述研究，我们发现《俄罗斯国情咨文》的感知觉话语词使用较为丰富，而《中国政府工作报告》的感知觉话语词使用则较为保守，其中的原因在于语体和文化的差别。在感知觉话语词当中，含 знаете 的话语词使用的数量较多，所以我们将其确定为个案研究的对象，并根据 NVivo 软件对含 знаете 的话语词的索引行进行分析，构建出了含 знаете 的话语词在《俄罗斯国情咨文》中的语用功能图谱。该图谱的各个语用功能相辅相成，却又自成一体。通过实例检验，我们认为，含 знаете 的话语词在《俄罗斯国情咨文》中具有①提请听话人注意；②用于说话人对语势的加强；③使说话人的话语更令人信服；④唤起听众记忆等功能。

话语词的语用功能研究离不开语境，使用 NVivo 软件对特定话语词的语境进行质性分析是梳理纷繁复杂语境的重要手段，通过 NVivo 软件的质性分析，可以将定性分析的结果数据化，模式化，对话语词的研究具有重要意义。话语词的语用功能一直是学界的研究焦点，本文尝试结合现代技术，对《俄罗斯国情咨文》中含 знаете 的话语词的语用功能进行梳理，但没有研究其他类别的话语词的表现情况，此外，《俄罗斯国情咨文》中话语词的使用和《中国政府工作报告》俄文译本的使用也不尽相同，这也将是未来一个比较有意思的研究方向。

参考文献

[1] Bassi E. A Contrastive Analysis of Keywords in Newspaper Articles on the "Kyoto Protocol". [M]. Amsterdam & Philadelphia: John Benjamins Publishing Company, 2010.

[2] Kemppanen H. Keywords and Ideology in Translated History Texts: A Corpus-Based Analysis[J]. Across Languages and Cultures, 2004(5): 89-106.

[3] Laviosa S. TEC: A Resource for Studying What is "in" and "of" Translational English[J]. Across Languages and Cultures, 2000(2): 159-178.

[4] Киселева К, Пайрад. (ред.) Дискурсивные Слова Русского Языка: Опыт Контекстно-Семантического Описания[M]. Москва, Метатекст, 1998.

[5] 狄艳华, 杨忠. 基于语料库的《中国政府工作报告》核心主题词研究 [J]. 外语学刊, 2010: 69-72.

[6] 俄罗斯总统网站 [EB/OL]. http://www.kremlin.ru.

[7] 理论中国网 [EB/OL]. http://ru.theorychina.org.

[8] 苏祖梅，岳永红. 试析话语词 ну 在长篇小说《Беглец-шоу》中的用法 [J]. 外语研究，2006: 42.

[9] 许宏，刘雪娟. 俄语中语义虚化的感知动词的主观性研究——以 слушай(те) 为例 [J]. 中国俄语教学，2019: 21.

[10] 许宏. 俄语中语义虚化的视听觉动词的语用信息研究 [J]. 中国俄语教学，2011: 48.

[11] 许家金，许宗瑞. 中国大学生英语口语中的互动话语词块研究 [J]. 外语教学与研究，2007: 437.

俄语语言文化空间中的动物准标尺

上海外国语大学　周照婷

摘要：在长期的生产生活中，人类和动物的接触非常的密切，动物准标尺能够反映俄罗斯人民对世界秩序的看法和观念。本文的研究对象是俄语中以表示动物的名词为载体的准标尺。本文对动物准标尺进行了分类，并举例归纳，重点探讨了动物准标尺在俄语语言文化空间中的形成途径。本文使用的研究方法主要包括：列举归纳法、文献分析法。本文的语料来源主要包括托卡列夫（Г. В. Токарев）的《俄罗斯人定型名称词典》（Словарь стереотипных названий русского человека，2014）和一些俄罗斯经典作家的文学作品。

关键词：俄语语言文化学；动物准标尺；形成途径；伴随意义

1　准标尺的概念

在《语言文化学》这一著作中写道，范语是"从人与世界的关系出发去衡量事物或现象，以某物为尺度对另一物的本质进行比较、评价和褒贬，是形象化认识世界、衡量事物与现象本质的语言符号化表达"（彭文钊、赵亮，2006），这里的"范语"其实就是标尺。标尺多表现为比较短语，例如"хитрый как лисица"。"准"（квази-）的意思是"假的、不是真正的、几乎"，准标尺与标尺之间有着紧密的联系，它接近于标尺，但不是真正的标尺，准标尺和标尺在句法结构上有所区别。大多数准标尺是通过名词来表达的，有时这些名词还具有扩展成分（Токарев，2013）。准标尺（квазиэталон）是用来表现关于人的特征、品质的固有观点的语言文化学单位。最初提出准标尺这一概念的是捷利亚（Телия），在其著作《俄语成语：语义－语用层面和语言文化层面》中，她认为准标尺表现了关于人的特征、品质的固有观点，它的语义是特殊的，处于准标尺这种情况下的词不指向所指物，而是指向某个意象，该意象通过上述所指物的形象体现出来（Телия，1999）。

2 动物准标尺的分类

本文研究的是以表示动物的名词为载体的准标尺，简称为"动物准标尺"。如果以动物、植物、物品、身体部位等不同载体来对准标尺进行分类，那么动物准标尺将是其中数量最多的类别之一。从原始社会以捕猎为食、与野兽斗争谋生存到后来饲养驯化部分动物为己所用，在人类社会漫长的发展进程中，人和动物的关系始终十分密切。因此，动物准标尺可以用来表示人在很多方面的特征和品质，下文将介绍动物准标尺的分类及举例。

2.1 表现生理特点的动物准标尺

该类准标尺主要包括表现长相、身高、听力、视力、年龄等生理特点的动物准标尺。比如，поросёнок（小猪）、свинья（母猪）、росомаха（狼獾）等用来表示不整洁、邋遢的人；бык（公牛）、гиббон（长臂猿）、пигалица（凤头麦鸡）等用来表示外貌不好看的人；бык（公牛）、буйвол（水牛）、вол（犍牛）、лев（狮子）等用来表示健康强壮、力气大的人；зяблик（苍头燕雀）、кляча（驽马）表示虚弱、瘦弱、没有力气的人；курица безухая（鸡）、тетеря（黑琴鸡）表示耳聋的人；бройлер（肉用雏鸡）表示智体早熟的青少年、динозавр（恐龙）表示上了年纪的人、птенец（小鸡）表示非常年轻的人；клоп（椿象）、блоха（跳蚤）表示个儿矮的人。

2.2 表现性格、智力特点的动物准标尺

表现性格特点的动物准标尺主要有以下几种：баран（公绵羊）、бык（公牛）表示固执的人；бирюк（离群的公狼）、волк（狼）表示忧郁孤僻、不善交际的人；блоха（跳蚤）表示反复无常的人；верблюд（骆驼）表示心里很沉重、背负着某些负担的人；Дракон（龙）、крокодил（鳄鱼）表示冷漠无情的人。表现智力特点的动物准标尺主要有以下几种：баран（羊，公绵羊）、дятел（啄木鸟）、индюк（雄火鸡）、ишак（骡子）、корова（蠢女人）、лошадь（马）、осёл（驴笨）、тетерев（黑琴鸡）表示愚笨、脑筋迟钝的人；лиса（狐狸）、хорь（黄鼬）

表示狡猾的人。

2.3 表现道德品质、行为方式特点的动物准标尺

表现道德品质、行为方式特点的动物准标尺主要包括以下几种：акула（鲨鱼）表示剥削别人、掠夺别人财富和劳动的人；бегемот（河马）表示没有礼貌、蛮横、放肆、粗鲁的人；вол（犍牛）表示勤奋劳动的人；ворон（乌鸦）表示带来不幸的人，以及利用别人不幸达到自己目的人；свинья（猪）、ёж（刺猬）、зайчик（小兔）表示喝醉的人。

2.4 表现社会地位、职业的动物准标尺

表现社会地位的动物准标尺主要包括以下几种：букашка（瓢虫）、вошь（虱子）、гнида（虱卵）、козявка（小甲虫）、тля（蚜虫）、червь/червяк（蠕虫，软体虫）表示微不足道的人；бобер（海狸）表示有影响力的人。表现职业特点的动物准标尺主要包括以下几种：дракон（龙）表示狱吏；дятел（啄木鸟）表示打字员；жук навозный（蜣螂）表示集体农庄庄员。

3 动物准标尺的形成途径

学者们认为，语言不但是文化的一部分，还是文化的载体。语言通过自身的载蓄功能(кумулятивная функция)来反映、储存和记录民族的文化。准标尺之所以具有丰富的民族文化内涵就是源于语言的载蓄功能。捷利亚在其著作《文化背景下成语组成研究的首要任务和方法论问题》中指出，语言与文化这两个符号系统之间交互的作用使得文化信息得以用语言的方法被编码，而语言符号则获得了行使文化符号功能的能力；语言借助语言定型、准标尺、准象征等具有文化标记的语言单位进入文化领域（Телия，1996）。在俄语词汇的语义中，除本身词汇意义之外，那些反映俄罗斯文化的语义称为词汇的文化伴随意（李宏敏等，2015）。语言符号是如何获得伴随意义并最终成为准标尺的呢？这个过程主要分为两个阶段：第一阶段，具有文化标记的意义进入语言符号中，成为伴随意义；第二阶段，该语言符号进入语言文化体系中，获得象征的功能（杨周舟，2021）。上述两个阶段的完成都依赖于人的"联想"能力。所谓联想是指在人的思维活动中由一事物想到另一事物的心理活动，这是第一阶段的伴随

意义及第二阶段的象征功能产生和使用的心理学基础。

那么，语言符号获得伴随意义并最终成为准标尺的途径有哪些呢？

3.1 生产生活中长期的观察与认知

通过人们在长期的生产生活中对动物生理特点、生活习性的观察和认知，语言符号可以获得伴随意义并成为准标尺。先举个比较直观的例子，猪对食物来者不拒、拱地觅食等习性让人们逐渐对其形成了邋遢、肮脏的印象，邋遢、肮脏的特性就成为"猪"的伴随意义，所以 поросёнок（小猪）、свинья（猪，母猪）就能用来表示不整洁、邋遢的人。然而，人们对动物的观察和认知并不是都如此简单直接，有些动物的特性被人们观察出来则要漫长、复杂一些，比如俄语中的"глухая тетеря"。"тетеря"的文化伴随意义也来自人们所观察到的黑琴鸡的一些特性。首先，在交配季节，雄性黑琴鸡为吸引雌性，会进行求雌鸣叫。黑琴鸡在为雌性"动情高歌"的时候，太过于兴奋与投入，以至于注意不到周围的环境或听不到任何声音。因此，在交配期间因求偶而短暂失去听力的雄性黑琴鸡很容易成为猎人的猎物。除此之外，黑琴鸡的警觉性不高，当它们停在树上时有人走到树下也不飞走；在雪地里刨土时，即使人们离它们很近也不会察觉；在猎人捕猎的时候，黑琴鸡的注意力甚至会被猎狗的吠声吸引住，从而被猎人轻易捕获。基于这些特性，"тетеря"获得了"听力不好"的伴随意义，最终可以象征听力受损或失聪的人，或者与人谈话时走神、不认真听人讲话的人。

3.2 语言文化共同体中的神话观念与民间信仰

通过语言文化共同体中关于动物的神话观念、民间信仰，语言符号也可以获得伴随意义并成为准标尺。比如，准标尺 дракон（龙）表示狱吏、刑侦督察等职业。这是因为在斯拉夫神话中，龙常常象征着获得宝物必须通过的考验，比如，斯拉夫神话中的"горын"，它盘踞在黑山（черные горы）[①]之中，看守着自己的珠宝和黄金。受到神话的影响，"看守、守卫"的特点逐渐成为"龙"的伴随意义，最后语言符号进入到语言文化体系中获得象征的功能形成准标尺。

又比如，голубица（母鸽）表示纯洁的姑娘。在俄罗斯信奉多神教的时候，鸽子象征着雷神、雨神和风神。多神教衰落以后，鸽子成为圣灵（Святой

---

① 斯拉夫神话中的地方。

Дух）的化身。因此，鸽子被赋予很多神奇的特性，民间也形成了很多关于鸽子的迷信说法，例如：有鸽子居住的房子预示着欢乐和幸福，破坏鸽子窝是有罪的行为等。此外，人们还根据鸽子的飞行或出现预测天气。所有这一切都表示，"鸽子"是神圣的象征。

Ворон 代表带来不幸的人，以及利用别人不幸达到自己目的人。这个意义的产生也和俄罗斯人的民间传统观念有关。有说法称，乌鸦预兆着灾难和不幸，能够嗅出将死之人的气味。所以，俄罗斯民间关于乌鸦有很多典故，比如，"Если ворон каркает на церкви - к покойнику на селе, если каркает на избе – к покойнику во дворе"（如果一只乌鸦在教堂上呱呱叫——村子里要死人，如果它在小木屋上呱呱叫——院子要死人），"Через который двор ворон перелетел, каркая, там будет покойник"（谁家院子里的乌鸦呱呱叫着飞过，就要死人）等等。

3.3 文学作品对动物形象的塑造

动物准标尺的形成受到文学作品（剧本、小说、寓言、童话等）中的动物形象的影响。

《狼与羊》（«Волки и овцы»）是俄国剧作家奥斯特洛夫斯基的剧作。凶狠的女贵族穆尔扎维茨卡雅串通丘吉诺夫，利用伪造单据和信件等卑劣手法，想一口吞掉寡妇库巴文娜的财产。但正当穆尔扎维茨卡雅的阴谋快要得逞的时候，从彼得堡来了一只更凶恶的"豺狼"——别尔库托夫。别尔库托夫施展了一番手段，迫使穆尔扎维茨卡雅不得不把库巴文娜这只已在她嘴边的"羔羊"，转送给自己吞下。剧中另一个人物李尼亚耶夫，在目睹了这一场"狼"与"狼"争吃"羊"的残酷过程之后，十分感慨地说道："是呵，世界上就是狼与羊，就是狼与羊呀。"这画龙点睛地道出了本剧的题旨。19 世纪下半叶，随着农奴制社会的解体和资本主义关系在俄国的迅速发展，贵族阶级开始没落和分化。在贵族阶级的青年一代中间，有成天吃喝玩乐、无所事事的社会渣滓；有不择手段攫取不义之财的伪君子和资产阶级钻营家，别尔库托夫就是其中的典型。贵族阶级的老一代中，有人千方百计地想保持自己原有的社会经济地位，他们巧取豪夺的手段之残酷也达到了惊人的地步，穆尔扎维茨卡雅就是属于这一类型的女贵族。《狼与羊》同时抨击了俄国的贵族阶级和资产阶级，揭露了这些剥削阶级的腐朽和贪婪，是奥斯特洛夫斯基戏剧创作中最富于批判精神的剧本之一。受其影响，"волки и овцы"代表强者和弱者，这种观念就此在人们的心中扎根。

在契诃夫 (А. П. Чехов) 的短篇小说《变色龙》(«Хамелеон») 中，首饰匠赫留金被一只狗咬伤了，主人公奥楚蔑洛夫 (Очумелов) 警官在处理这件事。当奥楚蔑洛夫以为这是普通人家的狗的时候，便答应要处死这只狗并严惩狗的主人。但一当人群中有人说这是将军家的狗时，奥楚蔑洛夫就立刻改变了态度，指责赫留金故意伤狗在先。后来又有人说那不是将军家的狗，警官马上又变了嘴脸，声称要严惩这只狗和它的主人。最后将军家的厨师普罗霍尔来了，说这是将军哥哥的狗时，奥楚蔑洛夫的脸上立即堆满了谄媚的笑容，并马上将狗还给他。从此，"变色龙"作为善于伪装、见风使舵、趋炎附势之人的象征深入人心。

寓言《狼和小羊》(«Волк и Ягнёнок») 讲述的是狼和小羊碰巧同时到一条小溪边喝水，狼找各种借口想要吃小羊的故事，寓言中揭示了"У сильного всегда бессильный виноват"（对强者来说永远都是无能者的错）的道理，"волк и ягнёнок"就象征着"强者和无能者"。在《乌鸦和狐狸》(«Ворона и Лисица»)中，狐狸想从乌鸦嘴里骗得那块乳酪，于是就跟乌鸦套近乎，夸它漂亮、歌唱得好，想让乌鸦张嘴说话。乌鸦上当了，乳酪被狐狸骗走了。狐狸狡猾，为了达到目的想尽一切办法，乌鸦自大，轻易相信了狐狸说的话，没有动脑思考，喜欢听奉承话，失去了理智，很容易上当受骗。在实际应用中，俄罗斯人常常用"лисица"来象征狡猾、谄媚的人，用"ворона"来象征爱听奉承话的人。

准标尺"ёжик в тумане"表示不幸的、迷路的可怜人，其意义的形成与谢尔盖·科兹洛夫（Сергей Козлов）的童话故事有关。黄昏的薄暮里，小刺猬出发去好朋友小熊家。在路途上，大雾里出现了一匹白马，好奇的小刺猬走入雾中，想知道在雾中是什么感觉。可是大雾中什么也看不见，只有突然冒出来的飞蛾、蝙蝠、大象和猫头鹰，小刺猬在一片白茫茫的雾里迷了路。惊慌失措中，它掉进了河里。最后在一条鱼的帮助下，他回到了小熊身边……后来该童话又改编为同名动画片，"雾中的刺猬"这一形象在人们心中留下了深刻的印象。

虽然文学作品深化了形象意义，但"形象意义的形成一定是先于创作形成的，人们创作的作品只是反映了人们认知该事物的结果"（杨周舟，2021）。文学作品在动物形象形成过程中起到的不一定是来源的作用，有的文学作品只是将已有的动物形象意义刻画得更加深刻。比如，变色龙的肤色本就会随着背景、温度和心情的变化而改变，以此来躲避天敌、传情达意，契诃夫选择"变色龙"来象征奥楚蔑洛夫之流肯定也是基于变色龙的这一特性；《狐狸和乌鸦》中，作家在文中直接使用了"плутовка"（滑头）来指代狐狸，这说明狐狸在俄罗斯人认知中一贯是狡猾的形象；由于狼和羊之间显而易见的捕食与被捕食的关系，这两者的强弱形象也是早于文学作品而存在于人的认知当中。有的文学作品只是将某些动物的固有形象拓展延伸，为其增添了色彩和饱和度。

结语

动物准标尺具有深刻的民族文化内涵，也是各类准标尺中数量最多的类别之一。动物准标尺可以用来表现人在生理、性格、道德品质、行为方式、智力、社会地位、职业等方面的特征和品质，在实际应用中是十分广泛而普遍的。语言符号之所以能成为准标尺有赖于其伴随意义和象征功能的获得。表示动物的语言符号可以通过以下途径获得伴随意义并最终成为动物准标尺：通过人们在长期的生产生活中对动物生理特点、生活习性的观察和认知；通过语言文化共同体中关于动物的神话观念、民间信仰；通过文学作品（剧本、小说、寓言、童话等）中的动物形象的影响。

参考文献

[1] Телия В Н. Первоочередные задачи и методологические проблемы исследования фразеологического состава языка в контексте культуры[J]. Яз. рус. культуры, 1999.

[2] Телия В Н. Русская фразеология: семантико-прагматический илингвокультурологический аспекты[J]. Яз. рус. культуры, 1996.

[3] Токарев Г В. Квазиэталон как элемент лингвокультуры[J]. Гуманитарные науки, 2013：271-276.

[4] Токарев Г В. Словарь стереотипных названий русского человека[M]. Москва: Флинта, 2014.

[5] 李宏敏，刘楠. 俄语教学理论与实践创新研究 [M]. 北京：新华出版社，2015.

[6] 彭文钊，赵亮. 语言文化学 [M]. 上海：上海外语教育出版社，2006.

[7] 杨周舟. 俄语语言文化学准标尺研究 [D]. 上海：上海外国语大学，2021.

指示词的语义特征研究

上海外国语大学　方舒洋

摘要：指示词(дейксис)区别于普通名词的最大特征在于它是一种在脱离具体语境情况下没有指称意义的"半概念"的词。指示用法和照应用法这两种用法都涉及语境的作用，因此属于指示语的不同用法。本文运用了意义理论、指称理论以及"格式塔"理论分别对指示词的指示和照应用法的不同意义投射方式进行分析，并对两种用法的实质以及两者之间的关系进行了阐述。

关键词：指示词；指示用法；照应用法；意义投射

1　引言

指示词是具有特殊语义结构的词汇类型，它不像其他实词具有确切的内涵和外延，也不像虚词只表示语法意义而没有实在意义。指示词的意义与语境紧密结合，属于语用学研究范畴。语境依赖性是指示词的区分性特征，也就是说在不同的语境下，指示词会被赋予当下不同的含义。

指示语是具体指称的主要手段，是所有人类语言中都存在的泛语言现象。巴尔·希勒尔（Bar-Hillel）早在20世纪就估测过，我们一生使用的陈述句中90%属于指示性（Bar-Hillel，1970），当然这里还包括了动词时态作为指示用法的例子，但是即便剔除这种用法，指示词在实际言语交际中的使用还是非常频繁。因此，对于指示词的语义特性的研究不论是在语言学理论研究方面还是语言的实际运用方面都具有重要的价值和作用。

2 指示词语义和语境的关系

2.1 指示词的主观性

指示词最早于19世纪末在逻辑哲学领域得到研究，弗雷格（Frege）、罗素（Russell）等学者发现了一类脱离语境便无法判断命题真假的词汇类型，罗素因此提出"自我中心语"的术语并致力于发明一种"科学语言"以剔除语言中这种无法确定真假值的主观性和非科学性（罗素，2012）。随着日常语言学派的逐渐兴起，越来越多的学者注意到语言在实际运用中的价值，本维尼斯特（Benveniste E）、斯特劳森（Strawson）等学者开始强调语言使用者的地位。"主观性"一词由本维尼斯特在其著作《普通语言学问题》中首次提出，同罗素所指的"自我中心性"有相似的概念。他解释，主观性就是说话人将自己视为主体的一种能力，"言说的'自我'即存在的'自我'"。（本维尼斯特，2008）20世纪中叶开始"人类中心论"成为语言学研究的重要立场。（Арутюнова，1985）因此，作为直接携带语境信息的一类特殊词汇，指示词的研究也受到了极大的重视。

指示词的研究涉及两个方面：①如何用语言形式表现语境特征；②如何通过语境信息确定话语意义。语言学家将从具体情景中抽象出来的所有对话语产生影响的因素称为语境。普遍来说，语境分为语言语境和非语言语境。语言语境指的是语言系统本身的知识，包括音位、语法规则和词汇，另外还包括对上下文的理解。非语言语境指的是和话语相关的说话双方说话的时间、地点、周围涉及的事物、说话双方的社会关系以及微观和宏观的社会背景知识等。

但是并非以上所说的语境都对指示词意义的理解发生作用。基于以上，莱昂斯（J. Lyons）认为与指示词相关的语境因素包括具体言语事件下说话人所处的时间、空间以及对话参与者本身，这样以说话人为中心的指示语境被称为常规语境。以卡普兰（Kaplan）为代表的学者也把前一种较为宽泛的语境称为话语语境(Discourse context, 简称D-语境)，把和指示词相关的语境称为K-语境，内容和莱昂斯提出的常规语境相似。常规语境包括以下几个方面：

（1）说话人和其他角色的比例为一对一或者一对多。

（2）通过视觉和听觉渠道以声音为媒介传递信息。

（3）所有在场的言语参加者处于相同的实际情景中，中间无视觉障碍，彼此都能感知话语中非语言的特征。

（4）每个参加者都轮流充当发话者和听话者角色。（Lyons J，1977）

缺少上述要素会造成对含有指示词的语句的理解困难。

常规语境这一术语的提出为后来指示词的研究奠定了理论基础。狭义的指示语境指的就是这里的常规语境，但是莱昂斯忽略了具体言语情境下的上下文因素也会对指示词的意义产生影响，因此该因素也属于指示词的常规语境研究范畴。此后的学者在研究指示语境时常常将后面这一种指示词的意义即指代前面的内容的用法称为指示词的照应用法。

语言学家诺林（Noreen A）、叶斯伯森(Jespersen O)注意到了代词是一个意义变量。柯林松（Collison W E）、赖辛巴赫(Reichenbach H)、比勒(Buhler K)分别对指示词的指示用法和照应用法做了具体的研究，但是他们的侧重点还是更多地集中在指示词的"自我中心性"。尤其是比勒(Buhler K)在他指示语研究的经典之作《指示场与指示语》中提出了指示语研究的基本问题和基础理论，该理论中，所谓指示场就是指言语行为中的"我—这里—现在"主体定位系统(the here-now-I system of subjective orientation)，奠定了指示词主体性研究的基础。文里赫(Weinreich U) 在 1970 年出版的论文里提到了指示语是一种"有具体所指而无外延"的符号。与指示语相关的语境因素有说话双方、说话时间、地点、一段话语与另一段话语的一致及非一致性等。（转引自孙蕾，2002）

另外还有两位对指示词研究起了重大作用的学者分别是莱昂斯和菲尔默(Fillmore Ch) 他们二人对指示词的定义相近，认为指示词都是以典型语境，即以说话人为中心的语境为参照的。（转引自孙蕾，2002；郭聿楷，1995）但是二人又都将照应用法也就是语篇内部指示语列入了指示词研究的范畴，看似存在矛盾之处。

2.2 关于指示词外延扩展的讨论

俄罗斯语言学家乌菲姆采娃(Уфимцева АА)、沃里芙 (Вольф ЕМ) 对指示词的照应用法有更多的研究。乌菲姆采娃在 1974 年在《词汇意义》(Лексическое значение) 中提出了结构内部指示的分类，而沃里芙在《代词的语法和语义》(Грамматика и семантика местоимений) 中指出了照应的三个因素，并且指出指示和照应没有不可逾越的鸿沟。（孙蕾，2002）叶尔曾江(Ерзинкян ЕЛ) 在 1988

年提出客观指示，首次明确提出了除了说话人以外的其他参照点，其他俄罗斯学者也先后表达了这样的看法，加快了指示语研究的进程。（郭聿楷，1995）此后，阿普列相(Апресян ЮД)、帕杜切娃 (Падучева ЕВ)等学者分别对指示词的具体语义类型等问题做了更细致的探讨，其中帕杜切娃与1985年出版的《话语和它外界的关系》(Высказывание и его соотнесенность с действительностью)对俄罗斯指示词的研究起了重要的作用。

关于客观指示以及语篇指示是否属于指示词的指示语境，不同的学者持不同观点。一些学者认为虽然客观指示和语篇指示不以说话人为参照点，但不论是以其他事物或人为参照点的客观指示还是以话语上下文为参照点的语篇指示均属于语境因素。如叶尔曾江、乌菲姆采娃认为话语上下文属广义的语境因素，即语言性语境因素，所以许多学者把以上下文为参照的前、后指代视为指示语的特殊类型。（郭聿楷，1995）

另一些学者认为，客观指示和语篇指示的参照因素是不受语境制约的，这两类词语不论在何种语境下，随着说话人、听话人、说话人的说话时间以及地点的变化其语义不发生变化。如果将那些与说话人无关、也不受语境制约的各种因素划归为指示用法，那么"语境因素"的概念本身就过于宽泛而界限不清了。

这个争论的问题在于在划分指示词以及其指示功能时没有将两者区分开来。指示语和指示功能之间本身就不存在严格的对称关系。可以承认的是，指示词是意义变量，其指称意义由指向语境提供的该话语以外的信息来填充和确定。根据该定义，语篇指示属于上下文因素，且对指示语的意义产生影响，所以归属于指示词的研究范畴，而客观指示则不属于指示词的研究范畴。指示功能指的是以主体定位为参照，对特定对象做出指别，即以定位方式证同客体。因此可以说，语篇指示不属于指示词的指示用法，而属于照应用法的一种。

3 意义理论和指称理论下的指示词的语义特征

3.1 指示词的静态语义特征——概念意义和指称意义

所谓指示词的静态语义特征指的是指示词在脱离语境的情况下本身所具有的语义特点。传统语义学对词汇意义的研究围绕意义理论和指称理论，即把词分为形式和内容两个层面。对于普通名词来说，该词可能是单义的，只有一个义项，也可能是多义的，有一个以上的义项。当词用于特定一个义项时，叫作词汇语义单位 (лексико-семантический вариант)。下文所提到的词都是从词汇语义单位层面来进行探讨的。

　　词汇意义从不同的层面上看又可以分为概念意义和指物意义。概念意义反映的是同类事物的一组特征，包括区别特征、整体特征和冗余特征。（张家骅，2011）指物意义是以某一义项及其概念意义作为一方，能够被其所指的同类事物作为另一方的相互关系，是该符号和客观世界发生关系的过程。大部分事物名词在语言层面都同时具有以相对具体的、感性的特征为内容的指物意义和以抽象的、本质的区别特征为内容的概念意义成分。(Уфимцева, 1980)

　　我们以奥热果夫（Ожегов）和施韦多娃（Шведова）共同编写的《俄语详解词典》(2006) 中 медведь（熊）的第一个义项的词典释义为例，медведь 的释义为：Крупное хищное млекопитающее с длинной шерстью и толстыми ногами, а также его мех（大型食肉哺乳动物，毛长，四肢粗大）。这里"大型的""禽类的""哺乳的""毛长"以及"四肢粗大"都是 медведь 这个词的特征，这些特征将 медведь 和其他的词区分开来。因此这一组特征被称为 медведь 的概念意义。медведь 的指称意义则不同。指称意义是某一符号和客观世界发生关系的过程，具体名词指称意义的存在需要借助客观世界的具体形象，因此可以说指称意义是该符号所具有的概念意义的"格式塔"。

　　"格式塔"最早起源于心理学，是有结构、形状或整体的意思，因此该理论又被称为"完形理论"。"格式塔"并不是指对象的某种完整形状，而是指知觉一个事物时感受到的有关该事物的整体形象。每一个格式塔现象都不是各个特征的简单相加，而是一组特征的有机整合，所有的特征最终都为整体形象服务。因此 медведь 的指称意义就是客观世界中符合上面所指出的一组特征的完整形象的一类事物。简单来说，该词的静态指称意义可以对应客观世界中所有的熊。

　　对于指示词这一类特殊词汇来说，显然上述分析方法已不再适用。在《俄语详解词典》（2006）中查找 "я"（我）这个词的释义，词典中并未标出该词条的意义，说明了这类词的语义特殊性。实际上，这类词在脱离具体语境的情况不具有指称意义，但指示词也不是完全不具有任何意义。正如胡塞尔在其专著《逻辑研究》中指出这类主观或偶然的表达式也在其千变万化、多种多样的意义中保持一种始终同一和固定不变的成分。他指出，这类词是一种半概念的符号，在脱离语境的情况下仍具有意义的规定性。这类词的意义分为两个层次，一个是它的一般意义功能，称为"用于表示的意义"；另一个是使它变为现实的、具体的意义的功能，称为"已被表示的意义"。（胡塞尔，1998）胡塞尔认为指示词的一般意义不同于概念意义，但笔者认为，这里的一般意义可以被看作指示词的部分概念意义，充当该词的内容层面固定不变的成分。比如"我"这个词的概念功能就是标识出当时的说话者。所以，指示语在这个层面上的语义特征在于它是一种在脱离具体语境下只有部分概念意义而没有指称意义的词语，而其具体意义的获得则依赖于语言的使用。

通过普通名词和指示词静态语义特征的对比，我们可以看出指示词语义的特殊性。经过以上分析也确证了指示语的语境依赖性。下文我们将具体分析指示词如何与语境发生关系，解释指示词如何借助语境获得概念意义和指称意义。

3.2 指示词的动态语义特征——现实化的指称意义

语言符号在表示客观事物的过程中还有一个需要考虑的重要层面，即语言的使用，这是语言符号意义功能实现从抽象到具体的过程。因此除了经典指称理论下的语义指称外，出现了语用学视角下的指称理论中的说话人指称，在下文中称作现实意义。张家骅在《俄罗斯语义学：理论与指导》中指出，语义指称取决于语言自身的规则体系，是语言层次的指称。说话人指称取决于语境、言语意图，是言语层次的指称（张家骅，2011）。

语言作为人类交流的工具，为了在言语交际中达到交际目的，必定存在现实化的过程。这个过程使该词的意义得以指称某一具体情境下的某一具体对象。比如假设有这样一个情景，说话人 A 和听话人 B 正在动物园，说话人 A 看见了一只熊，对听话人 B 说："Смотри, вот это медведь!"（看，这有一只熊！）这时该言语情境下话语中的"熊"指的就是双方同时看到的眼前的这一只熊，而不是其他任何一只熊。指示词在言语交际中同样存在一个现实化过程。假设有一个说话人 A 对听话人 B 说："Я люблю смотреть фильм."（我喜欢看电影。）那么这里的"我"指的就是说话人 A 自己，不是 B 也不是其他任何人。虽然这里的普通名词和指示词都在具体语境中才能现实化用来指称某一个特定的对象，但两者的实现过程还是存在明显差别的。

首先,"熊"这个普通名词在概念意义和指称意义上是由几个明确特征(即"大型食肉哺乳动物,毛长,四肢粗大"),该词在现实化的过程中指示将这些特征对应到具体的说话人 A 和听话人 B 在动物园对话的具体情境中,因此"熊"这个词在该情境下可以指 A 和 B 在说话时眼前的那一只熊。

而指示词意义的现实化则是另一种更加复杂的过程。"我喜欢看电影。"这一句话未经现实化时,"我"不具有完全意义上的概念意义且无指称意义,此时"我"只具有一半的概念功能即标识出当时的说话者。当这句话放在说话人 A 对听话人 B 说话的情境中的时候,"我"的意义投射到了说话人 A 的特征上,说话人 A 的概念意义、指称意义和现实意义也就是该情境下"我"的全部意义。因此可以说,普通名词在现实化的过程中发生的是意义对应的过程,而指示词的现实化是意义投射的过程。指示词意义获得的过程是先获得现实意义从而确定了该情境下的概念意义和指称意义。

3.3 指示词的指示和照应用法的意义投射

指示词的意义投射到现实的过程中会面临两种语境的选择,一种是非言语语境,另一种是言语语境的投射。当指示词投射的对象来自非言语语境,那么这个过程就叫作指示词的指示用法,即该指示词的意义由具体言语事件下说话人所处的时间、空间以及对话参与者本身所决定,也就是莱昂斯所说的常规语境,这也是大部分学者在研究指示词时所重点研究的内容,即以说话人为中心的语境因素的研究,这是指示词研究的核心内容。

例如,说话人 A 在公园里指着迎面走来的 C 对听话人 B 说:"Смотри, он пришел!"(看,他来了!)这时,在该情境下,"他"的意义就是说话人 A 所指的正迎面走来的 C 的意义,"他"不是说话人 A,也不是听话人 B,也不是 C 以外的其他任何人。

除上述情况之外,还有一种语境投射现象是发生于指示词投射的对象来自言语语境的情况。此时,该指示词的意义投射到上文已出现的某一词的意义上,该词的概念意义、指称意义被指示词取用从而填补了指示词意义上的空白。实际上在指示词出现之前,该词的概念意义和指称意义已经在具体情境下经过了现实化的过程从而获得了现实意义,并且该词将其自身在该情境下的现实意义一并赋予了指示词,这是指示词照应用法的本质。

例如，"Андрей пришел и он сел."（安德烈来了，他坐下了。）这里的"他"在该语境下指的就是前面已出现过的安德烈，此时"他"的意义投射到前面的"安德烈"的意义上，"他"获得了"安德烈"的概念意义和指称意义。而"安德烈"这个词在前面的言语情境中已经对应到了具体情境的某一个安德烈并且把这个现实意义传递给了指示词，所以"他"的现实意义就是前面言语情境下所指的那个安德烈，而不是任何一个名叫安德烈的其他人。

因此，根据上述内容，指示词照应用法和指示用法获得概念意义、指称意义以及现实意义的过程见图1。

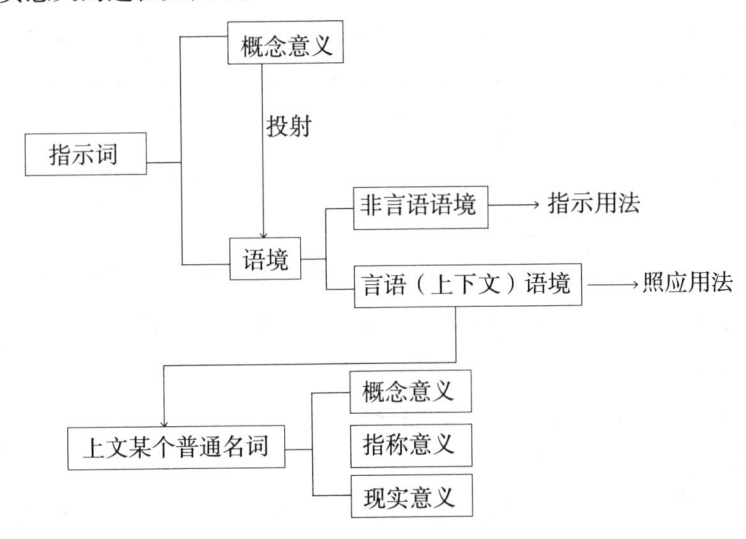

图1 指示词照应用法和指示用法获得相关意义的过程

结语

随着人类中心论研究模式的深入，指示词作为一个和语境有直接联系的泛语言现象在语言哲学和语用学中都占有重要的地位。指示词本身具有一半的概念意义，其剩下的概念意义、指称意义和现实意义的实现依赖于语境。指示语境目前普遍认为可分为言语语境和非言语语境，但许多复杂情况下语境中的具体因素还需要进行更多的细分。就像许多学者所强调的那样，指示词的指示用法和照应用法之前有时没有明确的界限。所以判断一个词是否为指示词的依据在于脱离具体语境的情况下，该话语的意义是否确定；判断某一特定语境下某一指示词是指示用法还是照应用法的依据在于该指示词意义投射对象来自非言语语境还是言语语境。关于指示词这一特殊词类意义的获得，还需要通过更多的研究来阐明语言如何和客观世界发生关系，以此来认识语言作为一种工具如何在言语交际中发挥联接人与客观世界的作用。

参考文献

[1] Арутюнова Н Д. Человеческий фактор в языке: Коммуникация, модальность, дейксис[M]. Москва: Наука, 1992.

[2] Ожегов С И., Шведова Н. Ю. Толковый словарь русского языка[M]. Москва.

[3] Падучева Е В. Высказывание и его соотнесенность с действительностью[M]. Москва: Издательство ЛКИ, 2008.

[4] Уфимцева А А. Семантика слова. Аспекты семантических исследований[M]. Москва: Наука, 1980.

[5] Bar-Hillel. Indexical Expressions[J]. Mind, new series, 1920, 63(251).

[6] Lyons J. Semantics [M].Vol 2. Cambridge University Press, 1977.

[7] 胡塞尔. 逻辑研究 [M]. 倪梁康，译. 上海：上海译文出版社，1998.

[8] 本维尼斯特. 普通语言学问题 [M]. 王东亮，等译. 北京：生活·读书·新知三联书店，2008.

[9] 郭聿楷. 指示语：研究历史、属性、分类及其他 [J]. 外语教学，1995(4).

[10] 罗素. 罗素文集第9卷：人类的知识 [M]. 张金言，译. 北京：商务印书馆，2012.

[11] 孙蕾. 指示语语义特性研究 [M]. 成都：四川人民出版社，2002.

[12] 张家骅. 俄罗斯语义学：理论与研究 [M]. 北京：中国社会科学出版社，2011.

系统功能语言学视角下的对俄外交话语显译研究
—— 以张汉晖大使讲话（2019—2021）为例①

天津外国语大学　吴子鹏

摘要：显译的系统功能语言学研究范式不仅关注译语结构，还注重文化因素，是翻译共性研究的重点方向。基于系统功能语言学理论，对以驻俄大使张汉晖讲话为代表的外交话语俄译本中的显译现象进行分析，研究发现该类文本中的显译主要是为了凸显原文的概念功能、人际功能和语篇功能，消除俄汉两种语言结构、民族思维方式等方面的差异，实现语际转换的守恒。

关键词：系统功能语言学；显译；对俄外交话语；驻俄大使

1 引言

显化作为翻译共性研究的核心特征，对原语与译语的语言功能与交际功能对比研究意义重大（黄立波，2007）。显化这一概念最早由法国学者维内（Vinay）和达贝尔奈特（Darbelnet）提出（Newmeyer F，1998），在做英法双向对比研究时，两位学者将原语言的隐含信息明示化称为显化。以色列语言学家布鲁姆-库尔卡（Blum-Kulka）建设性地提出了"显化假设"（Snell-Hornby M，1988），认为翻译处理过程会使译文的篇幅大于原文，具体体现为衔接方式的显化程度提高。施泰纳（Steiner）从系统功能语言学角度对显化现象进行了全面深入的研究（Martin J R、D Rose，2003），并对显性和显化进行了区分，指出"显性"

---

① 基金项目：天津外国语大学 2020 年度科研规划委托项目"中国特色对外话语体系在俄语世界的译介传播研究与数据库建设"（20ZXWT21）；2021 年天津市研究生科研创新项目"新时代背景下俄罗斯学界对'中国关键词'的译介研究——基于汉俄平行语料库分析"（2021YJSB366）；2021 年天津市研究生科研创新项目《习近平谈治国理政》俄译本中的战争隐喻研究（2021YJSS243）。

是词汇语法在文本中解码后的一种特性或特征。归根到底,"显化"是一种语言向另一种语言转化时,某种信息明确化的一种过程,而显译则是从翻译学角度对显化现象的一种界定。(黄国文,2015)目前国内对驻西方国家大使的外交话语译本显译研究较多,但鲜有基于系统功能语言学视角的对驻俄大使的外交话语译本显译研究。鉴于此,对驻俄大使外交话语译本显化问题的研究具有必要性,尤其是在新冠肺炎疫情暴发后,这种权威性的大使级外交文本显化有助于俄语国家民众理解中国话语、中国文化、中国外交。本研究从历时性视角出发,基于系统功能语言学理论,以中国驻俄大使张汉晖2019—2021年的外交话语俄译本为语料,对驻俄大使外交话语俄译本中的概念功能显译、人际功能显译以及语篇功能显译现象进行论述,归纳驻俄大使外交话语俄译本中的显译分类,阐释此类外交话语的显译生成机制与原因。

2 显译研究的系统功能语言学范式

显译是指将文本中所隐含的信息展现出来,而通过增加注释等方式可以实现这一目的。(周忠良,2021)作为翻译活动中的现象,显译不仅包含语言转承形式上的显译,还包含内容意义上的显译,即在译文中增加有益于译入语读者理解的显译话语或者把源语中的隐藏信息注释出来,使译文的逻辑思维更加明确。不难发现,显译不仅可以表示译文与原文间的语内类比关系,还可以表示译文与原文间的语际对比关系(柯飞,2005)。同时,显译作为翻译共性的关键研究领域,反映了语言学与翻译学各个时期的发展趋势及其相互关系,并与语料库的研究法紧密相关。在其发展过程中,以朱莉安·豪斯(Juliane House)和莫妮卡·多尔蒂(Monika Doherty)等人为代表的德国语言学研究流派以及梅芙·奥罗汉(Maeve Olohan)和莫娜·贝克(Mona Baker)等人为代表的英国翻译学流派应运而生。这种翻译共性的研究能明晰源语与译语的典型特征,确定源语中隐藏的形式、文化与语用。翻译的本质是跨语言、跨文化的交际活动。(司显柱,2011)进行翻译活动时需要进行显译才能达到翻译的本质。而系统功能语言学基于语篇,以功能为主并结合语境,考虑文化因素,这与翻译的本质十分符合。因此,为更好实现翻译活动的本质,我们认为应从系统功能语言学视角对显译进行分类研究。韩礼德创建的系统功能语言学把语言功能分为概念功能、人际功能及语篇功能(Halliday,1985)。概念功能是指语言表达客观世界的功能，人际功能是指语言拥有的产生、维持及体现人际关系的功能，语篇功能则是指语言拥有的贯通全文，依据具体语境传递内容的功能。（孙迎晖，2006）系统功能语言学视角下的显译研究范式则可分为：①概念功能显译；②人际功能显译；③语篇功能显译。根据这一分类，我们建立了对俄外交话语的显译研究范式框架图（图1）。

```
                                    ┌── 模糊词具象
                    ┌─ 概念功能显译 ─┤── 文化词具意
                    │                ├── 语用词凸显
                    │                └── 参与者显明
                    │
显译的系统功能语言学范式 ─┤─ 人际功能显译 ─┬── 情态显译
                    │                └── 评价意义显译
                    │
                    │                ┌── 补充省略成分
                    └─ 语篇功能显译 ─┤── 确定指称对象
                                    ├── 指明事件时间
                                    └── 加强语篇连贯
```

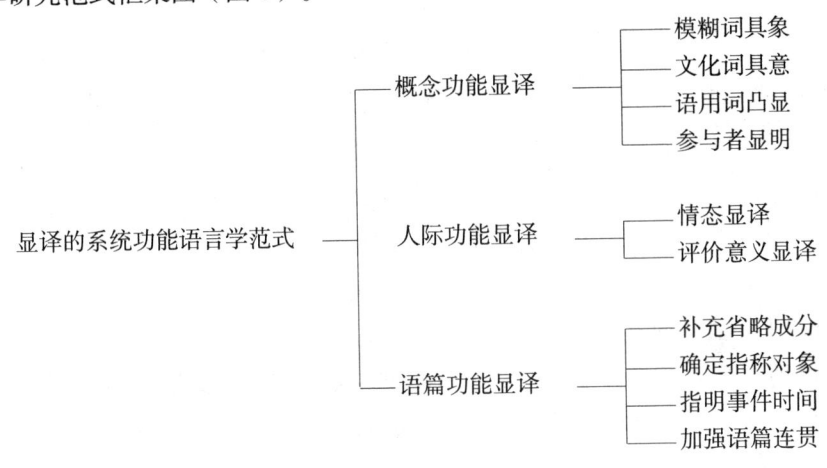

图1 对俄外交话语的显译研究范式框架

3 对俄外交话语的显译实例分析

系统功能语言学视角下的对俄外交话语显译研究是翻译研究的新维度，避免了结构主义语言学范式和文化范式把语言和文化隔离开的问题（司显柱，2011）将翻译中的语言及文化"凸显"问题有机结合，围绕汉俄言语交际行为本质，关注意义转移的守恒程度，在言语行为理论的范畴内，阐释翻译过程及翻译本质实现的语言、言语及文化凸显因素。以下将根据上述显译研究范式，对中国驻俄大使张汉晖2019—2021年93篇外交话语俄译本中的概念功能显译、人际功能显译、语篇功能显译及其分支进行定量和定性分析。

3.1 概念功能显译

概念功能显译是指在翻译活动中将源语概念或信息中的隐性信息明晰化。由于地理、历史、文化的差异，每个民族认知世界的方式都具有民族性，这也是不同语言中存在世界图景差异的原因。在进行语际转码（翻译）活动时必然会遇到概念无法对应转换的问题。所以，需要对一些概念性用语进行添加注释、转换、重构等方式，以适应译入语使用者的阅读习惯。驻俄大使外交话语俄译本中的概念功能显译具体又可分为模糊词具象、文化词具意、语用词凸显及参与者显明，经统计，本文的研究语料中共收集到237处概念功能显译（见表1）。以下将具体论述上述分类。

表1　概念功能显译统计

概念功能显译	关键词	数量（处）	比例
模糊词具象	建设、意义、推动等	63	26.58%
文化词具意	掩耳盗铃、九省通衢等	71	29.96%
语用词凸显	双桥双管、同江铁路桥等	35	14.77%
参与者显明	我们、中国政府、中国人民等	68	28.69%

3.1.1　模糊词具象

模糊词具象是指由特定语境得出抽象或笼统概念在该语境中的意义。驻俄大使外宣文本俄译中的模糊词出现的次数非常高，这也是中国式外交话语的特点，一般体现为"建设""意义""推动"等模式化语言。例如：

①对推进国家治理体系和治理能力现代化具有重大**意义**。

Это и важный **шаг** к совершенствованию и модернизации государственного управления.

②……**推动**新时代中俄全面战略协作伙伴关系不断走深走实。

…**претворять в жизнь** новую эру китайско-российского всестороннего стратегического партнёрства.

例①中的"意义"在汉语中有较多的含义，如人或物所包含的思想或道理、内容、价值等。如果直译为значение，则显得过于笼统，此意义承接上文中的"措施"，对推进国家治理体系和治理能力现代化来说是一个重要步骤，因此需要显译为шаг。例②中"推动"的含义也较为抽象，直译对俄语受众来说不易理解，所以也要进行显译处理。此处的推动即贯彻落实新时代中俄全面战略协作伙伴关系，才能让俄语国家的民众更好地理解讲话目的。

3.1.2　文化词具意

文化词具意是指将原文概念中的隐藏文化信息呈现出来。（黄国文，

2006）驻俄大使外交话语中的文化信息显化最常体现在三字格和四字格词语中。这种词语不仅信息量大而且形式简洁。翻译时要想把这些特点都体现出来有一定的难度，有时不得不舍形求意，尽可能把其中含有的文化信息展示出来。例如：

③虽有**掩耳盗铃**之徒，更多却是秉持正义之士。

Хотя есть **люди, которые не признают очевидного,** но все больше людей придерживаются справедливости.

④有"**九省通衢**"之美称。

Он отличается удобной транспортной инфраструктурой и представляет важный транспортный узел в стране, за что носит красивое название **«магистраль девяти провинций».**

例③、例④中的四字成语不仅简洁凝练而且还是中华文化的生动体现，根据语境，"掩耳盗铃"在例③中指的是那些自欺欺人且无端摸黑、指责中国的政客，"九省通衢"用来形容四通八达的道路，在例④中则体现了武汉的重要交通地理位置。对这些文化信息的显译不仅有助于受众理解还可以推动中华文化走出去。

3.1.3 语用词凸显

语用词凸显指的是将源语中表意含蓄或使用了修辞手法的语用含义体现出来。与西方式的外交话语不同，我国的外交话语更强调灵活、简洁，忌生硬、直白，要求便于记忆、传播（刘甜甜，2017）。但在外交话语俄译的过程中，如果不对这种表意含蓄、使用了修辞手法的外交话语加以阐释，国外受众则很难理解中国外交话语的内容。例如：

⑤……**同江铁路桥**和**黑河公路桥**合龙。

…завершение стыковки **железнодорожного моста «Нижнеленинское – Тунцзян», автомобильного моста «Благовещенск - Хэйхэ».**

⑥……"**双桥双管**"互联互通新格局逐步形成。

…успешно работают **нефтяной и газовый трубопроводы,** завершается строительство **автомобильного и железнодорожного мостов через реку Амур**.

出于简便性原则，例⑤中的"同江铁路桥""黑河公路桥"以及例⑥中的"双管双桥"并没有展现完全信息，采用了缩写的处理方式，直译会导致国外受众不知所云。采取显译，展示语用省略，即"同江铁路桥"意为"下列宁斯阔耶 -

同江铁路桥","黑河公路桥"意为"布拉戈维申斯克-黑河公路桥","双桥双管"意为"跨阿穆尔河铁路与公路桥及石油天然气管道",才能使读者更易于接受所传递的信息。

3.1.4 参与者显明

中国式外交话语为了表述简洁、易于传播,常常会默认读者已了解语境中的参与者,对其进行省略。(桂诗春,2009)外交话语俄译的过程中为了方便国外受众理解,有时需要翻译出原文文本中隐藏的动作发出者或承受者。例如:

⑦反腐败斗争作为治国理政的一项系统工程,在三个层面上整体推进。

Мы наращиваем антикоррупционную кампанию как системное направление госуправления в трех аспектах.

⑧新冠(肺炎)疫情不可避免会对经济社会造成较大冲击,越是在这个时候,越要用全面、辩证、长远的眼光看待中国发展,越要增强信心,坚定信心。

Эпидемия коронавируса неизбежно нанесет сильный удар по экономике и обществу, и в это время **мы** должны смотреть на развитие Китая с еще более комплексной, диалектической и долгосрочной перспективы, и еще больше укреплять уверенность в себе.

⑨如果任凭腐败问题愈演愈烈,最终必然亡党亡国。

Если **мы** на коррупцию глаза закроем, то она непременно приводит к гибели партии и государства.

例⑦、例⑧、例⑨都省略了行为主体"我们",反腐败斗争、新冠肺炎疫情局势下对中国发展做出预判的主体都是中国共产党人,汉语中将此归为默认信息,但转换成俄语时必须指出行为主体,即参与者显译,才能使国外受众充分理解句子中的内容和意义。

通过定量分析,我们发现概念功能显译中文化词具意、参与者显明所占比例最高,这也说明了此类对俄外交话语外译注重阐明中国文化内涵、凸显参与者主体的语用功能。

3.2 人际功能显译

人际功能显译是指在翻译的过程中体现原文交际参与者关系、参与者语气、感情、态度等情态意义以及对人或事的评判。驻俄大使外交话语俄译中不涉及交际参与者的关系问题。因此，主要分析其情态显译和评价意义显译。经统计，收集到205处人际功能显译（见表2）。以下将具体论述上述分类。

表2　人际功能显译统计

人际功能显译	关键词	数量（处）	比例
情态显译	必须、应该等	107	52.20%
评价意义显译	多亏、充满信心等	98	47.80%

3.2.1　情态显译

在向国外受众传递中国理念、中国方案时，为了体现客观公正性常会利用陈述语态，但为了维护我国的海外话语权，驻俄大使的外宣翻译文本中往往具有很强的呼吁性和感召性。在翻译活动过程中应适当体现这些情态信息。根据具体的语境思考其具体情态意义，并通过情态动词、情态副词等给予体现，做到增词不增意。（庞双子，2018）

⑩ 对加强反腐工作，推进国际反腐合作具有十分重要的意义。

Такая работа **необходима** и полезна как для антикоррупционного направления суверенных государств, так и для международного сотрудничества.

⑪ 习近平总书记反复强调"党要管党"、反腐败要"刮骨疗毒"。

Генеральный секретарь ЦК КПК Си Цзиньпин неоднократно подчеркивал, что в борьбе с коррупцией **необходимо** придерживаться принципа самоуправления и самоконтроля партии, «сгребать кости и вылечить яд».

⑫ 尤其在香港特区政府已经宣布不再推进修例的情况下。

Особенно **следует** отметить, что когда правительство САР Сянган объявило о приостановке работы над внесением поправок.

⑬ 世界卫生组织总干事高级顾问艾尔沃德对中国战"疫"给出这样的评价："我们要认识到武汉人民所做的贡献，世界欠你们的。"

Старший советник генерального директора ВОЗ Брюс Эйлворд дал такую оценку борьбе Китая с эпидемией: «Нам **следует** осознать вклад жителей Уханя, мир в долгу перед вами».

例⑩、⑪、⑫、⑬中都隐藏了逻辑意义"必须"，例如：加强反腐工作对推进国际反腐合作是必须的；党要管党是反腐败刮骨疗毒所必须达到的要求；

在香港特区政府已经宣布不再推进修例的情况是必须指出的；世界人民必须认识到武汉人民所做的贡献。汉语重理解，许多逻辑关系都通过句义来体现，俄语重结构，必须指出相应的逻辑词。因此在俄汉转换时必须考虑情态显译，"外化"逻辑关系。

3.2.2 评价意义显译

评价意义显译指的是将原文中隐藏的情感或者态度明晰化。中文重理解，常常会省略原因结果修饰词，在转换成俄语时必须明确这一原因结果修饰词，否则就会产生理解上的缺失。评价意义显译主要通过前置词、评价性形容词、评价性副词来体现。这些评价意义的小词能够表达说话人的情感态度，明晰具体的价值判断。

⑭ 相反，全国人大的有关决定将使香港有更加完备的法律体系、更加稳定的社会秩序、更加良好的法治和营商环境，有利于维护"一国两制"的基本方针，有利于维护香港的金融，贸易和航运中心地位。

Напротив, **благодаря** подобному решению ВСНП правовая система Сянгана станет более совершенной, общественный строй — более стабильным, управление на основе законов — более эффективным, а деловая среда — более благоприятной. Подобный закон будет способствовать защите курса «Одна страна – две системы», защите ведущих позиций таких секторов Сянгана, как финансы, торговля и водный транспорт.

⑮ 向决胜全面建成小康社会，决胜脱贫攻坚的目标迈进。

Китай с **уверенностью** шагает к победе над бедностью и всестороннему построению среднезажиточного общества.

⑯ 双边贸易基本保持去年同期水平，"双桥双管"互联互通新格局逐步形成，空中航线保持畅通，边境货运从未中断，合作项目复工率已达九成。

Благодаря нашим общим усилиям, двусторонняя торговля сохраняет должную динамику развития и объем достигает прошлогоднего уровня. Складывается новая картина сотрудничества, успешно работают нефтяной и газовый трубопроводы, завершается строительство автомобильного и железнодорожного мостов через реку Амур. Двусторонние авиасообщения и пограничные грузовые перевозки не прерывались, 90% совместных проектов уже нормально работают.

例⑭、⑮、⑯同样未将句子中的逻辑关系外化。例⑭中的全国人大决定是其后一系列结果的前提，译文中增加的"благодаря（多亏、由于）"揭示了句子各部分间的关系，香港有更加完备的法律体系、更加稳定的社会秩序、更加良好的法治和营商环境是多亏了全国人大的有关决定；例⑮中用决胜来修饰全面建成小康社会和脱贫攻坚，这一行为必然是充满信心的，"c уверенностью（自信地）"则体现了汉语中完成上述目标的决心；例⑯里的"благодаря（多亏、由于）"则揭示了句中各个结果的原因，使译文逻辑更加完整。通过情态意义显译，我们能够更好地传达句义，使受众清楚所传达的意思。

通过定量分析，我们发现人际功能显译中情态显译与评价意义显译所占比重相近，且情态显译相对更多，这也反映了大使级对俄外交话语注重情态功能与评价意义功能的构建，以此来实现人际功能的凸显。

3.3 语篇功能显译

与以上显译分类不同，语篇功能显译更为宏观，强调从译文谋篇布局的角度去进行显化处理，将句与句间的关系体现出来（庞双子，2019）。中西式思维方式不同，语言的系统结构也存在差异。中式思维方式看重悟性、委婉以及直觉，西式思维方式更关注逻辑、理性及形式，结构上重严谨。（庞双子，2019）俄语的思维方式与西式思维类似，同样注重理性、逻辑、结构严谨等特点。反映在语言上则体现为中文的结构限制较少，常有省略现象，俄语语篇的结构限定较多，会表明句子间的关系。进行俄汉篇章转换时应注意相关的语篇功能显译方法，例如：补充省略成分、确定指称对象、指明事件时间、加强语篇连贯。经统计，收集到214处语篇功能显译（见表3）。以下将具体论述上述分类。

表3 语篇功能显译统计

语篇功能显译	关键词	数量（处）	比例
补充省略成分	中国、战略协作伙伴等	72	33.64%
确定指称对象	这项工作、新冠肺炎疫情等	61	28.50%
指明事件时间	取得了、反对过等	33	15.42%
加强语篇连贯	正如、尽管如此等	48	22.44%

3.3.1 补充省略成分

补充省略成分指的是将汉语句中的省略成分明晰化，常见的省略成分有地点状语、方式状语、原因状语、同位语等。

⑰ 自疫情发生以来，中国始终本着公开、透明、负责任的态度，及时向世卫组织和有关国家通报疫情信息，并在短短数日，中国团队就用创纪录的短时间甄别出病原体、完成基因测序。

С момента возникновения эпидемии **в Китае**, китайская сторона постоянно своевременно информировала ВОЗ и заинтересованные государства об эпидемии открытым, прозрачным и ответственным образом, а также китайская команда специалистов в рекордные сроки выявила патоген вируса и определила последовательность расположения его генов.

⑱ 两国就疫情防控合作开展密切交流协调，相互给予有力支持，共同反对疫情政治化、标签化，为维护全球公共卫生安全发挥大国担当。

Две стороны поддерживают самые тесные контакты и координацию по всем актуальным вопросам. **Как стратегические партнеры,** Китай и Россия оказывают друг другу поддержу, совместно противостоят политизации эпидемии. Как великие державы и постоянные члены Совбез ООН, Наши страны играют важную роль в обеспечении безопасности всего мира в области общественного здравоохранения.

例⑰中确定了省略的地点状语"в Китае（在中国）"，指明是中国国内的疫情状况，明确了首句与后续句子间的关系，避免了歧义。例⑱则明确了中俄两国相互支持的原因即作为战略伙伴"Как стратегические партнеры"，该处的显译使得上下文衔接更为恰当，逻辑也更为明确。

3.3.2 确定指称对象

确定指称对象是指将模糊代词的所指具体化，汉语中的"这""那"等代词在句中往往具有实际意义，如果不明确指称直接翻译，会使国外受众不知所云。

⑲ 这件事对加强反腐败工作、推进国际反腐工作具有重要意义。

Такая работа необходима и полезна как для антикоррупционного направления суверенных государств, так и для международного сотрудничества

⑳ 正如习近平主席所指出的，新冠肺炎疫情不可避免会对经济社会造成较大冲击。越是在这个时候，越要用全面、辩证、长远的眼光看待中国的发展，越要增强信心、坚定信心。

Как отметил председатель Си Цзиньпин, **эпидемия коронавируса** неизбежно нанесет сильный удар по экономике и обществу, и в это время мы должны смотреть на развитие Китая с еще более комплексной, диалектической и долгосрочной перспективы, и еще больше укреплять уверенность в себе.

例⑲中的"这"指的是"Такая работа（这项工作）"，通过确定代词指称，明确了这项工作对反腐工作有重大意义。例⑳中的"这"指的是"эпидемия коронавируса（新冠肺炎疫情）"，通过确定代词指称，明确了对经济社会造成冲击的原因，也解释了后句措施的动因。

3.3.3 指明事件时间

指明事件时间指的是确定句中的动词时态，汉语中的动词往往不会直接指明时态，需要通过语境去推导，但俄语重逻辑，进行翻译活动时必须指明动词的时态方可构成语法正确的语句。

㉑十八大以来，中国以史无前例的力度开展反腐败斗争并取得举世瞩目的伟大成就。

После 18-го съезда Компартии Китая антикоррупционная кампания в стране **поднялась** на беспрецедентный уровень и **достигла** видных успехов.

㉒世卫组织多次表示，反对将任何病毒同特定的国家、地区、种族、动物挂钩，反对利用病毒进行污名化。全世界传染病防控领域的科学家都在努力对病毒进行溯源，病毒源自何处尚无定论。

ВОЗ неоднократно **выступала** против привязки любого вируса к конкретным странам, регионам, национальностям, животным, выступала против использования вируса как инструмента дискредитации. Ученые в области профилактики и борьбы с инфекционными болезнями прикладывают усилия, чтобы выявить первоисточник вируса, происхождение которого еще неизвестно.

例㉑、例㉒汉语原文中的"开展""取得""反对"并未体现时间，汉语中已经默认受众了解该背景信息，但俄语更强调结构性，俄译文中需确定动词的时态，如"поднялась""достигла""выступала"，通过确定动作发生的时间，更全面地传递了原文信息。

3.3.4 加强语篇连贯

由于俄汉语言差异，汉语在列举成分时往往不需要使用连接词，而俄语需要相应的连接词才能与上下文连接起来。所以在翻译政治语篇时往往需要利用增加连接词等方式来加强语篇的连贯性，方便受众理解。（许宝强，2001）

㉓（中俄）双方在能源、核能、航空航天等领域大项目合作驶入快车道，两国首座跨境铁路桥、公路桥和天然气管道即将竣工。

Обе стороны вышли на скоростной путь масштабного сотрудничества в **таких** областях **как** энергетика, ядерная энергетика, аэрокосмическая область и прочие. А **такие** проекты **как** первый трансграничный железнодорожный мост между двумя странами, дорожные мосты и газопроводы близки к завершению.

㉔中俄两国都拥有悠久的历史、灿烂的文化，人文交流基础深厚。

И Китай, и Россия имеют долгую историю и великолепную культуру, **что** является основой для богатого культурного обмена.

㉕我们理应携起手来，互帮互助，共同应对。美国一些政客和媒体对本国快速恶化的疫情熟视无睹，却对中国为世界抗疫做出的牺牲和贡献置若罔闻，并不遗余力地把新冠病毒和中国相联系，变着花样地对中国搞污名化。

Мы должны объединиться, оказывать взаимную помощь и совместное реагирование. **Тем не менее,** некоторые американские политики и средства массовой информации, не обращая внимание на ухудшение эпидемической обстановки в США, упускают из виду понесенные Китаем жертвы и оказываемый им вклад для всего мира в борьбу с вирусом, всеми силами связывают коронавирус COVID-19 с Китаем, различным образом порочат Китай.

例㉓中的汉语列举成分转换成俄语时添加了"таких...как"，使得俄文的篇章逻辑更加通畅。例㉔增加连接词"что"来指代前面一整句话，作接续从句的主语，指明了中俄两国都拥有悠久的历史、灿烂的文化与人文交流基础深厚的关系。例㉕中增加了对比连接词"Тем не менее"，起到连接上下两个意义相反意群的作用，使得篇章更加流畅。

通过定量分析，我们发现语篇功能显译中补充省略成分占比最高，这也与汉语偏委婉、悟性，俄语偏逻辑、理性有关，体现了此类对俄外交话语句篇转换时尽可能多地补充信息，方便读者理解的特点。

结语

通过对中国驻俄大使张汉晖 2019—2021 年 93 篇外交话语俄译本的定量与定性分析，我们总结了对俄外交话语显译研究的系统功能语言学范式：1）概念功能显译（237 处），具体可分为模糊词具象、文化词具意、语用词凸显及参与者显明；2）人际功能显译（205 处），具体可分为情态显译、评价意义显译；3）语篇功能显译（214 处），具体可分为补充省略成分、确定指称对象、指明事件时间、加强语篇连贯。究其原因，从语言形式上看，由于俄汉两种语言的形式化程度差异较大，汉语多用简单句，俄语多用复合句，所以进行俄汉语际转换时必须考虑显译现象。从语言文化上看，由于中俄两国的社会制度、文化习俗、地理环境的差异，思维方式的关注点有所不同，反映到语言上就会产生语义省略等现象。系统功能语言学视角下的对俄外交话语显译研究把翻译活动中的语言与文化"凸显"问题相结合，关注语际转化的守恒，阐释了翻译过程及翻译本质实现的语言及文化凸显因素，为外交话语显译领域的研究提供了一种新的可行范式。

参考文献

[1] Halliday M A K. An Introduction to Functional Grammar [M]. London: Edward Arnold Publishers, 1985.

[2] Martin J R, Rose D. Working with Discourse: Meaning beyond the Clause[M]. London & New York: Continuum, 2003.

[3] Newmeyer F. Language Form and Language Function [M]. Cambridge MA: MIT Press, 1998.

[4] Snell-Hornby M. Translation Studies: An Integrated Approach. [M]. Amsterdam: John Benjamins Publishing Co, 1988.

[5] 桂诗春. 基于语料库的英语语言学语体分析 [M]. 北京：外语教学与研究出版社，2009.

[6] 黄国文. 翻译研究的语言学探究：古诗词英译本中的语言学分析 [M]. 上海：上海外语教育出版社，2006.

[7] 黄国文. 功能语篇分析视角下的翻译显化研究 [J]. 外语与外语教学, 2015（3）：41-42.

[8] 黄立波. 基于汉英/英汉平行语料库的翻译共性研究 [M]. 上海：复旦大学出版社, 2007.

[9] 柯飞. 翻译中的隐和显 [J]. 外语教学与研究, 2005（4）：304-305.

[10] 刘甜甜. 中央文献俄译中的显化现象研究 [J]. 天津外国语大学学报, 2017（2）：12-13.

[11] 庞双子, 胡开宝. 翻译共性中的显化问题研究 [J]. 现代外语, 2019（1）：65-69.

[12] 庞双子, 王克非. 翻译文本语体"显化"特征的历时考察 [J]. 中国翻译, 2018（5）：14-15.

[13] 庞双子. 基于历时类比语料库的翻译文本语体显化特征的计量分析 [J]. 外国语, 2019（6）：85.

[14] 司显柱. 论翻译研究范式创新：系统功能语言学视阈 [J]. 中国外语, 2011（2）：102.

[15] 孙迎晖. 论韩礼德的元功能思想 [J]. 河北大学学报, 2006（1）：99-100.

[16] 许宝强. 语言与翻译的政治 [M]. 北京：中央编译出版社, 2001：70.

[17] 周忠良. 《习近平谈治国理政》英译本的翻译显化研究 [J]. 渭南师范学院学报, 2021（8）：43.

阿尔迪亚尔学派在罗马尼亚语发展过程中的作用

上海外国语大学 张万旭

摘要：阿尔迪亚尔学派是 17~18 世纪罗马尼亚阿尔迪亚尔地区知识分子发起的一场思想文化启蒙运动。在进行思想启蒙、唤醒罗马尼亚人民族意识的过程中，阿尔迪亚尔学派从语言学的角度对罗马尼亚语进行了系统研究和考察，对罗马尼亚语现代化产生了重要影响。整体而言，该学派在罗马尼亚语发展中的作用主要体现为以下三点：①科学论证了罗马尼亚语的拉丁起源；②规范了罗马尼亚语书面语的发展，为罗马尼亚文学语言的发展创造了有利环境；③推动了罗马尼亚语言文化共同体的构建，促进了罗马尼亚民族语言的统一进程。

关键词：罗马尼亚语；阿尔迪亚尔学派；拉丁语；民族语言

1 罗马尼亚语的起源和早期发展

1.1 罗马尼亚语的起源

根据现代语言学的分类，罗马尼亚语与法语、意大利语、西班牙语以及葡萄牙语同起源自拉丁语，属于印欧语系罗曼语族，是罗曼语区最东端的一个语种。古罗马帝国在军事扩张的过程中将拉丁语带至欧洲各地，随后拉丁语在原古罗马属地各自演化，分化出不同的地域性方言，最终发展成为不同的民族语言。

罗马尼亚语的起源可以追溯到古罗马人对达契亚（大多属今罗马尼亚领土）的占领。古时的达契亚包含潘诺尼亚平原、喀尔巴阡山麓、多瑙河两岸，濒临黑海，是一个地域辽阔、物产丰富的地区（冯志臣，2012）。公元 2 世纪，罗马皇帝图拉真（Marcus Lucius Nerva Traianus, 53~117）最后一次向东扩张，通过两次战争（101—102、105—106）征服达契亚，并于公元 107 年将其纳入罗马帝国的版图，设为行省。战争期间，大量土著达契亚男性在战场上丧生，为了开采当地矿产资源和实行殖民统治，罗马帝国大量从其他行省向达契亚移民，发展城镇，开设教堂，在行政机构中推行标准拉丁语，正式开启了达契亚的罗马化进程。在外省移民和土著达契亚人的共居过程中，由于罗马帝国政权和文明的强势影响，土著居民开始在日常生活中使用带有不同方言特征的民间拉丁语。这些来自帝国各地的拉丁方言融入本土元素后，逐渐形成了一种独立的拉丁方言形式——多瑙河拉丁语。它在当时主要通行于多瑙河两岸的罗马帝国行省达契亚和莫西亚，是土著居民同罗马帝国移民的唯一沟通手段，构成了后来罗马尼亚语形成与发展的重要基础。

1.2 罗马尼亚语的早期发展

公元 271 年，在哥特人等游牧民族的侵袭下，罗马皇帝奥勒良（Lucius Domitius Aurelianus, 214~275）被迫将达契亚行省的罗马人撤至多瑙河南岸。当时撤离的主要是行政机构的公务员、军队人员以及上层富人，大多数平民被留了下来。此外，达契亚居民一直同多瑙河南岸的罗马尼亚保持着密切联系，多瑙河拉丁语的使用根基并没有消失。但是，随着罗马帝国影响的衰微，多瑙河拉丁语开始异化，向民族语言转变。

公元 4~5 世纪，达契亚与西罗马帝国的联系基本被阻断，与拜占庭帝国的来往日益密切，吸收了诸多希腊语和斯拉夫语词汇，但仍保留着拉丁语的语法特征和基本词汇。拜占庭史书中曾记载这样一个故事：公元 587 年，拜占庭军队讨伐阿瓦尔人的行军途中，一名士兵发现前面战友的行李快要从骡子背上掉下来，于是就喊 torna, torna, frat(r)e（"回来，回来，兄弟"，意为把行李扶到骡子背上去），而被呼喊的那名土著士兵则把 torna 理解为"撤退"。这句话不是纯粹的拉丁语，多数语言学家认为它是演化过程中罗曼语的一种，或者就是早期的罗马尼亚语。如果这种说法成立，那么罗马尼亚语在公元 6 世纪时已具雏形（冯志臣，2012）。从罗马人撤离达契亚行省开始算起，一直到公元 6 世纪罗马尼亚语具备雏形，这一过程持续了三个多世纪。在此期间，出现了一种广泛通行于古代达契亚地区的原始罗马尼亚语，由于没有方言差异，也被称为共通罗马尼亚语。

公元 7~10 世纪是罗马尼亚语形成的后期，共通罗马尼亚语因地域差异、历史变迁等原因而分化出四种方言形式，其中多瑙河北岸使用的达契亚罗马尼亚方言发育繁盛，成为现代罗马尼亚语的基础。由于达契亚罗马尼亚语的使用者大多为在乡村从事农牧业的自由民，对书面语言需求不明显，因此达契亚罗马尼亚语长期仅以口语形式存在。就书面语而言，在这一时期，上层社会先后采用古斯拉夫语和教会斯拉夫语作为行政和宗教语言，用以传播宗教思想或者普及知识。

公元 12~14 世纪，古老的达契亚土地上逐步形成了三个以罗马尼亚人为主体民族的封建公国：喀尔巴阡山西北侧的特兰西瓦尼亚公国、东侧的摩尔多瓦公国，以及南部的罗马尼亚公国（又称"瓦拉几亚"）。总的来说，一直到 15 世纪，上述三个公国的语言使用状况都是割裂的：占人口绝大多数的罗马尼亚平民在日常生活中普遍使用罗马尼亚语，但仅尚未形成文字，限于口头交流。匈牙利王国治下的特兰西瓦尼亚将拉丁语作为官方语言，瓦拉几亚和摩尔多瓦两个公国则将教会斯拉夫语作为官方语言和宗教语言，使用者主要限于受过教育的贵族、教士，以及一小部分商人（董希骁，2021）。

根据可查史料，现存最古老的罗马尼亚语书面文献为 1521 年写成的"尼亚克舒信函"（Scrisoarea lui Neacşu）。这封信的作者尼亚克舒（Neacşu）在经商途中发现土耳其军队有意入侵特兰西瓦尼亚，因此致函将此事告知特兰西瓦尼亚重镇布拉索夫市的市长。信件内容由西里尔字母拼写，但是文中用词大多源自拉丁语，偶有源自斯拉夫语、匈牙利语和希腊语的词汇。（冯志臣，2012）这封书信用词规范，句子结构完整，可以推断出在此之前书面罗马尼亚语已经获得一定发展。在 16 世纪的后几十年间，大量宗教书籍由传教士译为罗马尼亚语，教会斯拉夫语逐渐失去了在罗马尼亚人宗教和行政生活中的主导地位，被使用西里尔字母书写的罗马尼亚语所取代。这一时期，一批编年史家也致力于用罗马尼亚语著书论述，大大促进了书面罗马尼亚语的传播和发展。

2 阿尔迪亚尔学派的兴起与主张

2.1 阿尔迪亚尔学派的产生背景

以罗马尼亚人为主体民族的各公国地处巴尔干半岛，位于欧亚之交，长期处于帝国霸权争斗的阴影之下。1541 年，奥斯曼帝国的铁蹄横扫东欧，占领整个巴尔干半岛和匈牙利境内大部分领土，以罗马尼亚人为主体民族的各公国也沦为了奥斯曼政权的附庸。相较于摩尔多瓦公国和罗马尼亚公国，地处阿尔迪亚尔地区的特兰西瓦尼亚公国更是饱受外族侵袭。从公元 10 世纪起，这一地区就持续遭受匈牙利的侵扰，当地人民进行了长达几个世纪的抗争，但最终还是被匈牙利占领。1437 年，匈牙利族、萨斯族和塞库伊族的贵族签署《三族联合协定》，将农奴完全排除在政治和社会生活之外。大多数农奴是在数量上占据绝对优势的罗马尼亚人，因此，这一协定实际上是对罗马尼亚民族的歧视和剥削。进入奥斯曼政权统治下后，罗马尼亚族人在政治和行政机构中仍没有自己的代表，毫无权利可言。1690 年，特兰西瓦尼亚公国成为哈布斯堡王朝的一个自治公国，当地的知识阶层开设推崇德语文化。1784 年，德语被宣布为特兰西瓦尼亚地区的官方语言，但在行政和教育机构中，匈牙利语也被广泛使用（董希骁，2021）。整体而言，在这一时期罗马尼亚民族的语言文化权利始终未得到相应的重视和尊重，政治地位低下。

17~18 世纪，思想启蒙运动的大幕在欧洲拉开。特兰西瓦尼亚公国在地理位置上距离西欧更近，与西方的联系和交流更为频繁，大批罗马尼亚族知识分子前往维也纳、罗马等地留学，受到了启蒙运动思想的洗礼。回国之后，他们在受异族压迫最为严重的阿尔迪亚尔地区（即特兰西瓦西亚）率先举起民族独立与解放的大旗，发起了一场声势浩大的文化思想解放运动，试图唤醒罗马尼亚人的民族意识，史称"阿尔迪亚尔学派"。

2.2 阿尔迪亚尔学派的主要主张

阿尔迪亚尔学派的活动主要表现在语言学、史学、文学和科学知识普及四个方面，试图通过教育、文化等手段开启民智，从科学角度论证罗马尼亚语的拉丁属性、罗马尼亚民族的罗马起源以及在古老达契亚领土上的延续性，以期为本民族争得政治上的平等权利。

阿尔迪亚尔学派的代表人物有米库 - 克莱因（Ioan Inocențiu Micu-Klein，1692~1768）、欣卡伊（Gheorghe Șincai，1754~1816）、米库（Samuil Micu，1745~1806）、布达伊 - 德列亚努（Ion Budai-Deleanu，1760~1820）和马约尔（Petru Maior，1761~1821）。他们认为，民族语言是民族身份的重要象征。如能论证罗马尼亚语的拉丁起源，就可以论证罗马尼亚民族拥有高贵的罗马起源，应可以和其他三个"特权"民族一样，在特兰西瓦尼亚的土地上享有同样的政治和社会权利。因此，他们从语言学角度出发，大量著书立论，从词源、语法结构、正字法等角度对罗马尼亚语进行系统研究，为罗马尼亚语的发展做出了巨大贡献。

3 阿尔迪亚尔学派在罗马尼亚语发展中的作用

3.1 论证罗马尼亚语的拉丁起源

早在 16 世纪，摩尔多瓦公国和罗马尼亚公国的许多人文主义学者就提出了罗马尼亚语起源自拉丁语，如编年史家乌雷凯（Grigore Ureche, 1590—1647）、历史学家科斯廷（Miron Costin, 1633—1691）、坎塔库济诺（Constantin Cantacuzino, 1639—1716）等。阿尔迪亚尔学派的各位代表人物自幼在学校学习拉丁语和古代史，在这一过程中发现了罗马尼亚语同拉丁语之间存在诸多相似之处，深刻地认识到罗马尼亚语的拉丁特性。

为了更直观地证明罗马尼亚语的拉丁特性，该学派的各位学者倡导使用拉丁字母代替西里尔字母。1779 年，米库出版了《祷告书》，这是罗马尼亚人历史上首部用拉丁字母印刷而成的书籍。米库希望以此证明，拉丁字母是比西里尔字母更为适合罗马尼亚语的书写符号。米库在著作《达契亚罗马人或瓦拉几亚人的语言要素》中以词源为原则制定了正字规则，注重追溯相应词汇的拉丁词源，以更加凸显出罗马尼亚语的拉丁特性。欣卡伊在对此书进行修订和补充时，在前言中指出，希望建立罗马尼亚语学校，废弃西里尔字母，改用拉丁字母。马约尔则更为直截了当地指出只要罗马尼亚人一直使用西里尔字母书写，那么罗马尼亚语里的拉丁词汇就永远不会显现出来。虽然以罗马尼亚人为主体民族的各公国直到 1860 年才正式废止西里尔字母，在官方公文中改用拉丁字母，但是在西里尔字母向拉丁字母转向这一过程中，穿上了"拉丁外衣"的罗马尼亚语同其他罗曼语族语言的姊妹关系和共同起源不言自明。

此外，阿尔迪亚尔学派还对罗马尼亚语展开了系统的本体研究，从语言学的角度论证它和拉丁语的相近性。1780 年，米库撰写的《达契亚罗马人或瓦拉几亚人的语言要素》（后经欣卡伊补充修订）是首部指出罗马尼亚语起源于古典拉丁语的语法著作，成为欧洲语言学界将罗马尼亚语划分为罗曼语族语言的重要依据。马约尔对此持不同的观点，指出罗马尼亚语起源于民间拉丁语，具有明显的罗曼语言特征。他认为，相较于西欧罗曼诸语，罗马尼亚语更好地保留了民间拉丁语的基础，因为前者先是受到了学校、教会和行政当局更迭的多重影响，而后又经受了书面拉丁语的规范束缚。然而，以罗马尼亚人为主体民族的各公国地处罗马帝国东南部，由于地理位置上的闭塞性，上述诸因素对罗马尼亚语口语的影响微不可见。如果要研究罗马人的日常用语，罗马尼亚语应是更好的研究素材。这一论证也的确在后世研究中得以证实。

布达伊-德列亚努编撰的《罗马尼亚语语法基础》(1812)则从语音、形态学、句法的角度系统研究了罗马尼亚语语法，指出罗马尼亚语在这些方面同拉丁语具有同样的特征。1825年，米库和马约尔出版了首部罗马尼亚语词源词典《布达词典》。它是一部罗马尼亚语、拉丁语、匈牙利语和德语四语词典。通过对罗马尼亚语词汇词源的追溯，阿尔迪亚尔学派再次有力论证了罗马尼亚语的拉丁起源。

3.2 规范书面罗马尼亚语的发展

在长期处于异族统治的分裂混乱状态下，以罗马尼亚人为主体民族的各公国的文化生活长期处于滞后状态，书面语言文法不规范，文学语言词汇贫瘠。阿尔迪亚尔学派意识到，各地区方言千差百异，如要统一绝非易事。然而，可以从改革书面语入手，促进形成统一的罗马尼亚民族语言，唤醒民族意识。

书面语的改革首先体现在制定适用于罗马尼亚语的拉丁字母书写系统和统一的正字法，规范书面罗马尼亚语的发展。自14世纪以来，以罗马尼亚人为主体民族的各公国一直使用西里尔字母作为书写符号，常见于外交公文、书籍和铭文等。当时使用的西里尔字母主要源自保加利亚语，因无法涵盖所有音位，还从塞尔维亚语中借用了个别字母（董希骁，2021）。然而，西里尔字母存在多个字母对应一个音位或者一个字母对应多个音位的情况，用于标识罗马尼亚语音位时，整个书写系统较为混乱和复杂。在提出使用拉丁字母代替西里尔字母后，阿尔迪亚尔学派在此方面做出了多种尝试。在《达契亚罗马人或瓦拉几亚人的语言要素》一书中，米库为了彰显出罗马尼亚语的拉丁特性，根据词源规则创制了一套用拉丁字母书写罗马尼亚语的正字法。欣卡伊对此书进行第二版修订时（1805），通过对拉丁字母增添新符号，或者是借鉴意大利语的书写系统创制字母，根据发音法对罗马尼亚语词汇的书写进行了简化。这些工作不可谓不艰巨,因为罗马尼亚语的发音法并不完全与拉丁语发音法吻合。尽管阿尔迪亚尔学派创制的拉丁字母书写系统在当时并未得到官方采纳,也没有获得广泛传播与使用,但是却对后世产生了深远影响。他们所提出的一些书写方案,如 ce, ci, ge, gi, che, chi, ghe, ghi 均在后来得到了沿用。可以说,罗马尼亚语之所以有今日之书写面貌,很大程度上得益于阿尔迪亚尔学派。此外,从根据词源原则到根据发音法制定正字法这一过程可以看出,阿尔迪亚尔学派并非是想要将罗马尼亚语完全拉丁化,而是充分意识到了罗马尼亚语自身的一些特定规律,通过观察和研究将其外化,从而使得拉丁字母书写系统不仅可以充分彰显罗马尼亚语单词和拉丁源词的相近性,还可以方便大众辨识,根据需要进行发音。

在规范书写形式的同时,阿尔迪亚尔学派还致力于推动罗马尼亚书面语言的发展。布达伊-德列亚努认为,18世纪末,罗马尼亚语的书面语言还处于一种尚未开化的状态,写作时不遵守语法规则,词汇匮乏。在对书写系统进行改革后,布达伊-德列亚努总结先前语法学家的经验和成果,编著《罗马尼亚语语法基础》(1812),对罗马尼亚语的语法进行了系统研究,尝试确立稳定的语法规则,制定行文规范。该书是19世纪上半叶罗马尼亚语言学界最具价值的语言学专著之一,大大规范了罗马尼亚语书面语的发展。在词汇方面,在编撰《布达词典》的过程中,布达伊-德列亚努从其他罗曼语言中借词,尤其是表达抽象概念的词汇,极大地丰富了罗马尼亚语词汇。在丰富词汇的过程中,阿尔迪亚尔学派还主张剔除罗马尼亚语中来自匈牙利语、土耳其语、希腊语、斯拉夫语和阿尔巴尼亚语的词汇,用同义的拉丁新词将其取代。马约尔更为激进地指出,要"净化"罗马尼亚语,剔除所有的非拉丁元素。尽管这一主张过于夸张,但从客观层面来讲,却增强了罗马尼亚语和其他罗曼语族语言之间的联系。

除此之外,阿尔迪亚尔学派还为罗马尼亚文学语言的发展创造了一个有利环境。长期以来,罗马尼亚各公国文化领域的论著多为编年史书或者家信,鲜见文学作品。布达伊-德列亚努于18世纪初所撰写的《茨冈史诗》思想自由先进,故事情节动人,语言通达简练,无论从语言形式还是从思想内容上看,均是一部具有较高艺术审美价值的文艺作品,在罗马尼亚文学史上具有非凡意义。阿尔迪亚尔学派主要通过翻译、汇编或者模仿的方式进行道德教化,宣传启蒙思想。然而,布达伊-德列亚努的这部作品以茨冈人的解放为主题,在充分反映当时启蒙思想的同时,充分证明了罗马尼亚语的诗学价值,让后世见识到了罗马尼亚语在文学创作上的可能性。

3.3 推动罗马尼亚语言文化共同体的构建

如前文所述，当时广大罗马尼亚族人在日常生活中普遍使用罗马尼亚语进行交流，但是书面罗马尼亚语的发展较为滞后，关于罗马尼亚语的本体研究也远落后于其他罗曼语族语言。整体而言，三个公国的罗马尼亚族人对罗马尼亚语的语言认同感不强，各自使用地区方言，语言生活较为割裂。在这一历史背景下，阿尔迪亚尔学派的文化活动对推动构建罗马尼亚语言共同体起到了巨大作用。

首先，阿尔迪亚尔学派通过论证罗马尼亚语的拉丁起源，加强了罗马尼亚人的民族语言和民族文化认同。长期以来，达契亚地区远离主流罗曼文化区，如同漂浮在斯拉夫海洋中的拉丁孤岛。罗马尼亚语如同一个失怙的拉丁孤儿，在一个陌生多样的巴尔干环境里，受先天和后天因素交织影响，形成了一种特殊性格。（张明明，2018）阿尔迪亚尔学派从语言本体出发，将罗马尼亚语和拉丁语的词汇和语法结构进行对比研究，识别出语言中的非拉丁元素，如抽丝剥茧一般，科学地论证了罗马尼亚语的拉丁起源，为罗马尼亚语找到了法语、意大利语、西语和葡语等其他罗曼语姊妹。罗马尼亚语的拉丁起源，以及姊妹语创造出的辉煌文化，无一不向处于弱势地位的罗马尼亚人证明，罗马尼亚语是一门高贵且美丽的语言，可以像法语、意大利语一样，发展出灿烂的文化和文明，在心理层面加强了罗马尼亚人的民族语言文化认同感。

其次，阿尔迪亚尔学派办学讲课，促进了罗马尼亚语言文化在三个公国的普及和传播。欣卡伊在特兰西瓦尼亚公国开办了 300 多所用罗马尼亚语进行授课的学校，培养出了众多民族知识精英。与此同时，在另外两个公国，一些知识分子也在阿尔迪亚尔学派的熏陶下致力于兴办教育，用罗马尼亚语进行科学文化知识普及。拉泽尔（Gheorghe Lazăr，1779~1823）率先在瓦拉几亚公国用罗马尼亚语开展自然科学和人文教育。他不仅用罗马尼亚语讲授数学、地理、历史和其他自然科学，还按照康德的理念讲授现代哲学（杰奥尔久，2016）阿萨基（Gheorghe Asachi，1788~1869）则在摩尔多瓦公国创办了多所罗马尼亚语学校，极大地促进了罗马尼亚语教育的发展。这些学者用自身经验证明，使用罗马尼亚语也可以讲授深奥的科学和哲学知识，罗马尼亚语同样蕴含着科学性与现代性。

最后，阿尔迪亚尔学派通过论证罗马尼亚民族的罗马起源，培养了罗马尼亚人的民族意识，从而促进了罗马尼亚民族语言的统一进程。在中世纪的特兰西瓦尼亚，当局将罗马尼亚人视作"被容忍的"，而非一个与匈牙利族、萨斯族和塞库伊族平等的民族。根据匈牙利的史学著作，匈牙利部落在进入特兰西瓦尼亚时没有看到任何罗马尼亚人的踪迹，罗马尼亚人是"后来者"，因此不应有任何权利主张。阿尔迪亚尔学派从历史学的角度对此进行了批驳，从罗马帝国对达契亚的占领入手，不遗余力地去论证罗马尼亚人是罗马人和土著达契亚人的后代，世世代代生活在达契亚土地上，应当被视作一个民族来对待。这些论述对罗马尼亚语的影响并未立即显现出来，但不可否认的是，它们对罗马尼亚人民族意识的觉醒起到了决定性作用，为后续以罗马尼亚人为主体民族的三个历史公国的统一奠定了思想和舆论基础。换言之，为后来罗马尼亚民族语言的统一打下了重要基础。

综上所述，阿尔迪亚尔学派通过尝试创制拉丁字母书写系统、制定正字法、出版语言学专著以及编撰罗马尼亚语辞书，科学地论证了罗马尼亚语的拉丁起源，系统地研究了罗马尼亚语法结构，规范了罗马尼亚书面语言的发展，推动了罗马尼亚语言文化共同体的构建，为罗马尼亚语现代化做出了重要贡献。

参考文献

[1] Călinescu G. Istoria literaturii române - de la origine până în prezent[M]. București: Editura Minerva, 1982.

[2] Constantin C D. Gramaticile școlii ardelene[J]. the challenges of communication, 2018:147-152.

[3] Draica D. Școala Ardeleană și lupta pentru unificarea limbii și instituirea ortografiei românești（cu referire la Ion Budai-Deleanu, 1760-1820）[J]. Limba Română, 2014, 224.2:168-175.

[4] Felecan O, Felecan N. Romanitate și românitate la reprezentanții Școlii Ardelene[J]. Limba Română, 2017, 241.5-6:69-79.

[5] Grecu V. Idealul integrării culturale europene în preocupările lingvistice ale Școlii Ardelene[J]. Philologica Banatica, 2010, I:169-178.

[6] Moraru A V, et al. Şcoala Ardeleană şi latinismul[J]. Caiete de Antropologie Istorică, 2019, 34:135-143.

[7] Nuţiu, F E. Contribuţia Şcolii Ardelene la dezvoltarea limbii române literare[J]. Libraria: Studii şi cercetări de bibliologie, 2004, III:24-37.

[8] 董希骁. 罗马尼亚国家语言能力研究 [M]. 北京：外语教学与研究出版社，2021.

[9] 冯志臣. 1780—1867 年间的罗马尼亚文学 [J]. 国际论坛，1998（3）：12.

[10] 冯志臣. 罗马尼亚文学 [M]. 北京：外语教学与研究出版社，1999.

[11] 冯志臣. 罗马尼亚语通论 [M]. 北京：社会科学文献出版社，2012.

[12] 孔寒冰. 东欧史 [M]. 上海：上海人民出版社，2010.

[13] 波普. 罗马尼亚史 [M]. 林亭，译. 北京：中国人民大学出版社，2018.

[14] 杰奥尔久. 罗马尼亚现代文化史 [M]. 董希骁，译. 北京：外语教学与研究出版社，2016.

[15] 张明明. 沿承与新变：拉丁语与罗马尼亚语渊源考论 [M]. 北京：学苑出版社，2018.

罗马尼亚语中的温度隐喻研究

罗马尼亚布加勒斯特大学　赵　欣

摘要：隐喻为解释语言的认知基础提供了一个新的视角。虽然不乏各国学者对不同语言中颜色、人体、动物等隐喻的研究，但相比较而言，针对温度隐喻的研究很少。本研究揭示在罗马尼亚语中温度域这一源域映射了八个目标域，同时，作者还从隐喻的体验特征出发，探讨了其认知动因。

关键词：罗马尼亚语；温度隐喻；中心概念；目标域；认知体验

1　引言

隐喻是人类语言发展的重要元素，因而各种语言中都有隐喻表达。隐喻不仅表现在语言中，而且体现在人类的思维和行为中。如果概念系统是隐喻性的，那么人类的思维和行为方式以及日常行事就都与隐喻密切相关。概念隐喻作为人类的一种重要的想象机制，是指通过理解一个概念域（即源域）来理解另一个概念域（即目标域）。根据莱考夫和约翰逊（Lakoff、Johnson，1980/2003）的研究，人类的概念、活动和语言大多是通过隐喻组织起来的。

温度作为与人类生活密切相关的一个普遍概念，人类对它的认知从很早以前就开始了。虽然许多研究人员使用隐喻来解释语言的认知本质，例如颜色、身体和动物隐喻，但对温度隐喻的研究相对较少。尽管如此，还是有一些国内外的研究人员从不同的角度研究了温度域的概念隐喻。科韦塞斯（Kövecses，2000）认为在英语中，"意象'高温（heat）/火（fire）'在表示'热（hot）'的意思时，会出现在形容'愤怒（anger）、情爱（love）和欲望（lust）'的表达中"；而"暖（warm）-冷（cold）"作为源域，分别隐喻"乐（happiness）和悲（sadness）"。戴尼南（Deignan，2005）以自己之前的一次基于语料库的研究为基础，从语义场的角度，分析了在英语中"等级反义关系'热-冷（hotcold）'、'温-凉（warm-cool）'以及近义词'热-温'、'冷-凉'"映射到情感这一目标域的情况，发现这些语义关系并没有完全映射到情感目标域中。高航和严辰松（2008）分析了在汉语中，"热"、"暖"、"凉"和"冷"通过八类概念隐喻构筑了汉语中的一些抽象范畴。任晓艳（2006）认为在现代汉语中，"温度感觉词"这一词群的形成基础是"'冷'、'凉'、'温'、'热'"这四大"基本温度感觉词"；通过分析他们的词义内容，得出结论：他们的词义引申过程均遵循"温度现象→生理感觉→心理感觉→抽象概念"这一顺序。这些研究从不同的角度揭示了温度概念隐喻的各方面特征。覃修桂和李颖杰（2014）、覃修桂和高旗（2017）先后发现，由三级层次组成的温度域概念隐喻系统存在于英语和汉语中，因而将对于隐喻系统的研究又向前推进了一步。

本研究通过定性分析法和归纳法，分析了罗马尼亚语中的温度隐喻及其所投射的抽象概念域，讨论了不同的目标域。本文采用的语料库包括DEX（《罗马尼亚语释义词典》，2016年）、《罗马尼亚语表达大词典（2011年）》以及《当代罗马尼亚文学语言词典（1955—1957年）》。

2 温度隐喻投射的抽象概念域分析

在《罗马尼亚语释义词典》网络版的网站（dexonline.ro）中，"温度（temperatură）"一词的定义如下：①"用于表征环境、身体等加热状态的物理量"；②"动物体的恒定生理状态，代表热量产生和热量损失之间的平衡"；③"作为一种病理症状的人体温度升高；发烧"。虽然"温度"的意思并不复杂，但温度域概念的深层结构却并不简单。

在长期的生活实践中，人类感知体验到自身的体温与环境的温差、人体体温和外界温度的冷热程度变化，从而形成了"热、温、凉、冷"四个概念，他们之间具有层级关系且相互间能够转化。以"fierbinte（热）","cald/ căldură（暖）","rece/ a răci（冷）", 以及"răcoros/ răcoare/ a răcori（凉）"作为罗马尼亚语中温度域的四个核心概念，温度域这一源域在罗马尼亚语中存在以下八种目标域的映射。

2.1 健康

人类作为恒温动物，在正常情况下保持着相对稳定的体温，然而人的体温通常会受到其自身状况和环境温度的影响。简而言之，不少疾病都伴随着人体内的热量和外界热量不平衡的现象。因此，温度的变化可以隐喻人类的健康状况。这里源域是温度域，目标域是生理疾病（参见示例①）或心理病态（参见示例②）乃至死亡（参见示例③和④）。

① a lua cu cald 发烧。
② a avea căldură la cap 说胡话，说梦话；胡说八道。
③ a-l pupa mă-sa rece (arg.; vulg.) 死亡；被杀死。
④ a muri de glonțul rece（戏谑）开枪打死；在可疑情况下死亡。

2.2 强度

根据物理学定律，物体温度的升高一定是由于它吸收了外界热量，或者是因为外界对其做功使该物体的内能增加。因此，温度在语言中经常被用来解释与力量相关的情况。强度可以通过实施某一行为所花费的力量大小来衡量：强度越大，承受行为的物体积聚的能量越大，温度因而升高。这里的目标域是某一行为实施强度的大小。"fierbinte" 和 "cald/ căldură" 均能体现强度大，例如：dragoste fierbinte（炽热的爱）；a cânta cu glas fierbinte（高声歌唱）；以及 Te-am iubit cu dor ferbinte（我无比渴望爱你）。对于 ghiulea caldă (la toxicomani) 这一罗马尼亚语的表达，"caldă" 可以理解为较高的量（毒品量），相当于高强度的注射，所以这个表达的意思是"注射毒品过量"。

2.3 颜色

心理学研究表明，不同的颜色会引起人体不同的生理反应。鲜艳明亮的色彩会使人产生兴奋和激情。当人们接触这些颜色时，人体的血液循环会加快，体温会升高。culorile calde（暖色）给人以活力、温暖和舒适；而 culorile reci（冷色）和 culorile întunecate（暗色）则产生相反的效果。温度隐喻以此映射到视觉域，更准确地说，投射在色调域。在 un roșu fierbinte（鲜艳的红色）这个例子中，"fierbinte" 意味着颜色的鲜艳。

2.4 效用和吸引力（Interese）

在罗马尼亚语中，"interes"这个词有很多含义，其中两个是（1）优势、效用、收益、利润（avantaj、folos、câştig、profit），以及（2）具有吸引力，能吸引注意力；吸引力（ceea ce atrage、trezeşte atenția、atracție）。

（1）效用（Folos）。如果人实施的行为产生了效果、付出的努力收获了回报，一种满足感会使得人的体温上升（见例⑤）；反之，如果徒劳无功，人就会情绪失落，反映在人体温度上则表现为体温下降（见例⑥）。在例⑦中，无根据的幻想虽然让人快乐，但最终脱离现实，实现的可能性为零，所以毫无用处。

⑤ a-i ține cuiva cald（或 de cald) 有效用。

⑥ a-şi răci gura degeaba（或 în zadar, de pomană, de-a surda) 说无用的话；徒劳地坚持。

⑦ a îmbăta (pe cineva) cu apă rece 让某人抱有不切实际的幻想。

（2）吸引力（Atracție）

正如人们在寒冷的环境中倾向于聚拢到有热量的地方一样，人们在面对喜欢和关心的人或事的时候，往往也会投入更多的注意力。因此，人体会随着注意力的变化而产生相应的反应。当一个人面对吸引自己的人或事时，人体会产生大量的能量，于是体温上升。"fierbinte"和"cald"均可以表示事物具有吸引力，例如：subiect fierbinte（热门话题），a se vinde ca pâinea caldă（产品热销）。相应地，"rece"隐喻某事物或某人无法引起任何人的注意，人们没有动力去关注它/他。以下表达均有"态度冷漠、漠不关心"之意。

a nu-i fi（或 a nu-i ține) nici de cald, nici de rece 漠不关心

a lăsa (pe cineva) rece 没有印象，漠不关心

a nu-i fi (cuiva) nici cald, nici rece（或 a nu-i face (cuiva) nici cald, nici rece 或 a nu-i ține (cuiva) nici de cald, nici de rece) 漠不关心，不感兴趣

nu-mi face nici/ nu-mi ține nici de cald, nici de frig 我不关心；对我毫无用处

在下面的例⑧中，când cald, când rece 隐喻人"有时注意，有时不关心"，表示一种犹豫不决或者易变的态度。

⑧ a scoate（或 a sufla, a-i ieşi) din gură când cald, (şi) când rece。

2.5 物（肌）体的动态/活跃程度

根据物理学规律，温度与分子的热运动成正相关：温度越高，分子越活跃。因此，"fierbinte"（见例⑨）和"cald"（见例⑩）/"căldură (或 călduri)"（见例⑪）可以隐喻人或事物的状态活跃，而"a răcori"（见例⑫）和"rece"（参见示例⑬、⑭和⑮）可以隐喻人或事物的状态不活跃、平静。

⑨ punct fierbinte 沸点

⑩ bate fierul cât e (或 îi) cald 抓住机会；不拖延立即要做的事情

⑪ a intra în călduri 动物进入发情期

⑫ a-și răcori inima (或 sufletul) 开诚布公从而减轻挖苦和道德折磨

⑬ a sta cu picioarele în apă rece (fam.) 长久地沉思

⑭ (cu) sânge rece 没有感情；镇定，安静

⑮ (a judeca) la rece 不带成见地判断

2.6 性格

生理感官的舒适常常能引起心理感觉的愉悦。与品格好（caractere bune）的人相处让人仿佛置身于温暖的环境中，身心愉悦。因此，"cald"隐喻优良的品格（caractere bune），见例⑯：

⑯ (a fi bun) ca pâinea (或 pita) caldă 形容一个人心灵很美

而与品格劣质（caractere rele）的人相处时就好比处于一个寒冷（rece）、令人身心不适的环境中。因此，"rece"隐喻低劣的人品（caractere rele），例如：a se întrece în apă rece（放肆，厚颜无耻）。

2.7 情绪

众所周知，人在情绪出现波动或者情感发生变化的时候，身体会产生相应的反应。例如，当一个人害怕某事或者受到惊吓时,会身体发僵、打寒战甚至发抖，这是因为他的体温降低了；相反，当一个人听到好消息时，会变得兴奋，体温也会随之升高。因此,温度隐喻的隐喻义正是其能够表达人类情感的原因。"cald"可以隐喻"热情"、"友好"等类似情感，例如 *cuvinte calde*（温暖的话语），*privire caldă*（温暖的目光）；而"rece"，"a răci"和"răcoare/răcori"则可以隐喻"害怕"、"颤抖"等情感。见以下示例：a-i fi (cuiva) inima (tot) rece；a-i trece (cuiva) rece prin inimă（或 prin spate）；a-i trece (cuiva) un şarpe rece prin sân （或 prin inimă）；a i se（或 a-i）răci (cuiva) inima；a-l lua (pe cineva) cu răcori；a-l trece pe cineva (toate răcorile)；a (se) băga în răcori [或 în toate răcorile sau a-l trece (toate) răcorile]；a se lăsa (cu) răcoare。

2.8 危险

在日常生活中，对温度的感知是人类生存的一大基础。过于"热"或者"冷"的场所会让人感到不适或危险。基于这种关联，人们采用直接感知的身体温度体验去概念化困难、危险的处境或难以处理的事物。"răcoare"能隐喻"入狱"（见示例⑰、⑱、⑲ 和 ⑳），而 "căldură" 可以隐喻"被抓住"（见示例 21）。

⑰ a fi la răcoare (sau la gros, la mititica, la pârnaie)

⑱ a sta (a băga etc.) la răcoare (fam.)

⑲ la răcoare (sau,rar, la răcoareală) (fam.)

⑳ la răcoreală (fam.; rar)

㉑ a intra în căldură

结语

温度是将世界概念化的一个重要因素。隐喻源自生活体验，对温度概念的理解与人类的体验有关。在人类接触环境的过程中，温度会激起人类最直接的感受，这就为解释语言中存在的以温度为源域的众多主观表达提供了一个途径。本文探讨了罗马尼亚语中温度域这一源域映射到八个目标域（健康、强度、颜色、效用和吸引力、物（肌）体的动态/活跃程度、性格、情绪和危险）的具体情况，概括出了一些规律，并尝试解释了这些规律背后的认知动机。

罗马尼亚语中的温度隐喻大体上符合人类认知经验的一般规律，然而，作者发现有极少数的罗马尼语表达无法用本研究得出的规律来解释。比如：(Glumeț) *Cald nemțesc*（意为害怕），具体原因有待进一步探讨。

参考文献

[1] Deignan A. Metaphor and corpus linguistics[M]. Amsterdam/Philadelphia:

John Benjamins Publishing, 2005.

[2] Kövecses Z. Metaphor:A Practical Introduction[M]. Oxford/New York: Oxford University Press, 2010.

[3] Lakoff G, Mark J. Metaphors We Live By[M]. Chicago/London: The University of Chicago Press, 2003.

[4] 高航，严辰松. 汉语温度图式所衍生的概念隐喻 [J]. 四川外语学院学报，2008(2): 7-12.

[5] 任晓艳. 现代汉语温度感觉词研究 [D]. 济南：山东大学，2006.

[6] 覃修桂，高旗. 意象图式及概念隐喻的哲学认识论意义——以汉语温度概念域为例 [J]. 中国外语，2017(2): 45-53.

[7] 覃修桂，李颖杰. 英语温度域的意象图式及其隐喻系统 [J]. 当代外语研究，2014(6): 70-75.

俄罗斯智库对十八大后中国社会发展的主要观点

战略支援部队信息工程大学洛阳校区　金　华

摘要： 党的十八大以来，在以习近平同志为核心的党中央领导下，中国在社会民生发展方面取得了世界瞩目的成就，也引起了俄罗斯智库的广泛关注，并对中国城镇化、扶贫、生态文明、人口、军民融合等问题给予重点关注，以期将其中经验应用于本国相关领域建设。

关键词： 十八大；社会民生；俄罗斯智库；分析

党的十八大以来，在以习近平同志为核心的党中央的领导下，中国在社会民生发展方面取得十分辉煌的成就。惠民政策实施力度不断加大，精准扶贫的措施取得了巨大历史成就。养老金"十三连涨"，农村低保增幅超过 GDP 增长速度，教育、医疗惠民暖心的举措接连出台，建立城乡居民大病保险制度。交通领域也在飞速发展，目前我国的高速铁路无论从规模、运行速度还是知识产权的自主度来说，都领先世界。此外，各种新兴业态层出不穷，"互联网+"产业蓬勃发展，成为扩大就业、促进增长、维护社会稳定的利好因素和推动我国经济发展的重要力量[①]。

俄罗斯智库专家对城镇化、扶贫、生态文明、人口、军民融合等中国社会的重点问题十分关注，目的是研究中国经验，解决本国相关问题。下文我们分别梳理俄学者对相关问题的阐述和分析。

1　关于中国的精准扶贫政策

贫困问题一直是人类社会发展中所面临的一个十分复杂的社会经济问题，

---

① 新华社, 党的十八大以来社会发展建设成就综述 [EB/OL]. (2017-10-03) [2022-07-25]. http://www.gov.cn/xinwen/2017-10/03/content_5229426.htm.

贫困分为绝对贫困和相对贫困。绝对贫困又叫生存贫困，是指在一定的社会生产方式和生活方式下，个人和家庭依靠其劳动所得和其他合法收入不能维持其基本的生存需要，这样的个人或家庭就称之为贫困人口或贫困户[1]。2015年中共十八届五中全会提出要在2020年彻底消除绝对贫困的目标。根据中国2018年发布的白皮书，改革开放40年中国贫困人口减少超过8.5亿，对世界减贫贡献超过70%[2]，这得益于改革开放政策造就的强大的经济实力，为减少和消除贫困提供了坚实的物质基础。

党的十八大以来脱贫攻坚取得了重大决定性成就，我国农村贫困人口从2012到2018年累计减少了8239万人，贫困发生率从10.2%下降到1.7%，建档立卡贫困村从12.8万个减少到2.6万个。此外，深度贫困地区的脱贫攻坚步伐不断加快，精准扶贫举措继续落地落实，东、西部扶贫协作和中央单位定点扶贫强力推进，脱贫攻坚工作中投入保障更加有力，作风建设和干部培训成效明显，考核监督进一步完善[3]。

俄罗斯学者博尼（Бони Л.Д.）认为，十八大后中国减贫行动之所以取得巨大成就，起决定性作用的还是习近平提出的精准扶贫模式（Бони，2020）。

博尼认为，中国采取的新的扶贫政策即精准扶贫主要是因为贫困性质发生了变化，旧的扶贫政策模式已经不能满足新的形势要求具体有以下几个原因：

第一，中国梦的第一个百年奋斗目标，即到2020全面建成小康社会这一战略规划日期迫近，必须加快落实消除贫困这一"底线任务"。

第二，改革开放让中国经济高速增长，也产生居民收入差距过大的社会分层现象。

第三，GDP增速放缓要求中国转变经济模式，扶贫工作也要寻找新路径。

正是基于以上考虑，习近平在十八大后赴湖南考察期间，首次提出了精准扶贫的思想和"两个不愁、三个保证"的具体目标，要求在实施扶贫战略过程

---

[1] 百度百科. 贫困线 [EB/OL]. [2022-07-25]. https://baike.baidu.com/item/绝对贫困/8515695?fr=aladdin.

[2] 汪青松. 中国特色脱贫攻坚制度体系的世界贡献 [EB/OL]. (2020-01-16) [2022-07-25]. http://theory.people.com.cn/n1/2020/0116/c40531-31551545.html.

[3] 中国政府网. 党的十八大以来脱贫攻坚取得重大决定性成就 [EB/OL]. (2019-02-20) [2022-07-25]. http://www.gov.cn/xinwen/2019-02/20/content_5367135.htm.

中做到"六个坚持"。

俄专家认为,十八大后的扶贫工作取得历史性胜利,首要的是坚持党的领导,突出基层党组织和党员干部的作用。博尼指出,习近平的"精准扶贫"政策和以往政策相比,主要有以下几个不同点:① 对贫困和扶贫问题不再泛泛而谈;② 从实际出发定向开展工作,明确致贫的具体原因;③ 提出具体目的,采取具体措施(如异地搬迁、提高教育、发展生产、改善社保等),并力求达到具体成果。这些都要求扶贫干部全盘考量具体情况,创造性落实扶贫措施(Бони,2020)。

博尼还指出,中国的扶贫工作中,非常注重动员、鼓励社会力量参与,各方一起努力。但是,国家帮扶仍然占据主导地位,扶贫资金主要来源于中央财政的专项资金和国有银行。比如,中国农业发展银行(简称农发行)在其中扮演了极其重要的角色。农发行作为扶贫攻坚的主力军,成为扶贫资金的主要来源。此外,农发行还制定、落实一系列脱贫政策,比如对地方经济提供优惠贷款,帮助贫困居民脱贫,并授之以渔地助其不断提高自身生活水平。农发行还对教育、基础设施等领域进行精准帮扶,促进经济转型,创造就业岗位,帮助提高贫困人口的文化水平,助力城镇化进程(Сербина,2020)。

还有俄专家指出,中国减贫、脱贫工作各项政策之所以顺利实施,得益于有一套非常完善的扶贫工作指挥和监督机制。博尼指出,中国扶贫的组织指挥机制具有层级性、系统性,同时服从中央的统一领导。总体来说就是中央组织协调,各省负总责,市区县负责在基层具体实施,这种机制非常顺畅、高效。此外,中国的审计和监察体系不断加强对扶贫工作、扶贫资金的监管,也为脱贫工作提供了可靠保障。再次,中国科学界也为扶贫贡献智慧(Бони,2020),提出建立扶贫工作的区分性管理体系、贫困动态监测机制及一系列精准扶贫的可行性建议。

2 关于中国的城镇化进程

中国城镇化和世界平均水平大致相当,但真正的"人的城镇化"只有34%

左右，质量亟须提高，同时更需要加强顶层制度设计①。所以，城镇化是党中央推动经济发展和城乡统筹的重要举措，是事关缩小城乡二元鸿沟、促进百姓安居乐业的大事。党的十八大以来，有序推进农业转移人口市民化、提高城市综合承载能力、推动机制体制创新等政策不断落地，中国城镇化的质量不断提高，成为推动经济健康发展的引擎②。

俄罗斯智库也对中国的城镇化政策比较关注，对过程中城市建设、土地市场作用、社会结构转变、城镇化与创新发展关系、城镇化的一些负面效应等做了研究。

远东联邦大学学者费久科(Федюк Р.С.)等人在谈到中国城镇化中的城市建设时认为，当前中国城镇化的重点是要形成三个巨型城市群：长三角、珠三角和京津冀。快速的城镇化建设让很多中国城市的面貌发生了根本的变化，城市环境变得更加具有"区分化"，满足不同居民群体的诉求和利益。他认为，中国政府在城镇化中的主要任务就要是要构建中国特色的"世界大都市"，这一角色主要由上海来承担（Федюк、Мочалов、Ильинский，2013）。中国城市群发展的特点就是各种资源的整合（Погулова，2013）。

俄学者认为，中国的城镇化近几年发展迅速的因素主要包括以下几点：经济因素（经济稳定发展、高科技应用、交通基建发展）、社会因素（居民生活水平提高、城市化和教育水平提高）、人口因素（农村生产力提高造成劳动力过剩）、行政因素（城市边界扩大）、外部因素（外商对城市投资力度增大等）。

此外，在谈到中国城镇化迅猛发展的原因的时候，俄罗斯科学院远东所教授博尼认为，中国特有的"土地财政"在其中发挥了极其重要的作用。土地财政是中国近几十年来经济发展的主要模式，也是GDP增速的重要支撑。（Бони，2016）城镇化过程中，土地财政营造了良好的经济发展氛围和投资环境，这也成为刺激发展的主要手段，土地收入和土地资本化带来的税收也让地方政府在吸引投资时更加灵活。所以，利用土地来吸引资金，保证中国工业化和城镇化

---

① 新华网.人城镇化只有34%　城镇化需加强制度顶层设计 [EB/OL]. (2013-11-08) [2022-07-25]. http://news.lfang.com/newhouse/70/0101/2031/20130125660.html.

② 中央政府门户网站.党的十八大以来城镇化和统筹城乡改革述评. [EB/OL]. (2013-11-07) [2022-07-25]. http://www.gov.cn/jrzg/2013-11/07/content_2523512.htm.

的高速发展，提振了地方经济。

2013年以来，中国的土地政策开始改变，也包括征地措施，如降低征地规模、提高土地补偿等。博尼认为，虽然目前中国经济转型期GDP增速逐渐放缓，但中国又在不断提出新的经济发展宏伟蓝图，这说明中国"土地财政"不会取消，而是会不断完善。毕竟，短期内很难找到其他资金来支持不断走向深入的现代化建设（Бони，2016）。

中国的城镇化发展由政府主导，服务于国家的整体发展战略。萨利霍夫（Салихов Б.В.）等人指出，通过建设新的城市和城市群，中国政府得以逐步解决地区发展不均衡、贫困、各地区创新发展差别大等问题。城镇化被中国政府当作刺激区域发展的工具，城镇化和创新发展密不可分，城市创新集群在中国经济发展中的作用越来越大（Ерохин、Салихов，2019）。目前，阻碍中国城市创新发展的一个主要障碍就是知识产权保护还需提高，2013年中国知识产权保护指数在世界仅排在第29位（Тюрина、Гаффорова，2014），这也是未来中国政府亟须改善的短板。

有学者指出，中国城镇化虽然取得了巨大成就，但也出现了问题。个别地区由于过度炒作房产，导致大量房市泡沫，由此出现了不少入住率极低的"鬼城"。未来，中国现代化建设和城镇化发展在很大程度上取决于中国政府如何克服"炒房"这一顽疾（Погудина，2014）。

3 关于中国的生态文明建设

党的十八大提出加强生态文明建设，近十年来，"美丽中国""绿水青山就是金山银山"等理念深植人心，顶层设计和制度建设齐头并进，生态文明写进宪法。治污效果明显，生态治疗持续改善，绿色发展亮点不断，各级政府的治理能力不断提升[①]。可以说，生态文明建设正在不断促进中国经济的高质量发展。

中国政府将生态文明纳入国家发展的大战略中，力求从根本上解决环境问题，多项措施并举，比如保持经济发展和环保之间的平衡、修改环保法、新兴

---

① 新华社. 党的十八大以来我国生态文明建设成就综述 [EB/OL]. (2018-05-22)[2022-07-25]. http://www.wenming.cn/specials/zxdj/19d/11vv_/201805/t20180522_4694978.shtml?from=singlemessage.

绿色产业、研发创新科技、工业大规模西迁等。俄专家认为，在同步推进经济、政治、文化和社会发展进程中，中国领导高层并没把 GDP 数据作为唯一优先选项。当前，中国对环境保护投资越来越多，越发深度融入国际环保进程，这说明中国政府在环保问题上态度越来越坚决，正在努力探求可持续发展的新路径（Кранина，2016）。

中国政府之所以如此重视生态文明建设，源于过去几十年间经济发展导致的环境污染问题十分严重。2018 年全国空气质量达标城市虽较 2017 年相比增长 6.5%，但不达标城市仍居大多数，水体污染情况也不容乐观。此外，中国经济发展的单位能耗量也是世界平均水平的 1.5 倍。

建设生态文明，根本上讲是一个系统工程，要求摒弃单一的发展观，建立新的和谐发展观和城市与社会共生观，不断提高居民的环保意识。有俄罗斯学者认为，中国的生态文明建设过程中需要解决三个主要问题：① 经济发展需求和环境保护之间的冲突；② 不断发展的城镇化进程和农村改造之间的冲突；③ 青年一代的环保意识教育问题（Бальчиндоржиевева，2017）。

首先，当前可持续发展和建设生态文明对中国社会十分重要。生态文明和绿色、可循环及低碳经济等概念密不可分，也和工业化与可持续之间的平衡密不可分。中国经济发展存在东西差异问题，东部沿海地区的工业化基本完成，而西部地区的工业化和生态文明建设水平还很落后，这也是阻碍中国生态文明建设的一个重要短板。其次，生态文明是城镇化发展的一个新阶段，要将生态文明建设融入城镇化全过程[1]。这意味着发展基础设施、改善社会服务、缩小城乡收入差距、提高农村人口的文化水平、进行农村改造。保护环境和改造农村要结合起来，这一点非常重要，有助于消除之前牺牲农村发展城市的政策所产生的失衡现象。此外，培养年轻一代的环保意识也非常重要。青年人可以通过参加环保活动等社会实践，或者参与研发、使用环保创新技术来提高保护环境的认识和能力。

虽然俄专家对中国生态文明建设普遍持积极看法，但也有学者持不同观点，认为中国的生态文明建设对俄罗斯可能是一个挑战，会给俄罗斯带来经济、社

---

[1] 周应军．把生态文明建设融入城镇化全过程 [EB/OL]．(2013-01-11) [2022-07-25]．http://theory.people.com.cn/n/2013/0111/c49154-20167324.html．

会和生态风险。中国和俄罗斯目前在森林利用、能源和金融方面广泛开展合作，尤其是自然资源合作涉及西伯利亚、远东和贝尔加等俄罗斯生态比较脆弱的地方。中国推行生态文明建设，虽然可以给俄罗斯带来发展机遇，但也可能加剧中俄生态资源之间的不平等交换。毕竟，中国会逐步减少国内森林等自然资源的开发和消耗，转而更多从俄罗斯进口。俄学者认为，要解决这个问题，就必须要对协调国际经济关系的国内机制做出调整，对外商投资俄自然资源项目从关注数量转向关注质量（Глазырина、Симонов，2015）。

总体来说，虽然中国建设生态文明任重道远，但俄罗斯学者普遍持乐观态度。他们认为，基于习近平的个人执政风格、中国共产党的执行力和中国传统儒家文化，有理由相信：轮廓逐渐清晰的中国生态文明建设不会是一场"突击"运动，也不会是一场"海市蜃楼"（Ушаков，2019）。

4 关于中国的军民融合战略

党的十八大以来，我国军民融合不断开拓新局面。融合发展的顶层设计不断突出强化，具体政策频繁出台，军民融合产业蓬勃发展，成为国家战略的组成部分，为国防建设和经济发展助力增色。军民融合发展总体而言有三个特点：① 形成全要素、多领域、高效益的军民融合深度发展格局；② 加快破除"民参军""军转民"壁垒；③ 高质量建设推动军民融合深度发展的"试验田"[①]。

俄学者认为，2017 年后，中国对军民融合越来越重视，并逐渐提升到国家战略层面，主要原因如下：

第一，中国军工企业科技水平长期落后于世界平均水平；第二，中国长期信奉"人民战争"理论，对战争中的科技因素重视不够；第三，军民融合是世界趋势，既可以提高军事技术实力，又可以提高民营经济的科研、技术和生成能力（Каменнов，2016）；第四也是很重要的一个原因，是中国和美国在科技领域的竞争不断加剧，为了突破军事科技发展的壁垒、对抗美国的压力，中国甚至在 2017 年专门成立了中央军民融合发展委员会。但同时，中国政府也注重发挥民营资本在军民融合发展中的作用。有俄学者认为，这种做法的原因有两个：

---

① 胡喆，谭元斌、吴文诩. 党的十八大以来我国军民融合发展成就综述 [EB/OL]. (2018-03-12) [2022-07-25] . http://www.81.cn/rd/2018-03/12/content_7969809.htm.

第一，可以提高国有军工企业的公司管理水平；第二，可以为国防和民用工业之间科技和科研人员的相互流动创造良好条件①。

还有学者认为，中国的军民融合目的是深化军工企业和民营企业在信息、科研、技术和生产领域的合作，这一进程服务于中国"创新型强国"的大战略，最终落脚点是在对资源合理分配利用的基础上，保障国家经济和军事实力的高质量增长（Каменнов，2018）。

俄专家认为，未来中国军事工业的着力点主要在以下几个方面：民用核能源、民用航空航天、高科技造船业、军民两用电子技术、高科技生产、安全保障和威胁预警设备等。未来，中国军民融合的深度和广度都会不断扩大，国防科技发展会继续和《中国制造2025》纲领进行深度对接，进一步提高中国的高科技生产能力，降低在核心科技和零部件领域对国外的依赖②。

虽然中国近年来在军民融合领域取得了巨大成就，但中国军工企业的发展仍然面临一些问题。有俄学者认为，这些问题主要包括：垄断仍然盛行，缺少竞争；订单执行速度不高，产品价格虚高，缺少质量监控；新型武器列装体系陈旧等（Каменнов，2016）。此外，由于中国经济进入"新常态"，GDP增速放缓，也会影响到国防开支，并进一步影响军工业和军民融合发展（Островский，2016）。

5 关于中国的人口问题

党的十八大以来，我国人口发展迈入新阶段。为应对我国老龄化现象，促进人口长期、均衡发展，以习近平同志为核心的党中央统筹人口与经济社会发展，完善生育政策，大力提升人口素质，扎实推进新型城镇化。总体而言，人口总量保持低速平稳增长；新型城镇化扎实推进，人口流动趋向合理有序；人口素质不断提升，从人口大国向人力资源强国转变③。

---

① Кашин. В.Б. Китайская оборонная промышленность на современном этапе[EB/OL]. https://russiancouncil.ru/2020s-china.

② The International Institute For Strategic Studies. The Military Balance 2017. [EB/OL]. http://samlib.ru/t/temezhnikow_e_a/mb2017.shtml#C6-R.

③ 统计局. 人口发展战略不断完善人口均衡发展取得成效 [EB/OL]. (2017-07-25) [2022-07-25]. http://www.gov.cn/xinwen/2017-07-25/content_5213292.htm.

俄学者认为，中国之所以对人口政策做出调整，主要是长期奉行的"只生一个好"的计划生育政策正在逐渐给中国社会带来负面影响，比如男女比例失调、老龄化严重，人口红利正在被消耗殆尽，给经济发展带来巨大挑战。尤其老龄化会给有劳动能力的居民带来巨大压力。随着老年人口增加，中国内需规模会下降，会丧失利用巨大国内市场刺激经济增长的机会（Ларионов、Чиркова、Ларионов，2015）。一旦经济疲软，失业率就会提高，生活负担加重，又会导致生育愿望降低，老龄化就会越发严重。

还有学者认为，中国的人口问题如果不解决，会导致出现"劳动力赤字"、退休人员增多、居民购买力下降等情况，这会极大影响中国的发展，甚至有可能触发金融危机。所以，中国政府需要进一步调整人口政策，同时大力和完善发展卫生、教育和社会保障体系，还需要兼顾世界经济发展趋势（Ищенко，2018）。

有俄学者对中国人口形势所可能产生的后果表达了忧虑。俄罗斯科学院社会经济问题研究所教授鲁班(Рубан Л.С.)认为，虽然中国老龄化严重，但中国城镇人口正在不断增多，这意味着中国经济对钢铁、能源、粮食等资源消耗会不断增加。出于能源安全考虑，中国必然会加大资源进口。而俄罗斯远东、西伯利亚很可能会成为中国的"能源附庸"，这会给俄罗斯带来潜在威胁（Рубан，2019）。

结语

我们可以看出，俄罗斯智库专家对中国社会民生领域主要政策的制定、实施、效果等指标的评估基本是正面的、客观的。但同时也有部分专家担心，中国改变发展模式会产生不良后果，并会波及俄罗斯。因此我们在制定国内政策时，要有国际视野，要对政策的国际影响尤其是对邻国的影响，进行审慎评估。

参考文献

[1] Бальчиндоржиевва О Б. Экологическая цивилизация Китая: проблемы и перспективы развития[J]. Вестник Бурятского государственного университета, 2017, (2):81-85.

[2] Бони Л Д. Рынок земли и его роль в урбанизации Китая[C]. Азия и

Африка сегодня. 2016, (11): 11-18.

[3] Бони Л Д. Китай: модель адресной борьбы с бедностью[C]. Экономика КНР в годы 13-ой пятилетки (2016—2020). Составитель П.Б. Каменнов, отв. редактор А.В. Островский. Москва, 2020: 57-79.

[4] Бони Л Д. Ликвидация бедности в Китае. Часть 1[J]. Проблемы Дальнего Востока,2020, (8): 8-12.

[5] Бони Л Д. Ликвидация бедности в Китае. Часть 2[J]. Проблемы Дальнего Востока,2020, (9): 10-17.

[6] Глазырина И П, Симонов Е А. «Экологическая цивилизация» Китая: новые вызовы или новые перспективы для России? [J]. ЭКО, 2015, (7):52-72.

[7] Ерохин А А, Салихов Б В. Характеристика особенностей взаимосвязи процессов урбанизации и инновационного развития в Китае[C]. Сборник «Развитие инновационной экономики: Достижения и перспективы», 2019:172-181.

[8] Ищенко О К. Демографическая проблема Китая как фактор развития риска финансового кризиса[C]. Сборник «Россия и Китай: История и перспективы сотрудничества». Благовещенск, 2018:364-366.

[9] Каменнов П Б. КНР: военно-гражданская интеграция[J]. Проблемы Дальнего Востока, 2018, (5):85-94.

[10] Каменнов П Б. Военно-промышленный комплекс КНР: достижения и проблемы[C]. Сборник «40 лет экономических реформ в КНР». Москва, 2020: 137-152.

[11] Кашин. В Б. Китайская оборонная промышленность на современном этапе[EB/OL]. https://russiancouncil.ru/2020s-china.

[12] Корсун О В, Михеев И Е. Социально-экономическое значение создания новых особо охраняемых природных территорий в российско-китайском приграничье[J]. Вестник ЗабГУ, 2014, (12): 129–137.

[13] Кранина Е И. Строительство «Экологической цивилизации» Китая. Тезисы докладов XXII Международной научной конференции. Российская академия наук; ФГБУН Институт Дальнего Востока Российской академии наук;

Научный совет РАН по проблемам комплексного изучения современного Китая. 2016:36-38.

[14] Ларионов АЛ В, Чиркова Е Н, Ларионов Анд В. Демографический вызов современному развитию Китая: проблемы и перспективы [J]. Вестник института экономической академии наук, 2015, (5):182-196.

[15] Литвиненко Т. В. Социально-экологические последствия трансформации использования природных ресурсов в восточной части России в постсоветский период[J]//Известия Российской академии наук. Серия географии, 2012,(5): 40–53.

[16] Мулдавин Дж. Использование городов для управления сельской местностью: альтернативная оценка Китайского национального доклада о человеческом развитие 2013[J]// Развитие и изменение,2014, (4): 993-1009.

[17] Островский А.В. Экономика Китая в 2014-2015 гг.: итоги 12-й пятилетки и задачи 13-й пятилетки[C]// КНР: политика, экономика, культура 2014-2015. М., 2016.

[18] Погулова Ю Ю. Трудовая миграция рабочей силы в процессе урбанизации после 1978 года[C]. Вестник Санкт-Петербургского университета, 2013, (2): 43-48.

[19] Погудина Ю Ю. Появление феномена «город-призрак» в процессе урбанизации Китая[J]. Вестник Санкт-Петербургского университета, Востоковедение и Африканистика, 2014, (2): 112-120.

[20] Рубан Л С. Демографическая ситуация в Китае и проблема экономической безопасности[C]. Сборник «Национальные демографические приоритеты: Новые подходы, тенденции». Москва, 2019:472-479.

[21] Сербина Е М. Вклад государственного банка развития сельского хозяйства Китая в борьбу с бедностью[J]. Проблемы Дальнего Востока, 2020, (6): 41-53.

[22] Тюрина Е А, Гаффорова Е Б. Инновационное развитие Китая: проблемы и пути решения[J]. Менеджмент и бизнес-администрирование, 2014, (3): 141-145.

[23] Ушаков И В. Экологическая цивилизация: Мечта или Мираж[J]. Проблемы Дальнего Востока, 2019, (S5-1):112-122.

[24] Федюк Р С, Мочалов А В, Ильинский Ю Ю, Евдокимова Ю Г. Урбанизация и строительство городов в Китае[C]. Россия и Китай: Проблемы стратегического взаимодействия. 2013(13): 45-54.

[25] The International Institute For Strategic Studies, The Military Balance 2017. [EB/OL]. http://samlib.ru/t/temezhnikow_e_a/mb2017.shtml#C6-R.

[26] 胡喆,谭元斌,吴文诩.党的十八大以来我国军民融合发展成就综述 [EB/OL]. (2018-03-12)[2022-07-25]. http://www.81.cn/rd/2018-03/12/content_7969809.htm.

[27] 汪青松.中国特色脱贫攻坚制度体系的世界贡献 [EB/OL]. (2020-01-16)[2022-07-25]. http://theory.people.com.cn/n1/2020/0116/c40531-31551545.html.

[28] 周应军.把生态文明建设融入城镇化全过程 [EB/OL]. (2013-01-11)[2022-07-25]. http://theory.people.com.cn/n/2013/0111/c49154-20167324.html.

◦ 欧亚语言与文化研究

俄罗斯数字经济发展：动因、现状及制约因素

上海外国语大学　郑洁岚

摘要：近年，俄罗斯推出了《俄罗斯联邦数字经济规划》以及相关的国家级项目，可以说将数字经济的发展提升至国家战略的高度。本文主要分析俄罗斯发展数字经济的动因、措施、现状及制约因素。

关键词：俄罗斯；数字经济；制约因素

1 俄罗斯发展数字经济的动因分析

俄罗斯国家高层深刻认识到数字技术是新一轮科技革命和产业变革的核心，对于俄罗斯国家前途命运和国际地位都有着决定性的意义。普京在不同场合将数字技术发展与19世纪末的铁路建设及20世纪的电气化发展相提并论，认为"席卷全球的新一轮技术浪潮将给国家带来巨大变革。这既是全球性的竞争和挑战，也是历史赋予的难得机遇。如能抓住机遇，在技术领域（尤其是人工智能领域）占据制高点，可使俄罗斯实现跨越式发展，在世界的地位显著上升。因此，在第四次工业革命初现端倪的2014年，普京就在年度国情咨文中明确指出未来10~15年俄罗斯要将"推动科技进步,确保俄罗斯成为世界技术领先国家"作为中长期发展任务。

俄罗斯国家高层清醒地意识到发展数字经济有助于推动俄罗斯经济发展方式转型，实现产业的转型升级和经济结构优化，有着极为重要的战略意义。俄罗斯领土广袤，自然资源丰富。然而正如"资源诅咒"理论所指出的，拥有丰富自然资源的国家往往容易对自然资源过于依赖而不注重平衡地发展其他工业部门，从长远角度来看，会导致其他行业领域出口竞争力下降，国家经济的结构失衡，从而不利于国家长远发展。根据进出口数据显示，俄罗斯能源出口占

出口总产值的比重为49.6%，经济长期以来过度依赖原材料尤其是能源出口，产业结构不合理，经济增长乏力，而经济发展以能源为重，又容易导致资源行业被寡头或小团体垄断，社会贫富分化严重。此外，随着2015年联合国气候变化大会通过《巴黎协定》，全球各国正致力于向清洁能源、可再生能源过渡，以应对气候变化的挑战。从长远来看，全球对石油等能源的需求会显著下降。如果俄罗斯不能完成经济结构调整，在可以预见的未来将面临出口下滑的严峻挑战。发展数字经济有助于推动俄罗斯经济从资源依赖型向创新驱动型转变，实现转型升级。2017年普京在直播连线节目中甚至用"没有数字经济就没有未来"来强调发展数字经济对于俄罗斯生死攸关的意义。

俄罗斯国家高层高度重视数字安全对于国家安全的影响，认为推进数字经济建设、高水平掌握相关技术有助于确保国家安全。新技术不仅为人类带来便捷，同时也会酝酿出新的风险。全球网络空间中存在大量对全球安全和国家主权具有威胁的潜在因素，一些不法分子和团伙也会在网络空间发动攻击以实现自身目的。普京曾用类似表述来阐明他对数字领域安全的重视——"数字技术事关俄罗斯的国家安全和独立""信息安全是当前国家安全最重要的领域""最重要的是必须确保人工智能领域的技术主权"。俄罗斯国际层面对于数字安全的重视在多份国家层面的纲领性文件中也都有所体现。2017年，俄罗斯联邦委员会正式批准了《关于俄罗斯关键信息基础设施安全》的第187号联邦法，强调俄罗斯信息领域网络安全的重要性，尤其强调要在关键的信息基础设施方面预防网络攻击。2021年《俄罗斯联邦国家安全战略》中则明确将信息安全列为国家安全的重要组成部分，强调要确保俄罗斯在数字经济领域的独立性，大幅降低外国服务器的使用比例，积极推动国产软件的研发和使用，保障个人、社会和国家免受信息安全威胁。

俄罗斯试图通过数字经济治理提升从政府到企业的服务能力和工作效率。普京在2016年年底的国情咨文中明确提出要大力推动数字经济发展，以信息技术来提升全行业效率。俄罗斯多位政府官员也曾表示，数字经济不仅推动IT领域本身的发展，而且将成为全社会公共服务和商业发展的基础设施。随着大数据的积累、算法的革新、计算能力的提升，以人工智能和机器人为代表的新一轮科技革命必将提升企业劳动生产率，推动全社会经济发展。而在政府层面，数字经济的构建也将有助于实现公共行政服务的公开、透明、高效、便捷，既能给民众带来便利，也能与腐败做斗争。

2 俄罗斯发展数字经济的现实举措

2.1 "IT"总理引领数字化改革

近年来，从国家总理这一关键岗位的人选就可以看出普京对数字经济发展的考量。据俄罗斯联邦宪法第111条规定，俄罗斯联邦政府总理由总统提名人选，需征求国家杜马同意。2020年1月15日，普京向国家杜马提名的米哈伊尔·米舒就是俄罗斯首位IT技术背景出身的总理。米舒斯京1989年毕业于莫斯科机床工具学院（现莫斯科国立工业大学），获得计算机辅助设计系统（CAD）专业学士学位和系统工程师资格证。随后他在该校继续攻读硕士学位，1992年硕士毕业。他曾热衷于创业，积极将西方先进信息技术引进到俄罗斯，组织了俄罗斯最大的计算机行业展览会。

进入公务员系统后，他曾在俄罗斯政府不同机构从事税务、房地产等领域的信息系统管理工作。他最突出的成就是担任俄罗斯联邦税务局局长期间，凭借其专业背景，成功引领俄罗斯税收工作进入数字化时代。他领导俄罗斯税务部门创建了数据中心，将全国各地分散的信息整合到了同一个信息系统中；引入了电子签名，推广了互联网纳税和咨询服务等等。通过推出一系列技术解决方案，俄罗斯公民和企业纳税变得便捷，大量中小企业和自由职业者无须花费时间精力跑税务机关也能合法经营。最重要的是，原本官僚、臃肿的税务部门转变成了运用先进国际经验的数字化先行者，大片灰色税收地带得以消除，税收腐败现象从源头上被治理。税收数字化改革令俄罗斯营商环境大有改善，财政收入也有所增加。正是由于米舒斯京在该岗位上的成绩令人瞩目，他成为新一届俄罗斯政府总理。上任后，他充满信心地表示将致力于推动政务服务数字化转型，打造一个开放、高效的政府，带领俄罗斯成为世界经济的领导者之一。①

2.2 国家级规划推动数字化发展

俄罗斯国家领导人通过出台了一系列国家级战略规划，将科技发展，尤其

---

① Сайт ТАСС. Мишустин: цифровизация госуправления поможет РФ войти в число лидеров мировой экономики. [EB/OL]. (2020-07-22) [2022-07-26]. https://tass.ru/ekonomika/9023025.

是数字经济发展提升至国家战略的高度。

2016年,《俄罗斯联邦科学技术战略》颁布,提出"用10~15年的时间大力提升国家创新能力"的宏伟目标;同年年底普京在年度国情咨文中提出要构建数字经济,以信息技术为手段提升全行业效率。[①]

2017年,俄罗斯政府推出了《俄罗斯联邦数字经济规划》(以下简称《规划》)。《规划》明确指出要围绕五大优先方向发展数字经济,即完善监管制度、构建人才培养体系、打造数字研发平台、发展信息基础设施、确保信息安全。围绕这五大重点方向,《规划》提出了一系列2024年前应完成的细化目标,例如:完善法律制度,为新兴技术研发和新业态发展构建法治环境;在数字化教育、数字医疗和智慧城市等重点领域着力培育10个大型的行业数字平台;积极支持IT行业大型企业发展,打造10家具备国际竞争力的领军企业;鼓励中小企业发展,努力培育500家以上运营良好的新兴技术企业;构建并完善数字经济人才培养体系,每年培养12万名计算机、通信技术等方向的高校毕业生和80万名专业能力达到世界平均水平的中等职业教育毕业生;宽带互联网接入97%的俄罗斯家庭,速度至少为100MBit/s,5G移动通信网络覆盖所有百万以上的城市;完善数字技术研发的机制,推动俄罗斯数字技术研发能力达到世界先进水平;研发俄罗斯国产计算机、电信设备和软件,同时在进口到俄罗斯的所有计算机上安装防病毒程序(计划实施期结束时,政府机构购买的外国软件和设备份额下降至10%和50%);发展数字经济中用于数据收集和传输的通信网络(包括卫星、数据加工中心、"端到端"数字平台和空间数据基础设施)。

2018年,俄罗斯推出了总额达3万亿卢布的国家级投资计划,该计划以"国家项目"命名——分为"教育""科技和高校""人口"等12个投资方向,其中一个就是"数字经济"。2017年推出的《俄罗斯联邦数字经济规划》也正式进入实施阶段。

2019年,普京签署总统令,批准《2030年前国家人工智能发展战略》。该战略规划了俄罗斯未来十年人工智能发展基本原则、主要目标、核心任务,将计算机视觉、自然语言处理、语音识别和合成、机器人技术和无人驾驶技术作

[①] Сайт Кремль. Послание Президента Российской Федерации 2016 г. [EB/OL]. (2020-07-22) [2022-07-26]. http://www.kremlin.ru/acts/bank/41550.

为未来重点发力的方向。尤其令西方关注的是，该战略还特别强调要注重人工智能技术在军事领域的应用。

除政府部门外，俄罗斯立法机构代表对于数字经济相关的工作任务也有着清晰的认识。国家杜马主席维亚切斯拉夫·沃洛丁对媒体表示，国家杜马正在审议与数字经济发展相关的数十个法案，其中包括与加密货币、众筹、数字电子档案、电子护照、电子签名等一系列法律法规，还有与个人数据资料收集、处理和储存流程相关的法律修正案。他认为，新兴技术的发展给法律监管带来了新的要求，需要在不同主体利益之间找到微妙的平衡，在个人数据的隐私保护和使用这些数据进行技术发展的需要之间寻求妥协空间。

2.3 加强数字经济领域的国际合作

除了在国内通过"国家级项目"积极推进数字经济进程，以普京总统为代表的俄罗斯国家领导人还积极在各类国际平台推动与其他国家在数字经济领域的合作。

普京在 2018 年的金砖国家领导人峰会上，就以"数字经济"为主题发表了演讲。他表示："当前正进行的第四个工业革命即数字革命，对包括金砖国家在内的世界所有国家的发展都产生了巨大的影响。数字化进程几乎涵盖了社会的各行各业，有助于各行业领域降低成本、提高生产力和劳动效率。"普京同时强调，金砖国家政府应为吸引该领域的投资创造良好条件，促进新技术的研发及其推广应用；应致力于建立一个开放、可靠和安全的互联网环境，从而严格保障社会、企业和公民在数字空间中的信息安全；金砖国家在数字经济建设中应建立更紧密的伙伴关系，共同提高数字经济发展水平。[1]2020 年，正当新冠肺炎威胁全人类生命健康时，印度总理莫迪在金砖国家领导人峰会上提出了"数字医疗合作"。普京对莫迪提出的理念表示高度赞同，他表示"数字医疗——这是相当重要且有意义的一个合作领域"。[2]近年来，金砖国家专家学者已就"以大数据为支撑的防疫经验分享""新兴信息技术与卫生健康融合创新"等话题

---

[1] Сайт РИА Новость. Выступление Путина на саммите БРИКС. Прямая трансляция. [EB/OL]. (2018-07-26) [2022-07-26]. https://ria.ru/20180726/1525375626.html.

[2] Сайт РИА Новость. Саммит БРИКС. Прямая трансляция. (2020-11-17) [2022-07-26]. https://ria.ru/20201117/briks-1584969312.html.

召开了多次高规格的国际研讨会，促进了各国在数字领域的合作共赢。

俄罗斯在区域一体化平台中也积极发展与周边近邻国家在数字经济领域的合作。成立于2015年的欧亚经济联盟又称欧亚经济委员会，成员国包括俄罗斯及哈萨克斯坦、白俄罗斯、吉尔吉斯斯坦和亚美尼亚，是俄罗斯在后苏联空间着力构建的区域经济一体化平台。欧亚经济联盟致力于加强成员国间商品、服务、资本和劳动力自由流动，并推行协调一致的经济政策。2015年中俄两国还签署了欧亚经济联盟和丝绸之路经济带对接合作的文件。近年来，欧亚经济联盟就数字经济发展制定了专门的《2025年前的数字经济日程表》，各国计划共同设立投资基金，助推数字经济领域各类项目的投融资；协调监管框架，构建各国间相对统一的法律体系；发展跨境电信系统，促进网络安全；同时还要在创建共享数字平台的基础上，促进联盟经济一体化，在成员国贸易、海关、物流领域引入统一的数字化方案。

总体而言，俄罗斯国家高层高度重视信息技术革命，通过一系列国家层面的战略规划，正自上而下地大力推动数字经济发展。IT领域的企业负责人也对俄罗斯数字经济发展充满信心。据媒体报道，一年一度的圣彼得堡国际经济论坛上，多位科技企业家表示"如果10年前是互联网改变了这个世界，那么现在也许是一个区块链，也许是其他的东西都有可能改变世界""数字经济将是推动国家前进的驱动力。如果俄罗斯朝着这个方向前进，我们很有可能有机会与其他发达国家处于同一水平。"

3 制约俄罗斯数字经济发展的主要因素

俄罗斯高等经济大学在报告《何为数字经济？趋势、特点和指标》中公布了研究团队最新统计数据，2020年俄罗斯信息通信技术（ICT）行业生产总值达3万亿卢布，ICT相关行业的服务出口约为59亿美元，在新冠肺炎疫情的背景下发展增速明显。80%的家庭拥有互联网（77%为宽带）。每天上网的俄罗斯人占全部人口的比例为76.7%（城市为79.5%，农村地区为68.2%）。[①] 可以看出，相关数据离世界一流水平依然有差距。尽管俄罗斯在宏观治理层面已推

---

① Сайт ITWeek. ИСИЭЗ НИУ ВШЭ: индикаторы цифровой экономики 2021. [EB/OL]. (2020-12-01) [2022-07-26]. https://www.itweek.ru/digitalization/news-company/detail.php?ID=219069.

出了一系列发展数字经济的具体措施，仍然存在一些因素制约着俄罗斯数字经济发展。

俄罗斯政府附属研究中心在一份题为《俄罗斯各地区数字经济发展所存在的障碍》的报告中详细列举了相关制约因素，分别有宏观层面的立法和监管因素、管理因素、资金因素、人才因素、"端到端"数字经济项目发展障碍、信息障碍等。具体而言，该智库专家认为，宏观环境方面，俄罗斯从个人数据安全立法到知识产权保护等的与数字经济相关的各方面法律法规都还有待完善。资金方面，俄罗斯一些偏远地区财政预算有限，无法大力推进数字基础设施建设；同时中小企业和民营企业资金实力也普遍不足，企业总体数字化进程较为缓慢。人才方面，一则俄罗斯拥有相关知识背景的人才的数量还不足以满足社会的需求，其专业能力也有待提升，二则普通民众的数字化素养和能力亟待加强。[1]

上述因素有着俄罗斯自身客观国情特点。例如，俄罗斯疆域辽阔，不同地域间经济、社会发展存在不平衡现象，城乡居民在拥有最新技术设备和使用信息技术方面存在明显差距。即便俄罗斯政府部门主观上致力于推动电子政务服务，但客观上，部分偏远地区地广人稀，人口密度较低，信息基础设施不完善。有的偏远地区尚未接入互联网或是网速较慢，系统信息更新不及时，无法进行有效联动。因此，在行政管理方面，俄罗斯联邦政府需要因地制宜，根据不同地域的特点制定相应的发展规划，促进人才、资金、技术、信息等各要素在地区间的合理分配，促进各地均衡发展。

此外，较之发达国家，俄罗斯市场化水平相对较低，企业活力不足。尤其是 2014 年以来，受到国际环境影响，俄罗斯总体经济形势不佳，中小企业发展面临不利局面。在推动数字经济发展方面俄罗斯采取的是自上而下的国家动员方式，体现的是行政层面的国家意志，但还需要充分调动市场积极性，挖掘企业在产业创新方面的潜力。

人才储备方面，受益于苏联时期良好的数学教育水平积淀，俄罗斯整体技术人才拥有坚实的知识基础。但 IT 领域知识更新较快，大学教育供给有时无法

---

[1] Сайт Национальный центр государственно-частного партнерства. Ключевые барьеры развития цифровой экономики в субъектах Российской Федерации. [EB/OL]. (2020-12-01) [2022-07-26] https://p3cfo.ru/doc/presentations/2019/10.pdf.

跟上时代改革步伐。此外，目前俄罗斯信息技术人才占人口比例依然较低，无法满足社会需求。为此，俄罗斯政府也推出了一些新的举措，例如增设数字经济人才培训教育机构，加强高校和企业的产学研合作等，以弥补相应产业的人才缺口。

俄罗斯与西方紧张的关系也给俄罗斯数字经济的发展带来一定的不利影响。由于制裁，俄罗斯无法从西方进口最先进的信息技术设备，随着制裁的加码，甚至连最基础的计算机和通信设备采购也会受到影响。为此，俄罗斯推行"进口替代"战略，如农业等领域已主要采用本国相对低水平的替代产品。

总之，在新一轮科技革命浪潮下，数字经济已成为各国争相争夺的战略新高地。俄罗斯也正以一系列举措努力克服客观上的不利因素，从国家战略的高度积极推进数字经济发展。

18 世纪捷克教育改革研究

上海外国语大学 杨 睿

摘要：18 世纪的欧洲，工业化进程不断深入，社会发展速度和社会生产效率都被推至前所未有的高度。持续转型中的社会生产结构对哈布斯堡王朝统治阶层的管理模式和人们的知识教育水平不断提出新的要求。由玛利亚·特蕾莎主导的捷克地区的教育改革产生了深远的社会影响。不光使捷克教育一跃步入欧洲前列，更为捷克培养了一大批接受过系统教育的知识分子，为"捷克民族复兴运动"奠定了社会基础和思想基础。

关键词：教育改革；开明专制；义务教育；教育法

18 世纪的欧洲，工业化进程不断深入，社会发展速度和社会生产效率都被推至前所未有的高度。持续转型中的社会生产结构对哈布斯堡王朝统治阶层的管理模式和人们的知识教育水平不断提出新的要求。玛利亚·特蕾莎作为哈布斯堡王朝的统治者，为了维护帝国统治疆域的完整性与政权的稳定性，率先开始在帝国的奥地利部分，其中也包括捷克地区，推行自上而下的"开明专制"社会改革。改革举措包括"通过向贵族征税来稳定国家财政，通过放松或结束封建生产关系来解放农民的生产力，鼓励国内工业、商贸、旅游以及交通网络的增长和发展，消除地区加工制造业行会的诸多限制"等（贾德森，2017）。而其中意义重大又影响深远的一项举措便是推行教育改革，即"在国民中推动道德教育和实用教育"（贾德森，2017）。

1 推行教育改革的原因

在一定程度上我们可以说，18 世纪哈布斯堡王朝推行的教育改革既是统治者维持帝国统治的必然举措，又是社会发展的大势所趋。

促使玛利亚·特蕾莎推行教育改革的原因主要有以下三点。

其一，在玛利亚·特蕾莎执政期间，帝国的官僚体系不断扩大。尽管奥地利部分政府官僚数量的详细数据未能查知，但"在玛丽亚·特蕾莎执政期间，仅在匈牙利[①]，国家议会的工作量就已经翻了四番，而单是处理函件的职员人数就增加了50%~120%（贾德森，2017）！"作为二元制帝国的一部分，从匈牙利官僚体系的变化也可推知，整个哈布斯堡王朝的官僚体系在不断扩大，政府部门需要越来越多的从业人员。尽管统治阶级以及管理岗位的高层仍然是被贵族阶层垄断的，但是中低层级的职位迫切需要扩充更多的职员，而仅贵族阶层难以满足迅速扩张的官僚体系需求。因此帝国行政层面的变化要求国家能够培养出更多受教育水平更高的公务员，他们不光要掌握基础的读写能力，同时也需要具备工业革命后资本化的市场对他们提出的经济和管理方面的专业要求。因而完善教育体系改革，培养受教育水平较高的公务员就成为大势所趋。

其二，工业化进程对工厂从业工人的基本教育能力也提出了新的要求。尽管从工业生产的工作角度出发，工人们并不需要掌握高深的科学知识和哲学理论，但对他们来说基础的读写能力已是必不可少的了。有教育基础的工人学习使用一台新机器的学习速度和掌握熟练度要比从未接受过教育的工人更快且更熟练。工业生产有时需要工人们能够简单阅读机器使用说明书，并且经过培训学习掌握一些基础的机械维修专业技能。因此，工业化的快速发展不断促使人们接受学习新鲜事物，掌握专业领域的专业知识。

其三，为应对农业生产效率低下的问题，统治者着手开展"农奴制改革"。18世纪的哈布斯堡王朝从事农业劳动的主要是依附于大小地主的农奴们。农奴除了需要进行农业劳动以外，还需要承担大量劳役，这一现象导致了帝国境内大批可耕地荒芜，而农奴们则疲于应对地主们繁重的劳役任务。长期存在的农奴制造成的社会弊端是"农无躬耕之暇，田无照拂之人"（贾德森，2017）。但仅从政治层面上推行"农奴制改革"，并不能从根本上改变农民长期以来根深蒂固的对奴隶主的依附从属心理。统治者认为，造成农民贫困的根本原因在于，农民普遍没有接受过任何教育，文盲率较高。教育的缺乏造成了农民生活技能、劳动技能以及国家意识的匮乏。统治者认为，"要让农民摆脱本地贵族的直接

[①] 二元制奥匈帝国的匈牙利部分。

影响，还需要在地方上建立教育机构。农民需要在两方面接受训练：一方面是最新的农业技术；另一方面，也是更重要的，是令他们懂得道德约束，从而在变革之后的环境中可以遵守秩序，尊重权威，勤勉地履行自己的职责（贾德森，2017）。"

玛利亚·特蕾莎深刻认识到在自己统治的帝国内人民受教育水平和层次的缺陷。在以上三点主要社会原因的共同影响下，玛利亚·特蕾莎在18世纪60~70年代主导了哈布斯堡王朝管辖下的整个帝国区域学校教育体系改革的进程，其中也包括捷克地区。从小学的基础教育一直到大学的高等教育，玛利亚·特蕾莎以普鲁士王国的教育模式为范例，对帝国的教育制度进行了全面的革新。

2 教育改革的具体内容与措施

在着手开始教育改革之前，玛利亚·特蕾莎先委派军队对哈布斯堡王朝境内的各个地区进行了社会调研。军队深入社会各个阶级群体，调查那些对帝国稳定统治至关重要的社会民生等领域相关话题。调查内容包括"当地卫生与健康状况、居民受教育水平、宗教虔诚程度、富裕程度和当地风气"等（贾德森，2017）。而关于其中的"居民受教育水平"一项，统治者通过军队的调查结果了解到，由于教育系统的管理和组织是由地方当局操纵负责的，地方当局大都并不重视教育活动，并且帝国境内各地都面临着教师资源短缺的问题，以及从事教师职业的人们往往身兼数职，入不敷出。教师们肩负着不可想象的重担（贾德森，2017）。在推行教育改革之前，教学活动通常是以各个教区为单位组织进行的。而由于社会压迫和战争的影响，奥匈帝国内文化知识层次较高的教育学家、作家以及哲学家们被迫流亡海外。自此之后，在哈布斯堡王朝境内从事教育活动的往往是一些没有受过专业教育学训练的手工业者、退伍军人或是教堂看门人。除此之外还会有部分牧师也从事教育活动，他们受雇于教会，在整个教区内往返教书。教书的微薄收入通常难以支持教师们的日常开销，所以除了教书以外，他们往往还会承担诸如农业生产、手工业生产等其他工作来贴补家用。综上，在教育改革之前，教师们并没有大量的时间和精力投入教育教学工作，国内也很少有专任且专业的教师群体存在。在捷克波希米亚地区进行调研任务的士兵们反馈说"（波希米亚地区）当地对学校教育的关注太少，他们并不优先雇用有资质的教师，由于父母们的漠不关心，孩子们往往以各种方式误入歧途（贾德森，2017）。"为应对以上众多教育问题，改变帝国境内的教育现状，玛利亚·特蕾莎通过颁布政府法律文件等方式，自上而下开启了全面的教育体系改革。而其教育改革的内容与特点主要表现在五个方面。

2.1 完善学校系统

玛利亚·特蕾莎以普鲁士王国的教育模式为范例，对帝国的教育制度进行了全面的革新。她任命专门的教育家指导教育体系改革，这一时期主要负责教育改革的教育家是一位名叫伊格纳兹·菲尔比格(Ignác Felbiger)的天主教修道院院长，他曾参与过普鲁士的教育改革。伴随着玛利亚·特蕾莎教育体系改革的推进，政府在哈布斯堡王朝统治的领地上设立了三种不同类型的学校类型和教育方式。捷克地区也应用了相同的学校教育设立方式。玛利亚·特蕾莎教育体系改革的基础措施以各个独立教区为单位，在覆盖整个帝国的所有教区内设立至少一所"三级学校"[①](triviální škola)，在一些城市或是规模较大的教区设立一至两所"三级学校"。所谓的"三级学校"是三种学校类型中数量最多且覆盖面积最广的学校。那些农村和城郊地区满足义务教育年龄要求的儿童会去"三级学校"上学。这种类型的学校主要教授儿童阅读、写作、算数且开设部分实践类课程，主要培养儿童的基本读写能力，使他们具备一定的专业技能。（PÁNEK，2018）城市中设置的学校有别于乡村地区的学校。城市中的儿童去所谓的"主要学校"(hlavní škola)接受初等教育。两种类型的学校所授课程也有很大区别。"主要学校"是一类较高层次的国立学校，授课内容包含"拉丁语、地理、历史以及一些经济方面的专业课程"（PÁNEK，2018）。新的教育体系下出现的基础教育阶段最高层次的学校被称为"师范学校"(normalní škola)，这类学校设立在奥匈帝国统治的每个地区的首府，捷克波希米亚地区的"师范学校"设立在布拉格，摩拉维亚地区的"师范学校"则设立在布尔诺(Brno)。"师范学校"主要为其他低层级的学校培养和储备未来的教师。"各地区的'师范

---

① 作者注：捷克语中的"triviální škola"是存在于特定历史背景下的历史词汇，特指哈布斯堡王朝在18世纪进行"开明专制改革"时应用于教育系统改革的学校形式，中文里并没有与之相应的专有名词，笔者将其译为"三级学校"是因为在此类学校中主要教授读、写、算三门课程，因此以"三"来命名。后文的"hlavní škola"译为"主要学校""normalní škola"译为"师范学校"也与上述情况相似，与现在我们所说的师范学校类型并不相同。

学校'使用统一的教学纲领文件,奥匈帝国未来的公民和老师们在这里不光接受启蒙思想的熏陶,他们还被传输这样的理念,即他们归属于一个统一的中欧大国,也就是哈布斯堡王朝(Panek,2018)。"通过"师范学校"的教育,帝国统治者试图从基础教育层面提升哈布斯堡王朝治下的不同地区对于哈布斯堡王朝是一个统一大国的国家认同感。上文所说的"三级学校""主要学校"和"师范学校"仅仅是学校开设的区域不同且授课内容有部分差异,但它们均属于基础教育阶段的学校,并没有基础教育和高等教育的分别。

2.2 颁布教育法案提供政府支持

哈布斯堡王朝统治者在1774年12月6日颁布了《学校法》[①],规定实行六年义务教育。该法案成为教育改革史上的重要转折点(Štverak,1981)。政府通过颁布教育法案以及提供必要的政府支持来确保教育改革能够顺利推进。虽然该法案中的种种规定并没有对学校授课语言进行明确的要求。当时授课的具体情况是,在捷克的波西米亚和摩拉维亚地区,几乎所有的"三级学校"都是用捷克语授课的。同样,在"师范学校"开设的教师培训课程也使用捷克语。甚至在布拉格等大城市的"主要学校"也用捷克语授课。当然,学校授课语言在很大程度上是和当地居民的人口构成息息相关的。捷克人占主要人口比例的地区学校大多使用捷克语,与之相对的是,例如在捷克西里西亚地区,大部分居民本身是说德语的,因此学校通常就使用德语授课(Morkes,2006)。但是那些送孩子去上学的家长们,特别是布拉格等大城市的家长,却迫切希望学校可以全部用德语授课。其中最主要的原因就是,德语是帝国的官方语言,从小接受德语教育的学生将来更有希望在帝国的行政系统中谋得一官半职。出于对孩子未来工作的考虑,家长们大多希望学校开展德语教学。当然统治阶层也迫切希望学校可以用德语进行教学活动,通过德语的推行和普及更好地巩固帝国统治的稳定性,并提高帝国的行政效率。因此,对于那些用德语授课并能够证明自己的学生在德语学习方面突飞猛进的教师,国家会给予他们丰厚的报酬和奖励(Morkes,2006)。

[①] 原法案为德语,名称为 Allgemaine Schulordung für die deutschen Normal-,Haupt- und Trivialschulen in sämmtlichen Kaiserlich-Königlichen Erbländern。

此外，统治者委派专业教育家指导教育改革活动对系统推行教育改革措施也是至关重要的。玛利亚·特蕾莎提出普遍义务教育后，呼吁家长们送6~12岁的孩子去学校集中接受基础教育。这样的教育方式与当时通行的教育模式有很大差异。在教育改革之前，能够接受教育的儿童多为贵族或社会中高阶层的子女，家长们大多请家庭教师上门授课，教师通过一对一的授课辅导进行讲学。但教育改革要求对所有儿童进行普遍的义务教育，需要接受教育的儿童数量一时间激增，传统的家庭教师模式完全满足不了教育改革后的教师数量需求，因此学校分年级集中教育的方式由此开始推广。教育改革家伊格纳兹·菲尔比格在其著作《方法书》(Nethodní kniha)中为学校教育提供了详细的方法和理论指导。其中很多教育理论主张沿用至今。书中倡导要进行分年级的集中授课；教师的授课应该由易到难，由学生已经掌握的知识进而引出新的知识，循序渐进；教师应带领学生共同研读课本教材；除了授课以外，教师课后和学生针对课堂内容和作业练习的交流谈话对学生知识掌握的扎实程度也起到了促进作用（Morkes，2006）。作者在《方法书》中对每项教育基础理论都进行了详尽细致的解释说明，为老师们应对新的教学模式提供了可行的方法指导。

法律保障和专家管理指导确保了18世纪哈布斯堡王朝的教育改革得以顺利开展。

2.3 开展教师培训

除了学校系统建设和政府法律保障以外，充足的专业教师团队也是教育改革推进的必要保障。在教育改革之前，在哈布斯堡王朝境内从事教育活动的往往是一些没有受过专业教育学训练的手工业者、退伍军人和教堂看门人。而改革后则通过专业培训和认证为国家储备专业教师，为教育改革的推进提供保障。1775年出现了第一所专门培训教师的培训学校。想要成为"三级学校"的教师需要经过三个月的培训学习，而担任"主要学校"的教师则需要完成六个月的培训学习。培训通过且以助教的身份在学校教书一年的年满二十周岁的教师有资格报名参加教师资格考试。通过教师资格考试的教师将由政府颁发专门的资历证明（Morkes，2006）。除此之外，上文所提及的"师范学校"也开设有专门的教师培训课程，为国家培养和储备未来的教师。在教育改革的过程中，教师培训体系也越来越完善，国家拥有了一批具有完备教学能力的专业教师。

2.4 推行义务教育

学者们以及大众普遍认为1774年颁布的《学校法》对捷克来说最重要的影响之一是该法案要求推行六年制义务教育。"玛丽亚·特蕾莎提出了不论性别发展儿童通识教育的要求。从此以后，所有国内6~12岁的适龄儿童都将在学校接受教育。哪怕这个强制公共教育系统只是停留在文件层面而未付诸实施，它也令哈布斯堡王朝统治的这个国家一举飞跃至欧洲教育发展前列（贾德森，2017）。"《学校法》颁布之初，玛利亚·特蕾莎并没有强制要求适龄儿童必须去上学，而是采取了较为温和的措辞："我们想建议各个家庭，把6至12岁的孩子送到学校去。"

玛丽亚·特蕾莎并没有明文强制要求必须要落实六年制义务教育，而是采取了更为合理的举措，其原因主要在于颁布《学校法》的初衷和首要任务是建立并完善帝国的教育系统，确保想要接受教育的儿童有学可上，并且确保他们的受教育权在法律层面上得到保障。但是对于当时的哈布斯堡王朝来说，《学校法》颁布之初帝国还没有建立起稠密的学校系统，没有充足的教育教师资源来保证所有适龄儿童接受六年义务教育。因此，《学校法》颁布后的当务之急并不是立即落实全部适龄儿童去的义务教育，而是优先健全完善学校系统，培养教师团队。哈布斯堡王朝的官员们认为，随着教育系统的完善，去上学的儿童数量也会随之增长，所以在法案颁布之初单纯关注去上学的儿童的数量是没有任何意义的。因此在《学校法》颁布的第一年，帝国官员并没有着力于迫使儿童去接受教育，他们的行为也仅限于给适龄儿童做相关登记。政府花了更大力气去修建更多学校，扩大学校容量；扩大教师团队，对教师进行培训，并通过改善教师待遇来促使更多教师专注于高质量的教学，例如在1785年规定国家必须以现金形式直接支付教师收入的一部分。而在此之前，教师们的收入都是农产品及其他实物酬劳且收入较低，并不能让老师们安心教学。

另外政府还颁布了其他一些法令，从多个领域的多个角度促使越来越多家长主动送孩子去上学。例如，1778年颁布的法律条文规定，如果想要被录用成为一名政府部门的工作人员，首先要能够证明自己接受过完整的义务教育且成绩优异（Morkes，2006）。1786年政府规定所有的手工业作坊接收学徒的必要条件是这名学徒至少上过两年学。（Morkes，2006）社会从业要求的提高也在潜移默化地促使人们主动让自己孩子去接收义务教育,随着时间的推移六年义务教育的要求逐步得以落实。

2.5 推行普遍教育

玛丽亚·特蕾莎颁布的《学校法》中理念前沿且意义深远的一项是"推行普遍义务教育",除了倡导六年制义务教育以外,其中的"普遍"指的是不分男女,所有儿童均需要且能够接受义务教育。

18世纪时,除贵族以外大多数接受过基础教育的都是男生。而玛丽亚·特蕾莎在《学校法》中提出,不光男生可以上学,女生也要享有同样平等的受教育机会。尽管这一理念提出后并没有立刻得以落实,资料显示直至1780年才开始逐渐有女生去集中班级上课,但这项规定对所有儿童平等受教育权的关注和倡导是领先时代且意义深远的。因为倡导分年级集中授课,1780年在部分主要城市的学校中,最先开始设立了单独的女生教室(Morkes,2006)。这一现象逐渐辐射到大城市的周边地区,进而推广到哈布斯堡王朝的每个角落。随着时间的推移,男女生分教室授课逐渐演变成同年龄层的男生和女生在同一个班级上课,班级形式已经逐渐接近于现在的班级设置。

3 18世纪捷克地区教育改革的社会影响及评价

18世纪捷克地区的教育改革社会影响深远,其意义主要表现在以下三个方面。

首先,玛丽亚·特蕾莎主导的教育改革的重要意义在于改革中对多种社会群体的关注。例如对农民和女性的关注,其理念具有领先时代的意义。玛丽亚·特蕾莎关注到了农民的生存现状,认为农民生活贫困的根源部分在于教育的缺失。因此"玛丽亚·特蕾莎的教育政策针对的是国家的平民阶级。她希望可以通过给予农民必不可少的道德与经济教育,使他们成为富有生产力和遵章有序的社会一分子(贾德森,2017)。"此外,玛丽亚·特蕾莎教育改革中的"推行普遍教育"表达了她对女性的关注。女性获得了更多受教育的机会,使其中的一部分女性能够摆脱传统的繁重琐碎的家庭劳动,逐渐开始在社会活动中倡导女性的权力和地位,可以说是欧洲"女性主义"观念启蒙的开端。女性可以去学校接受教育为之后捷克社会涌现出一批关注女性视角的作家,例如鲍日娜·聂姆佐娃(Božena Němcová)提供了社会基础。

其次，教育改革在很大程度上改变了原有的社会结构。曾经依附于农奴主的农奴们只能毕生在同一片土地上劳作。而废除农奴制之后，曾经的农奴们有了更多社会流动的可能性，他们可以自由地移居到别的城市工作生活。对于当时的大部分农民来说，贫困的生活已经不堪重负，而工业革命之后城市兴起的工厂生产此时为他们提供了大量就业岗位，于是为了谋求相对较好的经济收入和生存状态，他们受到城市的吸引，举家来到城市的工厂打工。当时农民们的生活情况不外乎是成年人在工厂劳动，而他们的孩子开始在城市的学校接受基础教育。自小接受系统教育的孩子们长大后可以像他们的父母一样，加入需求不断扩大的工厂当一名工人，不再返回农村。而另外有一些孩子接受了基础教育之后并没有停止学习，进一步接受中等教育和高等教育，成为捷克第一批系统接受教育的知识分子，而后发展为"捷克民族复兴运动"的领军人物，主导了捷克民族意识的复兴。

最后，18世纪教育体系改革对捷克地区最主要的影响是，捷克的教育改革为之后"捷克民族启蒙运动"的爆发埋下了思想的火种。教育改革后的学校中，老师们大多已经接触到西方"启蒙思想"的影响，他们"涉猎过较粗浅的人文主义、自然科学、法律知识等方面的发展成果"（贾德森，2017），因此在教书的过程中也会潜移默化地融入"启蒙思想"的指导。因为"开明专制"本就受到"启蒙思想"的影响，而之后的"捷克民族复兴运动"则是"启蒙思想"在捷克传播高潮期的集中爆发。因为教育的普及使得识字率在当时迅速上升，人们可以通过阅读书报等信息获取当时社会最新思潮的相关信息。接受过读写教育的人们形成了基本的逻辑性思辨能力，他们开始在各个公共场所，包括小酒馆、咖啡厅、街头巷尾公开讨论"启蒙思想"和社会管理的各种可能形式，为"捷克民族复兴运动"奠定了社会基础和思想基础。

综上，我们可以说，18世纪在哈布斯堡王朝区域内推行的教育改革对捷克地区的发展意义深远，且在整个欧洲都具有领先意义，使得当地教育水平一跃成为欧洲前列，对社会产生了极为深远的影响。尽管有很多人认为18世纪的教育体系与现在的教育方式相比有很多落后的地方，但是我们不可否认的是，玛丽亚·特蕾莎主导的教育改革对于当时的社会现实来说意义深远，且是当时推进"开明君主专制"以促进帝国统治稳定在教育方面最好的尝试。教育改革举措中不乏一些先进的教育理念和方式，对我们现在来说都具有一定的启发意义。

参考文献

[1] MORKES. Tereziánská reforma v českém školství[N]. František，2006-10-18.

[2] PÁNEK, Jaroslav a Oldřich TŮMA. Dějiny českých zemí[M]. Praha: Univerzita Karlova, nakladatelství Karolinum, 2018:275.

[3] ŠTVERÁK. Dějiny pedagogiky[M]. Díl 2. Praha: Univerzita Karlova, 1981:78-80.

[4] 贾德森. 哈布斯堡王朝 [M]. 杨乐言，译. 北京：中信出版社，2017.

俄罗斯远东地区人口危机及中国东北地区与俄罗斯远东地区劳务合作

天津师范大学　白雪纯　罗晓霞

摘要： 俄罗斯远东地区地大物博，地理位置优越，自然资源丰富，极具经济发展潜力，被俄罗斯政府看作战略发展要地。但近年来当地面临严重的人口危机，劳动力资源匮乏，这为毗邻此地的中国东北地区提供了良好的机遇，两地的劳务合作将会对中俄两国的经济发展、社会就业以及国家安全起到促进作用，本文将对此问题进行简要分析。

关键词： 俄罗斯远东；人口危机；中国东北；劳务合作

1 引言

俄罗斯远东地区在本文中是指远东联邦区。远东地区幅员辽阔，森林及矿产资源丰富，地理位置优越，水运条件得天独厚，拥有巨大的经济发展潜力。

俄罗斯远东地区位于亚洲东部，面积为 616.93 万平方公里，约占俄罗斯全部领土面积的 36%[①]。该地区自然资源丰富，素有"自然宝库"之称。远东地区的森林覆盖率为 40.7%，森林总面积达 3.16 亿公顷，占俄罗斯全部森林面积的 31.1%，森林面积居各经济区之首（刘爽，1999），木材加工工业是该地区最具潜力的经济部门之一。除此之外，远东地区蕴藏丰富矿产资源。俄罗斯共有 26872 个矿产地，其中 11927 个分布在远东（朱蓓蓓，2019）。同时，远东地区地理位置优越且水运发达，该地处于东北亚地区的中心，是连接东亚、西

---

① Дрынова Виктория. Дальний Восток. Карта с Городами и Поселками. Географическое Положение, Площадь, Рельеф, Климат, Население, Природа, Животные Региона [EB/OL].(2018-12-19) [2022-07-27]. https://touristam.com/dalniy-vostok-karta.html.

欧及北美的重要枢纽，适合发展贸易及旅游业。远东地区的自然地理优势从未被忽视。俄罗斯学者季耶夫认为，远东地区的发展将决定俄罗斯未来的命运，俄罗斯须加强远东建设（雷丽平、朱秀杰，2011）。由于远东地区的经济发展潜力雄厚，俄罗斯政府一直将其作为重要的经济开发腹地并投入了大量的资金进行建设。然而随着开发进程的不断推进，一系列的问题也凸显出来，人口危机是其中最严峻的问题之一，不但影响着远东经济发展，甚至一度成为国家安全的威胁。

2 俄罗斯远东地区人口危机

2.1 人口锐减

远东地区地广人稀，该地区占有俄罗斯1/3的领土面积，人口却仅占全俄罗斯的5%，人口密度仅为每平方公里1人，是俄罗斯人口密度最小的地区。人口数量的不断下降一直是影响远东经济发展的主要因素。统计资料显示，1990年俄罗斯远东地区人口为804万，此后人口状况呈现恶化趋势（雷丽平、朱秀杰，2011）。根据俄罗斯国家统计局公布，1998年远东地区的人口约为714万，截至2019年1月1日，远东地区共有人口617万，20年间人口减少了97万人，人口损失率达14%。尽管俄罗斯政府在此期间做出多种努力以促进人口增长（如2001年颁布的《俄罗斯联邦2025年前人口政策构想》及2007年设立的"母亲基金"），但实际效果并不明显。1991—2018年远东地区的人口呈下降趋势，人口危机事态严峻。（见图1，2019年的人口骤增源于俄罗斯总统普京于2018年将布里亚特共和国和外贝加尔疆土地区并入远东地区的决定，2019年的远东人口返回至约820万人，但显然这种举措并不能从根本上解决人口问题。）俄罗斯远东地区人口锐减的主要表现为自然生长率低以及人口大量外流。

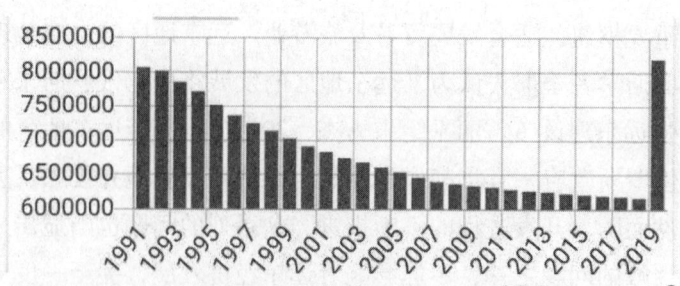

图1 1991—2019年俄罗斯远东地区人口状况（单位：万人）①

2.1.1 死亡率大于出生率，自然增长率低

2009—2012年俄罗斯的人口自然增长情况及1986—2010年远东地区人口变化状况分别见表1和表2。

表1 2009—2012年俄罗斯的人口自然增长情况

年份	出生率	死亡率	自然增长率
2009	12.3%	14.1	−1.8
2010	12.5%	14.2	−1.7
2011	12.6%	13.5%	−0.9
2012	13.3%	13.3%	−0.0

表2 俄罗斯远东地区人口变化状况②

单位：千人

项目	1986—1990	1991—1995	1996—2000	2001—2005	2006—2010
人口总数变化	413	−704	−528	−285	−263
自然人口数变化	393.7	14.7	−91.7	−112.8	−35.7
移居人口数变化	19.3	−718.7	−436.3	−172.2	−227.3

根据表1数据（董文婷，2014）可以得出结论，从2009年到2012年俄罗斯的人口死亡率一直大于出生率，自然增长率一直为负值，虽然出生率不断上升，

---

① Численность Населения. Дальневосточный Федеральный Округ - Сколько Населения в 1991-2020 Году? [EB/OL]. https://численность-населения.рф/дальневосточный-федеральный-округ.

② Мотрич Е Л. Демографические и Миграционные Процессы на Дальнем Востоке России [EB/OL]. http://assoc.khv.gov.ru/regions/information/demographic-migration-processes.

死亡率不断下降，但这种增长趋势发展十分缓慢。而远东地区是俄罗斯人口问题严峻的地区，人口的自然增长情况也不容乐观。从1993年开始，远东地区人口死亡率超过出生率，1998—2004年远东地区人口自然减少14.57万（雷丽平、朱秀杰，2011）。从1996年至2010年，远东地区自然人口损失24.02万人，占远东人口损失总数的22.3%，自然减少的人口一直是导致远东人口数量下降的重要原因。人口的自然减少势必会对远东长期的开发建设造成影响。这种人口自然减少的状况伴随着性别比例的不合理及人口老龄化等问题。2010年俄罗斯远东地区人口普查结果显示，该地区共计有629万人口，其中，男女比例为0.85∶1，即每850名男性和每1000名女性对应（彭文进，2010）。同时1990年与2010年远东地区的老龄化比重分别为27.8%和10.6%，老龄化情况虽有缓解但仍不可忽视。由于男性劳动力在体力消耗量大的行业中（如建筑业、重工业、农业等）发挥着不可或缺的作用，男性人口数量的减少将会造成劳动力资源的短缺，导致劳动力后备资源的不足，严重制约着远东地区的经济发展，而老年人口数量的增加又将加重劳动力的社会负担。

2.1.2 人口流失严重

远东地区除了自然人口的减少，人口流失是该地人口损失的主要原因。远东地区气候严寒，基础设施不完善，经济发展缓慢，收入水平低，为了追求更高质量的生活，大量人口向外迁移。从1991年到2000年远东人口外流超过80万，占地区人口减少总数的90%以上。

1990年到1995年是人口大量外迁的时期（肖敬新，2020）。从2011年至2017年远东地区人口迁移一直为负值，说明该地区人口在不断流失，虽然数值在不断减少，但人口外流情况依然严峻。其中萨哈（雅库特）共和国、滨海边疆区和哈巴罗夫斯克边疆区位于人口流失的前三位，人口流失在九个联邦主体中最为严重。数据显示，从2003年到2008年，在同中国接壤的一些俄罗斯边境地区，仅5年时间就迁走了60万人（吴佳俊，2010）。远东联邦区的人口流失较为分散，远东人口向各个区输送。除了向国内各区流动，部分人口选择移民国外，输出国多为发达国家，例如德国、美国、加拿大、以色列等。俄罗斯对外移民多为高素质人才，且年龄趋于年轻化。2003—2008年俄罗斯对外移民（包括永久移民、工作移民和教育移民）中受过高等教育的专家占39%，移民的年龄多在30~50岁（高际香，2016）。人口的大量流出导致远东劳动力数量明显不足，且劳动力中的技术骨干、熟练工人的迁出对远东的经济发展产生了十分不利的影响。

2.2 劳动力短缺

对于一个经济有待发展的国家来说，富足的劳动力资源是必要的前提，而劳动力要素的流动是提高国民收入与解决就业的重要手段。俄罗斯远东地区人口迁移增长（减少）绝对数据（2011—2017年）见表3。

表3　俄罗斯远东地区人口迁移增长（减少）绝对数据（2011—2017年）

（单位：人）

年份	2011	2012	2013	2014	2015	2016	2017
远东联邦区	−32380	−36049	−39305	−35675	−32816	−25268	−24366
萨哈（雅库特）共和国	−10493	−9285	−9619	−6992	−5802	−4810	−5131
堪察加边疆区	−4019	−3967	−3475	−3253	−2729	−2628	−2633
滨海边疆区	−5404	−6170	−8811	−6178	−5197	−4452	−4946
哈巴罗夫斯克边疆区	—	—	−2638	−5859	−6841	−4453	−4153
阿穆尔州	−6246	−4738	−6135	−4983	−4172	−3380	−3252
马加丹州	−2214	−2452	−2378	−2687	−2647	−1758	−1594
萨哈林州	−2482	−2740	−3441	−3376	−2633	−1518	−42
犹太自治区	−1735	−1586	−2196	−1933	−2088	−1675	−1953
楚科奇自治区	275	−350	−612	−414	−707	−594	−662

远东地区却一直面临劳动力短缺问题的困扰。据俄罗斯官方公布的数据，2004年远东地区的萨哈林州使用外国劳动力的人数为0.8951万人；哈巴罗夫斯克边疆区为0.3358万人；堪察加边疆区和犹太自治州均为0.2036万人；滨海边疆区为0.7986万人；马加丹州为0.0404万人；萨哈（雅库特）共和国为0.5948万人（俄罗斯联邦国家统计局，2005）。可见，远东地区的经济建设对外国劳动力的依赖程度很高，本地的劳动力远不能满足生产建设的需要。远东地区缺乏的劳动力主要为促进经济转型的高质量专业技术人才，这类劳动力多流向发达地区或国家。除此之外，这里还缺乏从事艰苦繁重工作的劳动力，这类劳动力多在建筑业、林业、农业等领域工作，由于劳动强度高，报酬低，本地人即便待业也不肯从事这类工作，这就造成了当地劳动力不足但失业率高的现象。据统计，截至2004年，远东地区大约有9万名失业者，但是与此同时却有将近

I. 语言与国别区域研究

50万个空余岗位（牛燕平，2004）。根据2013年远东地区劳动力数量的数据统计，远东总人口为622.7万人，而平均就业人数为328.6万人，就业人数刚刚超过人口数的一半。远东地区的林业、油气、煤炭黄金开采等部门劳动力十分匮乏，建筑业则是急需熟练技术工，农业方面，远东每年都要引进外来劳动力。滨海边疆区的农业从业人员不到十万，大片土地被闲置，无法实现在自给自足的基础上对外出口。

为了加快远东经济开发建设，同时吸引劳动力涌入，俄罗斯政府制订了多项规划方案及解决措施，但在实施过程中项目方案大多因为劳动力短缺问题进展缓慢或被搁置。例如在中国"一带一路"倡议下中俄合建的同江—下列宁斯科耶铁路大桥，该大桥位于俄罗斯联邦犹太自治州下列宁斯科耶区，跨域中国的黑龙江连接中国国内佳木斯的同江市，建设有利于中俄贸易合作，节约运输成本。大桥总长2209米，中国境内桥长超1800米，俄罗斯境内桥长300多米。开工日期为2014年2月，中国于2016年11月结束工程建设，而俄罗斯则由于劳动力不足的原因，到2019年3月才结束境内工程。又如为了吸引外来移民，远东地区计划建设保障性住房和公共基础设施，但劳动力不足使实施效率远远低于全俄罗斯平均水平，影响实施进程。俄罗斯远东地区的城市建设也很大程度上受到劳动力短缺影响，大多数城市街道、建筑多铺设或建筑于苏联时期甚至之前，整体建设老旧，基础设施落后，长期没有翻新。

由此可见，劳动力资源匮乏是远东地区开发长期以来的挑战，俄罗斯政府采用多种手段鼓励外来移民迁入，但短期内很难取得明显的效果，而远东急需劳动力填补空缺，满足开发需求，对于俄罗斯来说，引进外来劳动力已经迫在眉睫。俄罗斯联邦科学院文明和地区研究中心种族地域部门负责人瓦西里·菲利波夫认为：俄罗斯人口状况已处于灾难时期。因为退休人口数量已经是在职人口数量的一倍。在一些青少年中，酗酒的现象非常普遍，而且情况十分严重。青少年又缺乏担当精神，不愿意从事体力劳动，不负责任。对于俄罗斯来说，除了吸引外国劳务人员外已经没有其他的办法了（董文婷，2014）。

3 中国东北地区与俄罗斯远东地区劳务合作

俄罗斯沿海边境移民局局长普什卡耶夫说，中俄经济合作是长期的，不可避免的，俄罗斯远东的经济发展没有中国人的参与是不够的（叶夫盖尼，

2017）。中国，尤其是中国东北地区劳动力资源充足，然而国内的岗位有限，很多人面临就业难问题。俄罗斯远东地区劳动力十分匮乏，两地进行劳务合作既有利于缓解就业压力，维持社会稳定，又有利于促进两国经济的发展。

3.1 合作优势

3.1.1 地缘优势

俄罗斯远东地区毗邻中国东北地区，有着十分便利的地缘优势。两地拥有 3286.25 公里长的边境线（与黑龙江省边境线长 3045 公里，与吉林省边境线长 241.25 公里），交通便利。黑龙江省拥有对俄罗斯一级口岸 25 个，该省绥芬河市与滨海边疆区相邻，离远东最大港口城市符拉迪沃斯托克仅 210 公里，而吉林省离符拉迪沃斯托克仅 100 多公里。便捷的地缘优势便于中国劳动力前往俄罗斯务工，减少了时间与成本。

3.1.2 中俄政治关系优势

中俄的劳务合作有良好的政治环境。2001 年 7 月，中俄两国签署了《中华人民共和国和俄罗斯联邦睦邻友好合作条约》，为两国的经贸往来奠定了政治与法律基础，有利于两国间深入全面的合作交流。从睦邻友好关系、全面双边合作关系、建设性伙伴关系、全面战略协作伙伴关系迈入到今日的新时代全面战略协作伙伴关系，中俄两国的政治关系不断深化，在 2019 年 6 月中俄签署的《中华人民共和国和俄罗斯联邦关于发展新时代全面战略协作伙伴关系的联合声明》中提到，中俄关系进入新时代，迎来更大的发展机遇。两国要深度融通，就国家发展战略对接进行密切协调和战略协作，拓展经贸和投资互利合作。两国政治关系的稳定为双边贸易发展奠定了良好基础。良好的政治关系也促成了一系列劳务合作的签署。2000 年 11 月 3 日中俄签署了《关于俄联邦公民在中华人民共和国和中华人民共和国公民在俄联邦临时劳务合作》的政府间协议，该协议从 2001 年 2 月 5 日起生效，从而使两国劳务移民的法律基础得到极大加强。协议为期 3 年，此后每年自动顺延（雷丽平、朱秀杰，2011）。2009 年 9 月，时任国家主席胡锦涛与梅德韦杰夫总统正式批准的《中国东北地区同俄罗斯远东及东西伯利亚地区合作规划纲要》中有 205 项边境地区合作项目（雷丽平、朱秀杰，2011）。这些劳务合作协议的签署为俄罗斯远东与中国东北地区的劳务合作带来了法律保障与便利。

3.1.3 中俄良好的经贸背景

俄罗斯于 2012 年 12 月 16 日正式加入世界贸易组织，入世后，俄罗斯承诺遵守世贸组织协定中关于透明度、最惠国待遇、国民待遇等原则，这也意味着俄罗斯未来的经贸政策将更加透明化和规范化，为国际间的贸易合作提供良好的保障。在服务贸易的承诺中涉及了对自然人移动的规定，要求移动是通过俄罗斯境内为商业存在提供服务，同时派往代表处的代表必须是公司的重要人员或者是高层领导，且雇佣关系为一年以上，条例的明晰也为中俄的劳务合作提供了明确的界定。同时，中国东北地区与俄罗斯远东地区一直保持着经济合作战略对接。2009 年，中俄两国通过了《中华人民共和国东北地区与俄罗斯联邦远东及东西伯利亚地区合作规划纲要（2009—2018）》，该规划纲要明确了 2009—2018 年间中俄地区间合作的具体项目内容主要分为以下几个方面：中俄边境口岸基础设施建设、交通运输、中俄合作园区、劳务、旅游、人文、环保等，同时也规定了具体合作重点项目目录。2015 年 5 月，中俄签署了《关于丝绸之路经济带建设和欧亚经济联盟建设对接合作的联合声明》，此后能源、航空航天、交通等领域的合作都获得了丰硕的成果。2018 年 9 月，中俄签署《中俄在俄罗斯远东地区合作发展规划》，该规划成为两国在远东地区开展全方位合作的纲领性文件，为两国地方和企业合作提供了行动指南（朱蓓蓓，2019）。以上有关两国经济战略合作的规划为两地的劳务合作提供了良机，在此背景下的中俄劳务合作前景广阔。

3.1.4 劳动力互补优势

英国地理学家莱文斯坦提出了著名的"推－拉"理论，这一理论针对的是移民问题，但对于劳动力的向外输出问题同样适用。该理论认为，"推"和"拉"的因素促进了移民在不同的国家和地区之间的流动。"推"的因素包括人口增长，缺乏就业机会等；"拉"的因素包括劳动力的需求，有较多的就业机会等。（丘立本，2005）俄罗斯远东地区与中国东北地区的劳动力状况符合"推－拉"理论。2015—2019 年东北三省失业情况（城镇）见表 4。

表 4　2015—2019 年东北三省失业情况（城镇）

年份	2015	2016	2017	2018	2019
失业人数（万人）：					
辽宁	23.9	25.7	26.3	26.8	23.9
吉林	46.2	47.3	42.7	44.4	45.6
黑龙江	41	39.6	39.7	26.8	34.7
失业率（%）：					
辽宁	3.4	3.8	3.8	3.9	4.2
吉林	3.5	3.5	3.5	3.5	3.1
黑龙江	4.5	4.2	4.2	4.0	3.5

数据来源：根据国家统计局人口统计年鉴整理。

人口统计数据显示，截至 2019 年年末，中国有约 14 亿人口，位于全球首位，虽然近几年中国人口的自然增长速度放缓，但人口基数大，短期内人口数还会持续增长。其中劳动年龄人口为 8.96 亿，占总人口的 64%，可见中国的劳动力资源十分充足。与此同时，中国的劳动人口中失业人数为 1.26 亿，失业率为 14%，这表明中国劳动力仍有很大剩余。2019 年东北三省人口数为 1.865 亿，每平方千米有 176 人，该地人口稠密，劳动力充足，与中国大部分地区一样，东北也面临严峻的失业问题。根据表 4 的数据，2015 年至 2019 年东北三省都有不同程度的失业情况出现，从失业人数来看，5 年来失业人数最多的是吉林省，累计达到 226.2 万人。从失业率来看，失业率最高的是黑龙江省，除 2019 年失业率低于 4%，其他四年均高于 4%，高于全国 3.62% 的失业率。由此可见，近五年来东北地区仍有大量劳动力等待就业。东北地区除劳动力储备充足外，劳动力的成本也比大多数国家低廉。亚洲地区平均的劳动力成本在产品总成本中所占比例为 4% 左右，而中国只占 3.5% 左右（杨长勇，2011）。同时，中国的劳务人员多有责任心，肯吃苦，敬业勤劳，工作效率高，守纪律，易于管理。这些优势对于国外的雇主都具有很大的吸引力。而俄罗斯远东地区劳动力短缺，就业机会较多，当地的开发建设急需大量劳动力补充，两地的劳动力可以互相满足对方的需求，达到合作共赢的目的。

3.2 劳务合作现状

俄罗斯远东地区与中国东北的劳务合作主要以东北的劳动力资源向远东输出为主。劳务输出的方式有 5 种：一是通过中国对俄罗斯承包工程带动的劳务输出；二是中国境内的企业法人与俄罗斯方面的雇主签订相关的劳务合同，派遣劳务人员；三是中国在俄罗斯进行投资或者兴办企业派出的相关管理人员；四是中国对俄罗斯出口的成套设备所需要的安装调试人员和技术指导人员；五是劳动者个人通过各种渠道进行出国务工（李瑾，2014）。主要输出的行业为农业、林业和建筑业。农业方面，俄罗斯远东位于高纬度地区，气候恶劣，劳动力不足使农业发展受到阻碍，而东北农业劳动力富足，同时农业种植经验丰富，先进的农业技术可以通过劳务人员输送到远东。林业方面，远东地区在苏联解体后林业人口流失严重，加上近年来的森林火灾，病虫害蔓延，急需林业劳动力解决。而东北仅吉林省林业劳动力就有73万，林业岗位的减少也造成林业人口的剩余，吉林省每年通过各外贸窗口公司以及林业劳务形式赴俄的林业劳务人员约1500人左右，尽管环境恶劣，条件艰苦，但劳务工人的收入相对丰厚。建筑业方面，俄罗斯自2009年经济危机后，有很多基础设施需要建设，如道路设施、水利设施、天然气、石油等项目需要施工，但国家经济受到沉重打击，远东当地建筑工人多转行或重新选择职业，建筑业劳动力短缺。与之相对的，东北地区大量农村进城务工人员在城里找不到工作，两国的劳务合作可以做到在解决远东的劳动力短缺的同时缓解东北的就业难问题，达到两全其美的效果。据统计，截至2004年11月底，中国在俄罗斯的劳务人员达到了2万人，2004年1~11月中国共向俄罗斯派出劳务人员1.18万人次。据国家商务部统计，2005年中国向俄罗斯派出劳工1.8万人，截至2005年底，在俄人数约2.2万（雷丽平、朱秀杰，2011）。根据中方统计，2020年中俄双边贸易额达1077.7亿美元，中方对俄非金融类直接投资为3.4亿美元，新签工程承包合同额达58.7亿美元。在新冠肺炎疫情危机下，全球经济在2020年都遭受了严重打击，中俄两国能够在此环境下承受住考验，可谓"真金不怕火炼"，两国的劳务合作前景广阔。

3.3 中国东北地区劳务人员对俄罗斯远东经济的贡献

东北地区的劳务人员为促进俄罗斯远东经济的发展贡献了中国力量。这些劳务人员在远东从事农业、林业、建筑业等职业，填补了当地劳动力的空缺，促进了粮食产业的出口，木材产业的发展以及远东的城市化，同时也保证了当地生活资料的补给，给远东人民带去了福祉。中国商贩的前往给远东带去了便宜的生活材料，也促进了当地商品的流通。俄罗斯人认为，中国人在短时期为他们提供了价格合理的衣服和粮食，让他们在月收入 700~1000 元的情况下也能保证正常生活，对此他们十分感激。据俄罗斯研究机构的一项数据统计，常住远东地区的中国人只占俄罗斯远东居民总数的 3%，但这些人给俄罗斯远东地区创造的 GDP 却占到了 5%。中国劳务人员在远东的贡献得到了俄罗斯政界、学界人士的正面肯定，他们在活跃当地经济、提高远东人民生活质量上功不可没（宋雅、罗伟东、江雪晴等，2006）。

3.4 合作存在的问题

俄罗斯远东地区与中国东北地区的劳务合作获得了很大进展，未来的合作也有很大潜力。但是在两国的劳务合作上也隐藏着一些需要解决的问题。

3.4.1 中国方面

中国的劳务输出管理体制不够完善，法律机制不健全，输出渠道不规范，这导致出国务工人员的合法权益受到侵害，很多境内外不法分子借由帮助务工人员出国对其实施诈骗，还有一些劳务中介在组织劳务人员出国后不再帮助其办理相关手续，造成务工人员的大量非法移民。由于法律保障机制的不完善，这些人员的切身安全和利益无法得到保证，对两国劳务合作产生很大影响。除此之外，中国对俄罗斯劳务输出的素质偏低，缺乏专业技术水平，竞争力不足。由于中国去远东地区务工人员大部分技术水平较低，与当地人在语言沟通上也有障碍，劳务合作只能维持在低层次上，他们通常工作环境差，工作的企业也不能很好的保障他们的利益需求。此外，也存在一些务工人员不能很好地遵守当地法律的情况，这严重影响俄罗斯对中国劳务人员的好感，阻碍中俄劳务合作的良好发展。

3.4.2 俄罗斯方面

目前，申请进入俄罗斯的务工人员劳务证审批过程长，手续复杂，大概要 4 个月时间，还会有后续审批过程，浪费了务工者大量时间的同时，也耽误了他们出国务工的最佳时机。除此之外，俄罗斯关于劳务方面法律不健全，中央对地方控制松散，在俄务工人员的合法权益得不到保障，尤其是在入关和税务方面。同时，在俄罗斯时也有反对中国移民的声音存在。2009 年期间，黑龙江社科院以及黑河市社科联合会对俄罗斯在中国的留学生做了一项"关于是否应该在一定程度上限制中国公民进入俄罗斯"的问卷调查，调查显示有 65% 的俄罗斯留学生认为应该严格控制中国公民进入俄罗斯。（杨长勇，2011）这对中俄的劳务合作造成了一定程度的消极影响。

3.5 俄罗斯远东地区与中国东北的劳务合作展望

俄罗斯远东地区与中国东北的劳务合作可以缓解双方劳动力状况，也符合经济发展需求，两地合作有巨大潜力。为了使中俄的劳务合作更加顺利地进行和开展，双方可以就以下建议进行思考与改善。

第一，完善中国的劳务输出制度，建立完善的法律政策，对出国务工人员提供及时的供需信息和有效的法律帮助。例如设立相关部门专门解决出国务工人员的需求与问题；建立劳务信贷制度；对赴俄务工人员提供经济、人身安全保护以及福利援助等。

第二，中国政府要与俄罗斯劳务合作相关部门有效沟通，简化出国务工程序和需要办理的手续，减少出国所需的时间和成本。

第三，加强中国劳务输出企业的自身建设，努力做到服务上的认真仔细以及项目的顺利、及时完成，提高国际竞争力。这就要做到建立良好的企业管理体系，保证企业信誉，打造企业品牌；严格挑选务工人员，提高务工人员技能，加强技术培训，尤其是俄语和文化修养水平，加强在高新技术领域的合作。同时，企业也要承担社会责任，要保障国外务工人员的切身利益。

第四，加强正面宣传力度，提高中国在俄罗斯的积极影响。中俄政府要增加政治文化交流，加强两国人民信任，消除俄罗斯人民对中国务工人员的误解。俄罗斯政府要加强对媒体的管控，使媒体积极引导本国人民去正确地看待中国人员赴俄务工问题。

参考文献

[1] Виктория. Дальний Восток. Карта с Городами и Поселками. Географическое Положение, Площадь, Рельеф, Климат, Население, Природа, Животные Региона [EB/OL]. https://touristam.com/dalniy-vostok-karta.html.

[2] Численность Населения. Дальневосточный Федеральный Округ - Сколько Населения в 1991-2020 Году? [EB/OL]. https://численность-населения.рф/дальневосточный-федеральный-округ.

[3] Мотрич Е Л. Демографические и Миграционные Процессы на Дальнем Востоке России [EB/OL]. http://assoc.khv.gov.ru/regions/information/demographic-migration-processes.

[4] 董文婷 .21 世纪以来俄罗斯远东地区的中国移民问题研究 [D]. 哈尔滨：黑龙江大学，2014.

[5] 俄罗斯联邦国家统计局 .2005 年俄罗斯各地区社会经济指标 [S]. 2005.

[6] 高际香 . 俄罗斯人口问题及政策选择 [J]. 欧亚经济，2016(2)：62-73，126–128.

[7] 雷丽平，朱秀杰 . 俄罗斯远东地区人口危机与中俄劳务合作 [J]. 人口学刊，2011(5)：66–73.

[8] 李瑾 . 中国对俄罗斯劳务输出的现状及影响因素分析 [D]. 石家庄：河北经贸大学，2014.

[9] 刘爽 . 远东经济概况 [J]. 东欧中亚市场研究，1999(8).

[10] 牛燕平 . 俄罗斯远东地区人口与劳动力资源问题 [J]. 西伯利亚研究，2004(4).

[11] 彭文进 . 俄罗斯人口危机视阈下的人口结构分析 [J]. 新疆师范大学学报（哲学社会科学版），2010(3):69-74.

[12] 丘立本 . 国际移民研究：国际移民的历史、现状与我国对策研究 [J]. 华侨华人历史研究，2005(1).

[13] 宋雅，罗伟东，江雪晴，等 . 俄罗斯远东地区需要大批中国劳工 [N]. 环球时报，2006-04-26.

[14] 吴佳俊 . 俄罗斯批准远东开发战略 [N]. 环球时报，2010-01-22.

[15] 肖敬新 . 当代俄罗斯远东开发与人口变化问题研究 [D]. 哈尔滨：黑龙江省社会科学院，2020.

[16] 杨长勇 . 我国劳动力成本趋势及应对策略 [J]. 宏观经济管理，2011(4).

[17] 叶夫盖尼 . 俄罗斯远东地区移民政策研究 [D]. 大连：大连海事大学，2017.

[18] 朱蓓蓓 . 俄罗斯远东地区开发战略与中俄区域合作研究 [D]. 长春：吉林大学，2019.

"一带一路"融合型人才培养的思考[①]

上海外国语大学　许　宏

摘要：为推动共建"一带一路"高质量发展的各项涉外工作，我国与沿线国家的"五通"领域合作应培养"一带一路"所需的"多语言、跨学科、通专业"的融合型国际化紧缺人才。应保证语言专业教育质量、提升专业课堂高阶性、改革语专融通课程设置、推动课程思政全贯穿和加强实践育人平台建设。

关键词："一带一路"；融合型人才；人才培养模式

1　引言

2015年3月，国家三部委联合发布《推动共建丝绸之路经济带和21世纪海上丝绸之路的愿景与行动》，拉开了一带一路建设的序幕。2015年10月国务院印发《统筹推进世界一流大学和一流学科建设总体方案》，要求以立德树人为根本，以支撑创新驱动发展战略、服务经济社会发展为导向，坚持"以一流为目标、以学科为基础、以绩效为杠杆、以改革为动力"的基本原则，加快建成一批世界一流大学和一流学科。由此，我国大学"双一流"建设全面启动。

2　融合型人才培养理念提出的背景

为主动对接国家发展战略，推进"双一流"建设、高峰学科建设和落实学校发展规划，加强外国语言文学学科建设，大力发展"一带一路"沿线国家战略语言专业，加强俄罗斯东欧中亚地区区域国别研究，上海外国语大学于2017年10月14日发文，决定成立俄罗斯东欧中亚学院，同时撤销俄语系。俄罗斯

[①] 本文系2020年上海高校本科重点教改项目"'一带一路'沿线非通用语人才培养模式的探索与实践"的阶段性成果。

东欧中亚学院依托原俄语系为主体组建,是学校从事俄罗斯、中东欧和中亚地区语言文学、文化教学和研究的机构,也是学校俄罗斯、中东欧和中亚区域国别研究的重要学术平台,还是俄语语言文学学科点及中东欧和中亚区域语言学科的依托单位。

众所周知,上外的俄语教育肇始于建校之初,今天的上海外国语大学就是由1949年的上海俄文学校和1952年的上海俄文专科学校发展而来的。俄语系所依托的学科点是俄语语言文学全国最早的重点学科,也是全国俄语语言文学学科教学科研中心之一,在国内有着传统的影响力,发挥着引领和示范作用。1983年俄语学科获得博士学位授予权;1987年俄语学科被评为国家重点学科,2002年和2007又连续被列为国家重点学科,2009年被教育部设定为国家级特色专业建设点。学科建设不仅需要传承,还应与时俱进,顺应时代发展需要,优化学科结构。拥有优良学风、深厚学术传统和学科积淀的俄语系此次"转型升级",正是为了推进一流学科建设,服务"一带一路"发展倡议,打造"一带一路"沿线俄罗斯东欧中亚地区的战略语言群。

2016年以来,学院在原有的俄语和乌克兰语专业基础上,陆续增设了匈牙利语、波兰语、哈萨克语、捷克语、乌兹别克语、塞尔维亚语和罗马尼亚语专业。俄语及新设的非通用语种都是"一带一路"沿线国家的重要语言。"一带一路"建设已成为构建人类命运共同体的重要实践平台。人才是"一带一路"建设的关键瓶颈,为推动共建"一带一路"高质量发展的各项涉外工作,我国与沿线国家的"五通"领域合作应培养"一带一路"所需的"多语言、跨学科、通专业"的融合型国际化紧缺人才。

3　融合型人才培养模式概要

"一带一路"融合型培养模式即"一体多维融合型外语战略人才培养模式"以"融知识传授、能力培养与价值引领于一体"为育人理念,以"多语和跨文化"两种核心能力为抓手,以"课程、教学内容、复语、外文网站、观察团"等教育力量为驱动,以"培养方案、师资队伍、社会实践"等为保障。该培养模式中的"一体"是指以语言专业教育为主体;"多维"是指以通识教育和课程思政提升素养开阔视野,以跨学科和跨专业夯实基础训练思维,以国际化培养增强跨文化能力;"融合"是指知识教育与实践教育相融合。

4 融合型人才培养探索

4.1 保证语言专业教育质量

《普通高等学校本科专业类教学质量国家标准》中的"外国语言文学类教学质量国家标准"（以下简称"《国标》"）对人才培养规格做了明确的要求，严格按照《国标》的要求培养人才可以保证语言专业的教育质量。我们看到，除了"学制与学位"外，大纲对培养规格做了素质、知识和能力方面的要求。培养规格决定了学生在毕业时所应具备的三大要素，它为我们制定培养方案提供了依据和参照。我们知道，"产出导向"在国际上被称作 OBE（outcomes-based Education），正如吴岩司长所说："我们不是仅仅在宏观上以学生为中心，更多以学生最后学到了什么、学会了什么、学好了什么作为中心"（http://www.gov.cn/xinwen/2018-01/30/content_5262462.htm#allContent），产出导向教育更注重学生素质和能力的培养，它特别强调三个产出（outcomes）：专业教育产出（program education outcome，通常称为培养目标），学生学习产出（student learning outcome，通常称为毕业要求）和课程教学产出（course teaching outcome，通常称为课程目标）。（李志义，2018）这三个产出的确立遵循的是反向设计原则，即根据经济社会发展需求和学校的办学定位，科学合理地设置人才培养目标。比如，《国标》中规定外语专业应培养"适应我国对外交流、国家与地方经济社会发展、各类涉外行业、外语教育与学术研究需要的各外语语种专业人才和复合型外语人才"。（教育部高等学校教学指导委员会，2018）上海外国语大学致力于培养"思想素质过硬、中外人文底蕴深厚、跨文化沟通和专业能力突出、创新创业能力强的'会语言''通国家''精领域'的卓越国际化人才，致力于为国家和地方发展、为社会进步、为人才全面发展和为中外人文交流做贡献"。这两者决定了上海外国语大学俄语专业人才培养目标，再由培养目标决定学生毕业时所应具备的素质、掌握的知识、拥有的能力。它们将细化为毕业要求，然后建立与之对应的课程矩阵，"素质、知识、能力"将融入每一门课程中，落实到具体教学环节中，并且能对其进行有效评价，形成毕业要求与培养目标、课程体系的对接。课程矩阵中不同性质的课程，课程目标和教学内容侧重点可能不同，比如基础俄语、翻译理论与实践、俄语视听说等语言技能课偏重语言能力目标，俄语语言与文化、俄罗斯文学选读、中俄文化比较等专业知识课程偏重思辨能力和跨文化能力培养，但是课程目标的高阶性，课程内容、教学形式的创新性，课程设计、学习结果的挑战度应贯穿课程体系的始终，不能将其割裂，分别由不同的课程孤立实现。

4.2 提升专业课堂的高阶性

课堂是学生学习的主渠道和主路径，课堂教学是使学生能够达到毕业要求、达成培养目标的基础，它是一流课程建设的主战场。美国教育心理学家本杰明·布鲁姆（Benjamin Bloom）将认知过程分为知道（知识）、领会（理解）、应用、分析、评价和创造6个层次，前三个层次属于低阶层次，后三个层次属于高阶层次（见图1）。高阶层次的认知活动发展的是高阶能力，低阶层次的认知活动发展的是低阶能力。

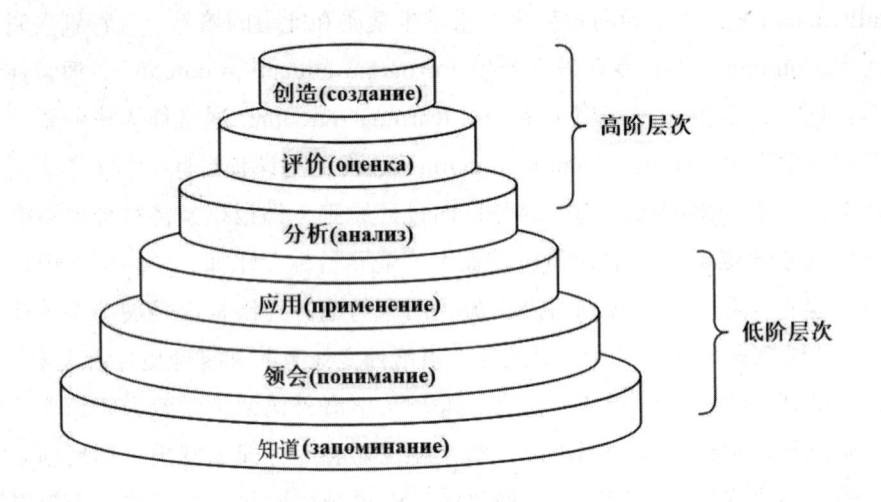

图1 布鲁姆认知能力分类

专业课程的课堂应是高阶课堂，进行的是高阶层次的教学活动，培养学生的高阶思维，发展高阶能力。现在俄语专业的教学中，大量的听、说、读、写、译等语言技能课程训练的都是"识记"和"理解"，即便专业知识课程往往也离不开对"知识点"的"识记"和"理解"。俄语专业四八级水平测试也是低阶层次的"认知"考点较多，对于高阶层次的分析和评价的考查处于隐而不显状态，这些都不能达到《国标》对"能力要求"的规定，也不能达到一流课程目标的实现要求。诚然，俄语专业的学生大都是零起点学生，一门从零开始学的外语在起步阶段肯定是重朗读、背诵、默写等"低阶活动"，但是即便是从初级起步的语言技能教学的课堂，教师也要设法从知识课堂向能力课堂转变，"学而不思则罔"，教师要设法激活学生的思维，将"高阶活动"融入进去，调动学生的分析、评价、创造等高阶认知能力。比如，教师在课堂上可以设计各种问题，通过各种提问来开展教学，也可以引导学生自己提问并回答，将多一点的时间留给学生思考和讨论。

4.3 改革语专融通课程设置

外语人才作为跨文化交流活动的主体，其素质和能力则直接影响着文明交流互鉴的效果。随着中国与其他国家的交流合作日益走向深入，单一的语言技能人才已经不能满足国家和社会的更高需求，跨学科的复合型、一专多能的外语人才十分稀缺，因此，培养跨学科复合型人才是新时代的新要求，是国家赋予高校教育尤其是外语学科教育的一项重要任务。在当前全球新科技革命、新经济发展、中国特色社会主义进入新时代的背景下，基于传统文科进行学科中各专业课程的交叉融合变得尤为重要，把现代信息技术运用到哲学、文学、语言等类别的课程中，使学生得到知识扩展和思维创新的培养。

（1）**调整不同类别课程比例**。立足培养目标，完善课程体系，在毕业要求的基础上，完善课程体系和具体课程对毕业要求的支撑矩阵，从而构建一种具有开放性的并能持续改进课程教学质量的闭环运转机制调整课程设置；适当调整技能课和专业课的比例，强化人文、社科相关学科的教育，在提高语言技能的同时，增强学生在专业知识方面的发展。目前俄语专业课程设置普遍仍然是以语言技能训练为主，知识性课程严重不足，阻碍了学生的认知能力和思维水平的提高，造成了思维缺席症。知识型课程在培养方案中的比例应有所增加。

（2）**改造传统技能课**。提升课堂高阶性，实现外语技能训练与能力培养有机结合。课堂是学生学习的主渠道和主路径，课堂教学是使学生能够达到毕业要求、达成培养目标的基础。《国标》中"培养规格"对能力的要求中明确提出"外语类专业学生应具备……思辨能力，以及一定的研究能力、创新能力、信息技术应用能力、自主学习能力和实践能力",这些高阶能力的培养正是目前俄语专业课堂中普遍存在的短板、瓶颈和软肋。我们要改变教学中单纯的语言技能导向,在课堂上将教学的重点从关注学生对知识、经验的接受、理解转到关注学生思辨能力、实践能力及解决问题的能力。

(3)**方向课程进行模块化建设**。根据《普通高等学校本科俄语专业教学指南》中对培养方向课程的规定,设置"语言学方向课程""文学方向课程""比较文学与跨文化方向课程""翻译方向课程""国别与区域方向课程"等5个模块,充分挖掘现有教师能力,在每个模块下尽可能多设置课程供学生选修,从而提高学生对专业知识掌握水平,扩展其专业知识深度和广度。

(4)**设置跨专业跨学院课程**。以往外语专业课程总体比较传统,除专业必修课和部分语言技能类选修课外,交叉融合的课程数量较少。可根据学校学科优势和专业特色,选择开设其他各类专业方向课程,探索跨学科、跨专业融合型知识协同育人体系,拓宽学生的学习领域,凸显学校的人才培养特色。比如设计"2+X"课程体系:"2"是语言学习,包括本专业外语(俄语、波兰语、哈萨克语等"一带一路"沿线国家所使用的语言)和英语,"X"是指学生可以自主选修经济管理、国别区域、新闻传播、历史文化等领域的课程,这些课程可按模块给出,比如可根据上述领域设计20个模块共计三百余门课程,学生可通过主修2门外语,选修模块课程,实现"语言+专业"融合型知识的获得。

(5)**打造多模式协同科研育人体系**。依托学校教育部区域与国别研究基地(俄罗斯研究中心)、教育部国别和区域研究备案中心(哈萨克斯坦研究中心、中亚研究中心)等,协同校多语种国际舆情实验室、人工智能与数据科学应用实验室、脑与认知科学应用重点实验室、教育部"十二五"实验教学示范中心媒体融合实验中心、国家话语与对外传播实验室、未来全球媒体与教育实验室,通过师生组建跨学科创新团队、高水平项目池、学术启航计划等,师生"同研"、学生"自研",实现学生科研创新能力的持续提升。

4.4 推动课程思政全贯穿

党的十九大报告中指出,要以"一带一路"建设为重点,坚持引进来和走出去并重。"一带一路"沿线语种人才必将在经贸往来、文化交流等方面起到重要作用。语言文字本身的思想性强,这一特点决定了在外语专业的教学中对学生进行思想政治教育有得天独厚的优势。外语专业不仅要求学生达到综合运用外语的能力，而且必须培养学生树立正确的人生观、世界观和价值观，具备良好的道德品质，提升学生对中国文化的自觉与自信，培育浓厚的家国情怀。这是新时代赋予高校俄语专业教育的历史使命。为此，教育机构必须在专业技能知识传授的同时，注重文化意识的培养，深入挖掘专业教育各环节中蕴含的思政教育资源，特别是文化资源，充分利用这些文化教学资源更好地实践课程思政，以立德树人为根本任务。要推动《习近平谈治国理政》多语种版本进高校、进教材、进课堂，将课程思政贯穿工作全链条，达到全覆盖，培养学生的"政治素养、家国情怀"，实现价值观的立体塑造；围绕科研育人、网络育人、实践育人、文化育人、服务育人、组织育人，重点建设"外文门户网站群""多语种国际舆情智库育人""一带一路青年观察团实践育人项目""以文化人，以行育人""校媒协同育人，培养'讲好中国故事'实战能力"等项目，培根铸魂、启智润心，培养"政治定力、全球视野"，实现价值观的全面固化。

4.5 加强实践育人平台建设

加强实践育人平台建设，完善协同育人机制，实践产学研相结合的办学思路。进一步促进第二课堂教学，丰富学生活动，在实践中提高学生的语言能力。利用大学生创新创业项目培养学生的实践与创新能力、学术与思辨能力。此外，以外事活动助力实践教育，打造专业特色品牌实践项目。创新教育实践模式，拓展实践育人"课内外、校内外、国内外"三位一体的途径与方式。课内可以邀请使领馆及国外专业院校教师来和学生交流互动；课外凡有外事活动，可以派出学生担任翻译或志愿者；校内建有网络育人平台"多语种外语门户网站"俄语版、乌克兰语版、匈牙利语版、乌兹别克语版等，用所学语言讲述中国故事，用互联网传播中国声音；校外派出学生担任进博会的语言志愿者，进博会已成为学院思政育人的重要平台，参加进博会服务也已成为学生的"必选课程"；教育部设在院内的3个区域国别研究中心和俄罗斯世界基金会俄语中心等为学生在国内实践提供了良好的平台，而每年暑假进行的"一带一路"青年观察团海外实践项目已成为学校标志性实践项目，学生们利用假期深入"一带一路"沿线地区国家开展田野调查，了解国情历史、体验民俗文化、调研"中国形象"在海外的影响力。由此，学生从单一语言学习者过渡到跨文化交际实践者，在实践中开阔了视野，培养了人文情怀和责任意识，提升了描述中国文化、核心价值观、思维与行动方式的外语表达能力。

5　融合型人才培养制度保障研究

为使人才培养体系得以有效实施，学校和学院需提供充足的软硬件条件、经费、人员等方面的相关政策支持和保障。学院应坚持"以本为本、四个回归"，落实立德树人根本任务，不断推动本科教育综合改革，将主要精力和资源投向本科教育，构建"三全"育人体系。用信息技术构建多人教研、线上线下混合式教研的新形态，改变教师教研孤立无援、教学各行其是的不利现状，开创新的、尽享信息时代便利的常规教研局面。积极推进新文科建设，鼓励跨学科交叉融合，加强复合型创新型人才培养；建设和完善协同育人和实践教学机制，致力于打破专业、学科、院系、学部的边界，引导学生自主构建知识体系。注重实践育人，设立实践创新育人教改项目，给予充足的经费支持，强化教学质量和教学效果，促进学生素质和能力的全面提升。坚持以学生成长为中心，推进教学改革和建设，打造优质课程和教材；建立以学生为中心的闭环教学质量改进机制，完善从专业、课程、教材到学生发展和就业等方面的教学质量标准和评估制度；筹划教学质量状态数据监控系统，强化过程性和发展性的课程评估，持续开展专题调研和不同群体学生调研分析。探索课程思政新路径，使课程思政贯穿人才培养的全过程。开展师资交流和培训，通过师资培训、业务交流提高教师专业核心素养，即专业知识、专业能力和职业素养。

参考文献

[1] 李志义."水课"与"金课"之我见[J]. 中国大学教学，2018(12)：24-29.

[2] 教育部高等学校教学指导委员会. 普通高等学校本科专业类教学质量国家标准（上）[M]. 北京：高等教育出版社，2018.

高校俄语课程思政研究现状及其趋势

新疆大学　海里古力·尼牙孜

摘要：随着高校课程思政工作的全面推进，俄语课程思政研究的论文数量逐年增长，研究的内容日益丰富。本文选取中国知网"期刊数据库"收录的俄语课程思政相关文献 32 篇，从文献数据分析、文献研究的主要内容、存在的不足等方面进行归纳分析，并探讨未来俄语课程思政在基础理论、资源开发等六个方面的研究趋势。

关键词：课程思政；育人；研究现状；趋势

2020 年 5 月，教育部印发《高等学校课程思政建设指导纲要》（以下简称《纲要》），对"全面推进高校课程思政建设"进行统筹规划，明确具体要求。2021 年 6 月，"教育部课程思政建设工作推进会"召开，会议提出"全面推进课程思政高质量建设"。2021 年 12 月 22 日，教育部高教司下发《关于深入推进高校课程思政建设的通知》，进一步明确课程思政建设的内涵、建设的内容及建设的方法。从 2016 年 12 月全国高校思想政治工作会议上"课程思政"理念的正式提出到"全面推进高质量建设"，国家层面的要求不断提高，课程思政成为高校落实立德树人根本任务的战略举措，也成为教育研究的热点。

近年来，外语教育工作者围绕"思想政治工作贯穿教育教学全过程"进行积极的理论与实践探索，力求揭示"课程思政"建设的一般规律，不断提高思政教育工作的实效。本文通过对高校俄语课程思政建设现有的研究成果进行收集、整理及述评，展望其未来研究趋势，对进一步深化高校俄语课程思政建设的理论研究与实践创新具有一定的参考价值。

1 研究概况

本文基于中国学术期刊 CNKI 的期刊数据库，以"思政""俄语"为检索词，以"主题"为检索项进行精确文献检索，所下载的数据日期截至 2021 年 12 月 31 日，剔除与研究主题不符的文献，最终确定符合条件的 32 篇为样本文献。通过对文献的研读，从发文量、整体指标、发文作者分布、研究热点、研究的课程分布等方面进行概要分析。

1.1 发文量

2016 年 12 月全国高校思想政治工作会议后，国内各学科教师及研究者开始关注"课程思政"议题，至 2017 年年底相关研究文献数量出现较快的增长。以英语课程思政研究文献为例，2017 年发文共计 24 篇，2018 年至 2020 年发文量分别为 116 篇、524 篇、1602 篇。俄语课程思政研究发文始于 2018 年，当年有 1 篇相关论文。2019 年增至 4 篇，研究相对平缓。2020 年为 14 篇，出现较快增长。2021 年发文量为 13 篇，说明俄语教育工作者开始对课程思政改革及其研究有一定的关注，今后一段时期的发文量应会保持较平稳的增长趋势。

1.2 整体指标

指标分析显示，32 篇俄语课程思政研究文献的总下载量为 7684 次，其中张惠芹的《外语教学细微处的"课程思政"元素研究》一文下载量最高，共计 935 次。32 篇文献总参考数为 118 次，总被引数为 18 次。被引数最高的是李锦霞、刘红侠合作撰写的《高级俄语"课程思政"的实施路径》和赫潇的《思政教学视阈下的俄语阅读教学探索——基于〈习近平谈治国理政〉俄汉双语材料》，分别被引 3 次。

俄语课程思政改革及研究处于初期阶段。虽然下载数相对较高，但篇均参考数只有 3.69，篇均被引数只有 0.56，说明俄语教师对"课程思政"这一新教育教学理念兴趣浓厚，对高质量的俄语课程思政研究有较大的期待。现有的研究成果还不能满足俄语教师对相关高质量文献的需求。

1.3 发文作者分布

对发文作者及所属单位分析，上海地区是俄语课程思政重要的研究中心，其产出量最高,这与课程思政建设最先在上海推进有直接的关系。西北和东北地区较高的产出则与其开设俄语专业的高校相对较多有关。每位文献作者在课程思政研究领域的发文量均为1篇,研究者之间的合作度较低,主要是学校内部学者的合作研究,且该类合作文献只有3篇。

俄语课程思政研究者还处于较零散的状态,目前的研究尚缺乏稳定的群体。未来的研究应有较大的提升空间,需要更多有实力的机构和学者参与其中。

1.4 研究热点

研究热点通常可通过关键词得以体现。32篇样本文献关键词共现网络分析数据显示,排名前3的关键词为"立德树人""俄语专业""思想政治教育(思政教育)"。

上述高频关键词即为俄语课程思政研究初期阶段的题中应有之义。俄语课程思政建设的重要价值是与思政课程同向同行,落实高校"立德树人"的根本任务。目前共现高频关键词说明多数样本文献对"俄语课程思政"建设的内涵及意义进行了相应阐释,并对课程思政具体的教学实践进行描述与分析。

1.5 研究对象分布

文献研究视角分析显示,对高校俄语专业课程思政进行整体研究的文献有9篇,占比为28.1%。以俄语某一具体课程为研究对象的文献占21篇。其中,"俄语阅读"课程思政研究文献有7篇,"基础俄语"研究文献有6篇,"大学俄语"研究文献有4篇,"经贸(商务)俄语"研究文献有2篇,"高级俄语"及"俄语翻译"研究文献各有1篇。另有2篇涉及俄语课程思政的会议综述、课程思政背景下提升学生文化自信等研究。目前,还没有查到涉及俄罗斯文学、视听、文化国情、区域国别等课程思政建设的相关研究。

2 文献研究的主要内容

对样本文献的研究内容进行分析显示,研究主要集中在对课程思政内涵的理解、课程思政的必要性及重要意义、俄语课程思政元素的内容供给、俄语不同课程实施的具体举措等方面。

2.1 课程思政内涵的理解

"课程思政"是什么？对于"课程思政"内涵的阐释及其本质的把握是有效推进课程思政建设的基本理论支撑。

部分俄语课程思政研究者从宏观层面将课程思政界定为一种新时代教育理念，认为课程思政是一种课程观，是将高校思政教育内容融入课程教学和改革的各环节，实现立德树人目标的教育理念（李艳，2020）。也有学者强调课程思政由外在知识转化到内在素养提升的思政育人功能，认为课程思政将具体课程教学内容与思政教育完美融合，指引受教育者树立正确价值和理想信念。（初明磊，2021）还有研究者从实施层面对课程思政的内涵进行界定，认为课程思政是将思政教育的相关内容有机地整合到相关课程内容的教学实践环节中，并在这一过程中实现立德育人的目标（马佳，2020）。研究者因个体知识结构、学术专长的差异，对课程思政的认知程度也不尽相同。

综合学界观点，"课程思政"是我国新时期的教育纲领，是新时代的一种综合教育创新理念；是一种新的课程观，将思政教育融入课程教学的各环节；也是一种将思政元素有机融入各类课程的教学方法。课程思政建设的基本要求是各类课程与思政课同向同行，基本路径是实现价值引领与知识传授、能力培养的统一，建设目标是培养担当民族复兴大任的时代新人。课程思政的本质是回归其育人价值，促进学生的健康成长和全面发展。俄语课程思政研究还需要结合学科专业特点以系统思维进行体系构建，并通过实践不断推进与深化对"俄语课程思政"内涵及外延的认识。

2.2 课程思政的必要性

"课程思政"是为了什么？大部分文献都对课程思政的必要性进行了阐释，可概括为以下几个方面。

国家层面，研究者普遍认为课程思政的探索与实践是新时代高校三全育人的要求，也是坚持和发展中国特色社会主义的必然要求，有利于推动我国高等教育内涵式发展，更好地满足学生的成长发展需求和期待。（王丽娟，2021）

俄语教育教学方面，作为外语学科的俄语教学兼有工具与人文属性。语言是文化的载体，也是意识形态的载体。汉语与俄语的异质性决定二者承载的价值与意识形态的较大差异。在百年未有之大变局之下，多变的社会思想意识、多元的价值观念、多样的意识形态激烈碰撞与博弈，对俄语专业学生产生深刻的影响。俄语教学中仍存在重教学、轻育人，重知识、轻能力，重国际化、轻本土化的倾向。俄语教学理应成为课程思政建设的教育重地。中国与俄罗斯的关系日益紧密，"一带一路"倡议的提出对德才兼备高素质俄语人才的需求进一步增大，俄语人才肩负着讲好中国故事，传播中华优秀传统文化，服务构建人类命运共同体长远目标的使命。俄语课程思政建设需要提升学生语言能力的同时，重点培养学生的家国情怀和文化自信、道路自信，在未来的国际交往交流中坚决维护国家利益，提升国家形象。

课程思政建设主体方面，师者的社会责任是传道，不仅承担传授知识和技能的责任，也担负着引导学生追求真善美的神圣职责。课程思政在引导学生塑造品格、品行、品味，促进思维、情感、思辨能力发展方面发挥着重要作用。新时代，在积极推进新文科建设进程中，应充分挖掘外语教学中的育人元素，不断增强学生的文化认同感，提升其获得感和文化底蕴（王华，2021）。

课程思政是对新时代教育高质量发展的现实回应。已有的研究主要从认识论的角度论述俄语课程思政建设的必要性。随着高校俄语课程思政实践探索的全面推进及取得的经验、成果，相信会有越来越多的研究从实践论的角度论证其重要意义和价值。

2.3 俄语课程思政元素的内容供给

"课程思政"教什么？课程思政旨在提高学生的核心素养、促进学生的全面发展。根据大部分俄语教师的理解，课程思政元素并非狭义的"思想政治"教育内容，而是涉及政治思想、道德情操、家国情怀、文化素养等诸多方面。研究者以"育人元素""德育元素""思想教育元素""价值元素""思政资源"等词汇表达融入的思政元素，体现了对思政内容供给的不同理解。

高级俄语课程将专业知识与习近平新时代中国特色社会主义思想、家国情怀、中华民族优秀文化等内容进行融合（李锦霞等，2020）。俄语阅读课程进行基于《习近平谈治国理政》俄汉双语的教学探索，让学生学习语言的同时，了解国家的相关政策，培养学生正确的价值观（赫潇，2018）。俄语翻译课程设置服务国家战略和课程教学体系所涉及的专业、行业、国家、国际、文化、历史等领域所蕴含的思想价值和精神内涵，以及"讲好中国故事"中的"中国表达"等思政资源（程海东，2021）。

俄语课程思政元素的内容供给研究从具体课程内容或者选取的具体文本出发，多以实例说明结合的思政点。多数思政教育融入内容由授课教师决定，同一教学内容融入的思政元素选择也存在一定的主观性、任意性。俄语专业各课程如何做到专业知识与思政内容有机地结合，并形成体系，需要进一步探索。《纲要》的发布对系统科学的设计俄语课程思政元素的内容供给提供了基本遵循。

2.4 俄语课程思政实施的具体路径

"课程思政"怎么做？与其他学科一样，专业知识与思政教育有机融合是俄语课程思政建设的重难点。专业知识教学侧重知识理性，思政教育倾向价值引领，知识理性如何有机融入价值引领，研究者提出了一些对策建议，体现出对"课程思政"不同的认识。

在研究高校俄语专业课程思政建设的实践路径时，研究者从提高教师的思政意识、调整教材内容、更新教学内容、修订教学大纲、改进课堂教学、增加课下与学生的互动、建立俄语专业课程思政资料库、建立俄语专业教师与马哲专业教师的互助机制等方面进行论述（宋晓婧，20219）。样本研究显示，教师队伍建设、教学内容更新、资源库建设、教学大纲修订等成为现阶段大部分俄语课程思政建设的标准化推进模式。

基于俄语不同课程的特点，课程思政的实施路径表现出一定的差异。以基础俄语（俄语精读）课程为例，研究者提出应"利用课前报告进行思政教育""利用课程导入中融入思政元素""在词汇、语法点讲解中融入思政元素""在语篇分析中融入思政元素""通过中俄文化对比找到思政融入点"等思政内容的融合方式（马雅琼，2020）。这里既有以语言要素为基础的思政融入点分析，也有融入方法的介绍。有研究者对疫情防控期间的基础俄语课进行课程思政教学设计，提出课程教学内容与爱国主义教育、价值观、法制诚信教育、生命健康教育、生态文明教育等思政内容结合，进行线上线下混合授课模式改革、课程评价方式改革、课程启发、对比等多种教学方法改革的举措（高艳荣，2021）。

有研究者认为俄语阅读课程可以从"转变教师自身观念,重视教书育人""精心选择教学材料,通过课堂内容进行思想教育,对教材进行分析、加工与补充""灵活使用各种教学方法和手段,加深学生对德育内容的理解""教师发挥'身正为范'的示范作用,为学生树立德育榜样""创设符合德育的教学环境,培养学生良好的行为习惯"等方面进行实践(李莹,2019)。也有研究者通过挖掘阅读教材中能体现"爱国主义教育、中国特色社会主义和中国梦教育、社会主义核心价值观教育"的案例进行实施路径说明(初明磊,2021)。

根据俄语课程思政建设研究者的观点,课程思政的实施是个复杂的系统工程,各要素相互作用与影响。各类课程应基于自身特点选择不同的教学模式,探究适宜的思政融入模式,这一点符合《纲要》的基本思想。

俄语课程思政建设的研究已经取得了一些成果,对于建设中的若干问题,研究者已形成一些共识。从收集到的样本分析,研究也存在以下较明显的不足:一是泛泛而谈的多,有理论深度的少。二是基于个人碎片化经验的"路径或策略探讨"多,对建设实践的总结、实证研究少。三是局限在某一课程操作层面的多,对课程间协同关系和协同建设的研究少。四是强调建设中教师作用的多,对学生主体关注的少。五是未形成稳定的课程思政研究共同体,自发性的研究多,学科、专业、区域等视域下的整体性、系统性研究少等。俄语课程思政研究无论是数量方面,还是质量方面均需提升。

3 俄语课程思政研究的趋势

课程思政是坚持我国社会主义办学方向的有力保障,也是培养德智体美劳全面发展的社会主义建设者和接班人的根本保证。课程思政价值意蕴的实现,需要深入研究、积极实践。基于对目前俄语课程思政改革研究的综合分析,提出以下研究展望。

3.1 俄语课程思政的基础理论研究

课程思政需要教学改革实践,也需要从学理方面进行阐释和解析。近年来,国内学界对高校推进"课程思政"的思考与探索为俄语课程思政建设及其研究提供了许多借鉴与参考。加强问题意识,进行俄语课程思政建设重难点、前瞻性问题的深入研究是推进和支撑俄语课程思政高质量发展的重要保障。

未来,俄语课程思政建设不仅要重视其价值意蕴、生成与实践路径,也应借助语言文学理论、跨文化交际理论、区域国别理论、文艺学、社会文化学、心理学、教育学等前沿理论进行跨学科的课程思政理论构建。其次，对俄语课程思政的内涵和外延的研究待深入，厘清俄语课程思政与"思政课程"的关系问题，使俄语课程与"思政课程"在政治方向、育人导向和文化认同方面同向同行，相互补充、相互呼应、相互涵养。再次，一流课程的建设在于促进大学高质量的发展，课程思政是其提质创新的新理念和有效方法。目前，对一流课程建设与课程思政建设工作的推进实现了国家层面的同向同行，包括一流课程在内的所有课程建设水平均需持续提高。课程思政如何引领俄语课程的建设，实现面向未来的教育教学改革目标同样需要理论探讨和实践创新。最后，诸如俄语课程思政改革背景下，俄语专业新文科建设如何实施？俄语课程思政何以持续、常态化开展等制度性、机制性的问题均待深入研究。

3.2 俄语课程思政资源的开发研究

"课程思政"作为新的教育理念与课程观仍在不断推进与深化。无论是作为课程思政顶层设计者的学校重要推动者的院系还是具体实践者的教师，都有一个理念接受、实践应用、成果凝练、守正创新的过程。俄语课程思政建设及研究中仍不乏将专业知识和碎片化的思政教育内容进行"混合"产生的"贴标签"现象；也存在脱离文本独立存在的思政内容，导致语言目标与思政目标"两张皮"。高质量的俄语课程思政建设迫切需要解决思政资源的供给和课程专业知识深度融合、形成协同的问题。

《纲要》提出要"构建科学合理的课程思政教学体系"。未来，必须以《纲要》为基本准则，研究建立符合俄语学科专业特色和优势、专业育人目标和人才培养规律，且层次分明、相互支撑、相互浸润的课程思政体系。此外，还需要研究如何根据"课程思政"的内生性，深度挖掘、整合开发、优化配置各类俄语课程中蕴含的思政资源，以恰当的方式自然融合，避免思政资源开发的重复化、交叉化和碎片化问题。如何结合学校特色课程加强俄语课程资源的开发等问题。

3.3 俄语教师课程思政能力提升研究

教师是课程思政实施的主体和关键。推进课程思政建设中的难题凸显了教师课程思政能力提升及其研究的现实紧迫性。教师课程思政能力至少应包括政治素质、思政意识、课程思政教学能力等要素。教育者先受教育，提高课程思政能力及其研究能力应成为俄语教师专业发展的新内涵。

从课程思政意义上说，政治素质体现教师对党和国家在教育领域的政治要求和规范的内化。思政意识要求教师增强立德树人的责任感和使命感，将"课程思政"内化为其理性自觉和现实行动。对课程蕴含的思政资源的挖掘和有机融合能力构成教师的思政教学能力。政治素养是教师思政意识和课程思政教学能力赖以生成的前提，思政意识构成教师课程思政整体能力的关键，而教学能力是做好课程思政的重点。

从俄语学科及专业特点出发，研究如何提升俄语教师的课程思政能力，需要具体研究俄语教师的政治素养包括哪些要素？如何厚植俄语教师的政治素养，使之与党和国家的事业发展相匹配？如何提高俄语教师课程思政意识及参与课程思政的积极性、主动性和创造性？俄语教师如何做到教学相长，与学生共构学习共同体、交互共同体……对上述问题的深度追问和系统反思，应成为俄语课程思政理论体系研究的重要组成部分。

3.4 课程思政视域下的学生研究

"课程思政"的本质是育人。"育人本位"应贯穿课程思政建设的始终，引导学生通过体验式思考，实现理性认知、情感共鸣与行为认同。同时，学生的获得感也应成为"课程思政"建设成效的重要检验标准。对学生的研究是目前俄语课程思政研究中的薄弱环节。

"学生中心、产出导向、持续改进"的教育理念已成为高等教育发展的共识。当前，俄语教师应结合课程思政致力于从学生求知需求出发，遵循学生成长规律，不断提高学生的自主学习能力、课程学习体验及学习效果。为此，需要研究如何根据学生需求，深度拓展课程教学内容，打破专业知识与思政教育未能有效衔接的问题，让学生在主动学习中实现真正的全面发展，达成"课程思政"立德树人润物无声的目标。另外，还需要研究如何针对俄语专业学生及其思想特点，结合学校办学定位，在既做到符合学科专业知识传授要求，又能服务学生、实现育人效果最大化的前提下，完善俄语人才培养方案、课程标准、教学内容教学方法及手段，进一步完善课程设计及实施成效的评价和学生评价，达成持续改进教育教学的目标。

3.5 俄语课程思政建设评价及其研究

课程思政建设不仅需要完善的政策引导机制、管理服务体系，还需要有效的评估机制。《纲要》强调"建立健全多维度的课程思政建设质量评价体系和激励机制。"课程思政建设评价应对课程思政改革的实效进行及时反馈，指导课程思政建设持续改进提高，切实提升育人质量。

当前学界的研究分析表明，课程思政改革评价的研究相对较少，现有的研究涉及课程思政建设评价的必要性、评价主体、评价重点等方面的理论阐释。本文作者在进行文献检索时暂未收集到俄语课程思政建设评价的研究。课程思政建设的评价体系构建应参照高校教育教学评估的一般原则和方法，根据俄语学科专业的特点和各课程的教育教学目标制定。因此，应尽快从课程思政的视角研究俄语课程设计与实施评价、教师评价和学生评价等多维度的俄语课程思政评价体系，研制相关评价量表，进而以评价带动俄语课程思政改革的高质量发展。

3.6 俄语课程思政教学改革平台研究

俄语课程思政建设需要长远布局和融合创新平台。现阶段，各高校俄语教师亟须搭建结构合理、常态运行、保障到位的交流合作平台，形成互通有无、互学互鉴、共享共用的共同体，以促进教师间的持久合作。就结构而言，类似的教育教学共同体应致力于消除校际及学科专业壁垒，形成立体开放的分享平台，其合作应包括俄语教师与思政课程教师之间的合作、俄语同一门课程教师内部的合作，以及俄语各类课程教师之间的合作等多个层次。

除深入研究传统的交流、培训、项目合作、研讨等多种课程改革交流平台及其功能外，尝试实践与研究基于"智能+"时代的合作平台新模式应是未来的趋势之一。"虚拟教研室"是利用现代信息技术助推教学组织建设的新型平台，在创新教学形态、加强教学研究、共建优质资源、开展教师培训等方面应大有可为。如何使虚拟教研室和传统教研室形成纵横交错的矩阵结构，共同发挥在俄语课程思政建设中的作用，多方发力，齐头并进，提高俄语专业整体的课程思政能力是俄语教师在新时期面临的崭新课题。

结语

课程思政建设是教育领域必须高质量推进的一项长期性、系统性、持续性的育人工作，需要坚持科学理念、系统思维、精准施策，并在教育教学实践中不断改进完善。俄语教师及其课程思政研究者未来还需加强对课程思政各要素之间的联系、内在逻辑结构等各级系统内在规律的认识与研究。通过理论与实践的循环提升，为各高校俄语课程思政的全面开展和持续推进提供科学的依据。

参考文献

[1] 程海东. 服务于对外话语体系建构的翻译课程思政体系建设研究 [J]. 国际公关，2021(1):135-137.

[2] 初明磊，基于课程思政理念的《俄语报刊选读》教学研究 [J]. 现代交际，2021(4):149-151.

[3] 高艳荣. 疫情防控期间混合式教学模式下《基础俄语2》课程思政的应用与探索 [J]. 高教学刊，2021(3):39-42.

[4] 赫潇. 思政教学视阈下的俄语阅读教学探索——基于《习近平谈治国理政》俄汉双语材料 [J]. 高教学刊，2018(24):99-101.

[5] 黄国文，肖琼. 外语课程思政建设六要素 [J]. 中国外语，2021(2):10-16.

[6] 教育部. 高等学校课程思政建设指导纲要（教高〔2020〕3号)[S].2020.

[7] 李锦霞，刘红侠. 高级俄语"课程思政"的实施路径 [J]. 中国俄语教学，2020(2):87-92.

[8] 李艳. 在俄语专业教学中实施课程思政教学改革的探索 [J]. 德州学院学报，2020(5):101-103.

[9] 罗良功. 外语专业课程思政的本、质、量 [J]. 中国外语，2021(2):60-64.

[10] 马佳. 基于课程思政理念下俄语课程教学改革创新研究 [J]. 佳木斯职业学院学报，2020(11):20-21，24.

[11] 马雅琼. 大学一年级"俄语精读"课程思政改革实践 [J]. 国际公关，2020(12):104-105.

[12] 佘双好，周伟. 课程思政研究的现状、问题及建议 [J]. 高校辅导员，2020(12):8-13.

[13] 宋晓婧. 高校俄语专业课程思政建设思考 [J]. 林区教学，2021(7):27-30.

[14] 王华. 新文科背景下高校俄语专业课程思政教学改革探索与实践——评《中国关键词(第一辑：汉俄对照)》[J]. 科技管理研究，2021(9):242.

[15] 王丽娟. 大学俄语教学中实施课程思政的路径探析 [J]. 科教文汇(下旬刊)，2021(4):190-192.

[16] 王青. 高校课程思政如何引领课程面向未来 [N]. 中国教育报，2021-08-02(003).

[17] 张惠芹. 外语教学细微处的"课程思政"元素研究 [J]. 北京教育(高教)，2020(8):28-30.

I. 语言与国别区域研究

建设战略语言 服务"一带一路"
——上海外国语大学哈萨克语专业建设综述

上海外国语大学 吴爱荣

摘要：习近平主席2013年提出"一带一路"倡议，其核心内容是与沿线沿路国家共同打造"政治互信、经济融合、文化包容"的利益共同体、命运共同体和责任共同体。为达此目的，首先应当实现"五通"，即"政策沟通、道路联通、贸易畅通、货币流通、民心相通"。而"五通"的基础是语言互通，"'一带一路'需要语言铺路"。没有语言互通，政策难以沟通，更谈不上"民心相通"，也会影响"贸易畅通、货币流通"。因此，在我国"一带一路"倡议的背景下，哈萨克语等战略语言专业的建设和人才培养问题显得十分迫切。上海外国大学发挥自身的语言教学优势，积极对接国家"一带一路"倡议，开设了哈萨克语等战略语言专业，下面将详细介绍上海外国语大学开设哈萨克语战略语言专业的原因及上海外国语大学哈萨克语专业建设的情况，总结上海外国语大学哈萨克语专业建设的经验体会，并指出上海外国语大学哈萨克语专业教学及人才培养方面面临的问题。

关键词："一带一路"倡议；战略语言；哈萨克语专业；人才培养

习近平主席2013年提出"一带一路"倡议，其核心内容是与沿线沿路国家共同打造"政治互信、经济融合、文化包容"的利益共同体、命运共同体和责任共同体。为达此目的，首先应当实现"五通"，即"政策沟通、道路联通、贸易畅通、货币流通、民心相通"。而"五通"的基础是语言互通，"'一带一路'需要语言铺路"。没有语言互通，政策难以沟通，更谈不上"民心相通"，也会影响"贸易畅通、货币流通"。因此，在我国"一带一路"倡议的背景下，哈萨克语等战略语言专业的建设和人才培养问题显得十分迫切。上海外国大学

（简称上外）发挥自身的语言教学优势，积极对接国家"一带一路"倡议，开设了哈萨克语等战略语言专业，下面将详细介绍上外开设哈萨克语战略语言专业的原因，上外哈萨克语专业建设的情况，总结上外哈萨克语专业建设的经验体会，并指出其哈萨克语专业教学及人才培养方面面临的问题。

1 上外开设哈萨克语专业的原因

1.1 开设哈萨克语专业是服务国家"一带一路"倡议的需要

哈萨克斯坦和乌兹别克斯坦等中亚国家是"一带一路"沿线的重要国家。

哈萨克斯坦1992年1月3日同中国建交。建交以来两国关系良好，高层互访频繁，经济合作不断加强。

中哈贸易额2012年超过250亿美元，2013年达到300亿美元，而建交时的1992年只有3.68亿美元，20年间增长了近70倍，增长速度超出了当初建交时人们最大胆的预想。目前，中哈的贸易额已达400亿美元，中哈两国政府确定实施的大型项目就有52个。2021年，中哈经济贸易迎难而上，发展势头强劲。前8个月，中哈双边贸易额达到170亿美元，同比增长28.5%，哈萨克斯坦对中国出口增长12.8%，已全面超过疫情前水平。

此外，中国还是哈萨克斯坦最大的五个投资国之一（占哈萨克斯坦总投资的4.7%）。2005年至2020年，中国对哈直接投资(FDI)总额超过192亿美元。2020年，中国对哈非金融业直接投资约6亿美元，哈萨克斯坦对中国直接投资6.672亿美元。例如，在双边产业投资合作计划框架内，双方计划建设价值245亿美元的现代工业企业56家。共有700多家哈中合资企业在哈萨克斯坦开展业务。

2013年9月，国家主席习近平在访问哈萨克斯坦纳扎尔巴耶夫大学时发表了《弘扬人民友谊　共创美好未来》的重要演讲，首次提出建设"丝绸之路经济带"的构想，并进一步指出要从政策沟通、道路联通、贸易畅通、货币流通、民心相通五个方面着手合作。这一提法得到了时任哈萨克斯坦总统纳扎尔巴耶夫的支持。2014年，哈萨克斯坦政府通过了"光明之路"新经济计划，旨在通过一系列投资促进经济结构转型，实现经济增长。借此契机，两国努力建设中哈特色的"一带一路"，将中国的"丝绸之路经济带"建设与哈萨克斯坦的"光明之路"战略进行对接。哈萨克斯坦国民经济部和中国发改委成立了联合工作组，负责制定未来两国在经济领域的一系列协作对接方案。两国将继续拓展在人工智能、数字金融、电子商务、绿色能源等领域合作，巩固民间友好，携手共建健康丝路、数字丝路、绿色丝路。

因此，开设哈萨克语专业是服务国家"一带一路"倡议的需要。

1.2 开设哈萨克语专业符合本校发展和服务地方的需要

在新形势下，上海外国语大学主动服务国家"一带一路"倡议，率先提出"多语种+"卓越国际化人才培养战略，创新育人模式，所以，开设哈萨克语等专业也是在实践中具体落实上外"非通用语种"和"多语种+"卓越国际化人才的培养目标，培养具有人文情怀、全球视野、创新精神和实践能力，"会语言、通国家、精领域"，能畅通地进行跨领域、跨区域、跨国、跨文化沟通的"多语种+"卓越国际化人才，从而更好地提升上海的城市语言能力，服务上海市的发展目标。

1.3 开设哈萨克语专业适应哈萨克斯坦语言政策的新变化

哈萨克斯坦等中亚国家独立后，纷纷出台新的语言政策，将本族语从法律上确定为国语，本族语的使用范围扩大。哈萨克斯坦在1993年1月28日获得通过的宪法明确规定"哈萨克语是国家语言，俄语是族际交际语言"。因此，上外开设哈萨克语专业也是符合这些国家语言政策和语言使用情况的变化的。

2 上外哈萨克语专业的建设情况

2.1 上外与哈萨克斯坦高校的国际交流和校际合作

上外积极加强与哈萨克斯坦著名高校、研究机构的合作交流，邀请了多名哈萨克斯坦的专家来为学生做讲座，为哈萨克语专业的建设奠定了坚实基础。

2.1.1 成立哈萨克斯坦研究中心

2015年11月16日，上外成立哈萨克斯坦研究中心，该中心致力于哈萨克斯坦社会与文化研究和中哈教育交流合作的学术机构。

2.1.2 校际合作

（1）2016年3月29日哈萨克斯坦阿布赉汗国际关系与世界语言大学校长

特别代表阿米尔巴耶夫·艾达尔一行访问上海外国语大学，杨力副校长会见哈萨克斯坦阿布赉汗国际关系与世界语言大学代表团。

（2）2016年5月24日，上海外国语大学副校长杨力一行人访问了哈萨克斯坦阿布赉汗国际关系与世界语言大学并签署了双方正式合作协议。

（3）2017年9月25日，哈萨克斯坦阿里-法拉比哈萨克国立大学校长穆塔诺夫·哈力木率8人代表团，在哈萨克斯坦驻沪总领事克拉巴耶夫·佐齐汉的陪同下访问上海外国语大学，与上外党委书记姜锋进行了会谈，并签署了双方合作协议。

（4）2017年12月，上海外国语大学与哈萨克斯坦古米列夫欧亚国立大学签订了校际合作协议。

2.1.3 国际交流

（1）2016年5月16日，哈萨克斯坦国立音乐学院院长奥巴基罗娃·然妮雅一行访问上海外国语大学，与曹德明校长进行了会谈。

（2）2017年12月15日，上海外国语大学举办了哈萨克语专业开设仪式暨哈萨克斯坦文化周开幕式。邀请了合作院校代表、哈萨克斯坦驻沪总领事以及国内外哈萨克语专业相关专家参加了此次活动并进行了合作交流。

（3）2018年4月13日，哈萨克斯坦纳扎尔巴耶夫育智学校校长沙姆希季诺娃·库利亚什一行人访问上海外国语大学，并与校党委书记姜锋进行了会谈。

（4）2018年6月3日至10日，上海外国语大学党委书记姜锋率领上外代表团先后访问了哈萨克斯坦总统战略研究所、国际事务委员会及古米列夫欧亚国立大学、阿布赉汗国际关系与世界语言大学等哈萨克斯坦顶级智库与著名高校，走访了中国驻哈萨克斯坦大使馆和驻阿拉木图总领馆。

（5）2018年7月26日，哈萨克斯坦高校师生代表团访问了上海外国语大学。

（6）2019年4月19日，哈萨克斯坦纳扎尔巴耶夫大学代表团一行访问上外俄罗斯东欧中亚学院。

2.1.4 学术讲座

（1）2017年12月17日，上海外国语大学邀请哈萨克斯坦阿里·法拉比哈萨克国立大学哈萨克语教研室主任塞自德·阿克木别克为哈萨克语专业学生进行了以"哈萨克语中的和谐律"为题目的讲座。

（2）2017年12月18日，上海外国语大学邀请哈萨克斯坦音乐家巴勒德尔汗·拜卡达莫娃为哈萨克语专业学生进行了以"冼星海的阿拉木图岁月"为题目的讲座。

（3）2017年12月20日，上海外国语大学邀请哈萨克斯坦驻沪总领事与哈萨克语专业学生进行了"哈萨克斯坦外交官与你面对面"的交流活动。

（4）2018年3月20日至21日，上外邀请哈萨克斯坦古米列夫欧亚国立大学教授科日洛娃·斯维特拉娜和涅恰耶娃·叶列娜进行了以"哈萨克斯坦：历史和现在""哈萨克斯坦的政治制度""现阶段的中哈关系"为题目的讲座。

（5）2018年9月15日，上外邀请哈萨克斯坦古米列夫欧亚国立大学教授科日洛娃·斯维特拉娜给学生进行了以"新时期的中哈关系"为题目的讲座。

（6）2019年4月17日至18日，上外邀请哈萨克斯坦总统公共行政学院民族和宗教关系研究中心主任萨德沃卡索娃·阿依古丽教授和哈萨克斯坦公共舆论研究所所长拉克什耶娃·博塔阔孜教授为哈萨克语专业学生进行了讲座。

2.2 上外哈萨克语专业的建设情况

2.2.1 专业定位、专业规划和人才培养目标

（1）专业定位：本专业为外国语言文学大类下的哈萨克语专业，致力于培养服务于"一带一路"倡议建设和中哈两国多领域交流合作的新时期卓越外语人才。

（2）专业规划：本专业规划立足于哈萨克斯坦国情及语言文化现状，主修哈萨克语，副修俄语（一下至三下，每周6节课）。自2021年9月入学的第二届学生起，改为主修哈萨克语，副修英语，同时开设公共俄语课程。

（3）人才培养目标：本专业人才培养以立德树人为核心，以我校"多语种＋"的人才培养战略为指导，在哈萨克语、俄语、英语的多种外语教学基础上，以专业核心课程、专业方向课程、副修课程、通识基础课程为路径。学生通过本科阶段学习，兼备中、哈两国人文社科、国别区域和其他跨学科知识，可以在中哈外事外交、商贸、国别区域研究领域就业或继续深造，成长为具备深厚人文素养和跨文化沟通能力，能够以扎实专业水平投身"一带一路"建设的新时代外语人才。

2.2.2 专业建设发展历程和教学成果

（1）专业建设发展历程。上外俄罗斯东欧中亚学院承担了哈萨克语专业人

才的培养任务，2017年3月获教育部批准开设了哈萨克语本科专业，基本建设发展情况如下：

① 2016年10月至2017年6月开设哈萨克语课堂，是培训班的性质，学员主要是上外俄语系、语言研究院的教师、研究生等。

② 2016年7月，上外正式向教育部申请设置哈萨克语专业（本科），2017年3月18日，教育部正式公示上外的哈萨克语专业已备案成功。该专业计划每四年招生一次。

③ 2017年9月，上外首届哈萨克语专业正式开学，共10名男生、1名女生。上外于2017年12月15日举行了盛大的哈萨克语专业开设仪式，并于2017年12月15日至21日举办了哈萨克斯坦文化周活动，包括专家讲座、哈萨克斯坦外交官与学生面对面交流、播放哈萨克斯坦电影等丰富多彩的活动。

哈萨克语专业的学生除学习基础哈萨克语等专业课外，还副修俄语，同时利用业余时间参加学唱哈萨克语歌曲、学跳哈萨克舞蹈、朗诵哈萨克语诗歌等丰富多彩的第二课堂活动。

④ 从2017年起，俄罗斯东欧中亚学院积极组织学生开展"一带一路"青年观察活动，赴中亚哈萨克斯坦、乌兹别克斯坦等国开展田野调查，该项目继18年4月获得上外校园文化建设优秀成果"特色创新奖"后，9月又获得上外"国际化建设优秀项目"称号。

2018年，哈萨克语专业的4名学生参加了"2018上外'一带一路'青年观察"活动，到哈萨克斯坦和乌兹别克斯坦的中国大使馆、领事馆、中资企业、高校、市民家中以及街头等地做田野调查，撰写了十几篇高质量的报告，不仅锻炼了语言能力，更坚定了他们学好哈萨克语的信心。

⑤ 2019年5月，上外哈萨克语专业6名学生前往北京参加外交部遴选，其中鞠晓明、李子鑫等两位同学以优异的表现被外交部预录取。

⑥ 2019年9月至2020年7月，上外5名哈萨克语专业学生获国家留学基金委奖学金全额资助、另5名同学获得校级交流项目名额，分别前往哈萨克斯坦古米列夫欧亚国立大学和阿布赉汗国际关系与世界语言大学进行交换学习。学生在交换期间获得了当地老师的肯定，取得了优异成绩。

⑦ 2020年11月至12月，2017级哈萨克语专业学生在专业教师和外籍教师的指导下开题并进行了开题答辩，全体同学顺利通过答辩，确定了毕业论文

的撰写题目及方向。

⑧ 2021年3月至5月，哈萨克语专业全体学生论文经过专业教师和外籍教师的指导，完成了查重和抽查等程序。

⑨ 2021年5月，哈萨克语专业全体学生顺利通过了论文答辩，其中1篇被评为上外校级优秀毕业论文。

⑩ 2021年9月，上外招收了第二届哈萨克语专业的学生（共7名）。

（2）教学成果：

① 在2018年全国哈萨克语联赛中，仅学习哈萨克语一年的学生们取得了可喜的成绩。彭智丰以口试第一名的成绩获二等奖，李子鑫、廖梓轩、鞠晓明同学则分别获得三等奖及优秀奖，上海外国语大学俄罗斯东欧中亚学院中亚语系获得团体二等奖。

② 哈萨克语专业学生学习勤奋努力，按照培养计划顺利完成了所有课程学习，多数同学取得了优异成绩。全体学生顺利通过了毕业论文答辩，且1名学生的论文被评为上外校级优秀毕业论文。

③ 2名学生已于2019年通过遴选被外交部预录取，1名学生保送本校攻读硕士研究生，2名学生计划出国深造，1名学生通过浙江省公务员考试，1名学生已被上海农业银行录取，其余学生计划毕业后就业。目前已有多个企业和单位表示想录用哈萨克语专业学生。

④ 全体学生达到哈萨克语C1水平。

⑤ 大二时期，有5名学生通过俄语专四考试（1名优秀，3名良好，1名通过），毕业时剩余学生中4人通过俄语专四考试，1人通过公共俄语四级考试，所有学生已通过大学英语六级考试。

3 上外哈萨克语专业建设的经验体会

3.1 要重视学生的思想建设，将思政教育融入教学的各个环节

在教学中，要重视学生的思想建设，将思政教育融入教学的各个环节，帮助学生系统学习和掌握哈萨克语表达方式，培养学生在对外交际方面的语言能力，同时在教学中帮助学生树立正确的人生观、价值观，培养学生具有强烈的爱国主义精神和民族自豪感，进而增强他们学习期间和未来工作中坚持爱国并

传播中华文化、讲好中国故事的能力，达到哈萨克语专业人才培养方案中的培养要求。

3.2 要关心学生的学习、生活情况和需求，因势利导解决学生遇到的问题

要关心学生的学习、生活情况和需求。平时通过任课教师和班级导师了解学生的学习和生活情况，定期召开新生座谈会、老生座谈会和毕业生座谈会，院领导、系主任和教师利用座谈会的形式，面对面地了解学生在学习、就业、考研等方面的需求和面临的困难和问题，并因势利导给予帮助和解答。

3.3 要加强教材建设，力争编好各类教材，满足教学需要

目前国内还没有完整的供外国语言文学大类下哈萨克语本科专业使用的教材，因此要在教师教学实践的基础上，与国外合作高校的教师合作，按照国家关于本科教材编写的相关规定，积极编写适用于哈萨克语本科教学的各种专业教材，包括基础哈萨克语、高级哈萨克语、哈萨克语实践语法、哈萨克语阅读、哈萨克语视听说、哈萨克语听力、哈萨克语翻译理论与实践等教材。教材的编写是一个长期和烦琐的工作，但它对哈萨克语的专业教学又非常重要，必须克服一切困难，加强教材建设，力争编好各类教材，满足教学需要。

3.4 要重视教师的教学和科研能力的培养

教师的教学和科研能力是做好本科教学工作的重要基础。目前，上外哈萨克语本科教师队伍十分年轻，平均年龄仅为28岁，1名硕士，1名博士在读。因此，需要通过各种方式，如培训、讲座、听课、进修、攻读博士等，提高她们的教学和科研能力，以便更好地完成哈萨克语专业人才的培养工作。

4 上外哈萨克语教学及人才培养方面面临的问题

上外哈萨克语教学及人才培养方面面临的问题有师资不足、学生学习任务重等六点。

4.1 师资不足

国内目前除上外以外还没有哈萨克语（作为外国语语言文学专业，而不是

国内的民族语言）专业的本科毕业生和硕士生，而因上外人事规定，本校毕业的本科生无法留校任教，因此师资不足。目前，上外哈萨克语专业有中方师资2名，外教1名，但因教学任务多，教师远远不够。

4.2 学生学习任务重

学生以哈萨克语为主要专业，同时副修俄语，即从一年级第二学期开始学习俄语。而学生中学学习的是英语，哈萨克语和俄语这两种语言都是零起点，课时少，且这两种语言的学习难度都很大，故学生的学习任务重。但令人欣慰的是，哈萨克语专业的学生刻苦学习，学习效果不错，多人俄语专业四级考试优秀，且有个别同学通过了俄语专业八级。

4.3 国家留基委提供的奖学金名额少

国家留基委提供给上外哈萨克语专业的奖学金名额只有5名，只占全体学生的一半，其余学生若没有申请到其他的奖学金就要自己承担出国留学的费用，这对学生三年级时申请去哈萨克斯坦留学的积极性产生了负面影响。

4.4 教材、工具书、图书资料缺乏

目前国内还暂时没有供本科学生1~4年级使用的哈萨克语系列专业教材，也缺少相关的工具书。对此，上外正在与国外合作院校合作编写适合本科专业的各级各类教材，未来还亟须编写相关的工具书，如汉哈词典，哈汉词典等。

此外，还缺少哈萨克语的书籍。现在，上外图书馆已陆续通过进口商购买了一些哈萨克语的图书，合作院校也赠送了一些书，但数量远远不够，今后还需拓宽渠道，扩大图书的来源，进一步增加哈萨克语图书的数量。

4.5 合作高校数量少、深度不够

目前，在学校的支持下，上外已与哈萨克斯坦阿里-法拉比大学、哈萨克斯坦阿布莱汗世界语言和国际关系大学、哈萨克斯坦古米廖夫欧亚大学签署了校际合作协议。未来为了能在学生留学、教师进修、科研合作等方面加强与中亚相关高校的合作，还需增加合作高校的数量，加强合作的深度。

4.6 新冠肺炎疫情影响，外教暂时只能线上教学

目前，受到新冠肺炎疫情影响，外教暂时只能线上教学，教学效果打折扣，且线下的国际交流和学术讲座等活动也处于暂停状态。

总之，在我国"一带一路"倡议的背景下，哈萨克语等战略语言专业的建设和人才培养问题显得十分迫切。我们将继续努力探索，积累教学经验，积极开展和加深与哈萨克斯坦合作院校的教学和科研合作，以便把哈萨克语专业建设好，服务于我国和哈萨克斯坦的"一带一路"合作。

高校基础俄语教学阶段学生词法偏误分析及教法应对策略①

北京大学 尹 旭

摘要：基础教学阶段学生对俄语中的复杂词法规则掌握困难，错误频出。本文试图通过对学生进行定向的词法易错点测试，分析错误产生的原因和不同学习阶段学生错误特点。对北京大学本科一、二年级学生的测试结果比较表明，学生在现有的教学体系下随时间的推移能够在一定程度上对复杂词法规则建立"有序的"认知，错误类型不断向统一的、可预测方向靠拢，但随着规则不断堆砌，仍会不时产生混乱。针对此现象本文提出在教学过程中引入语言历时变化为中心的语言学知识，以便建立各特殊规则间的内在联系，进一步完善学生对词法规则的认知。

关键词：基础俄语教学；俄语词法；俄语教学法；俄语历史语法

1 引言

俄语丰富的形态变化一直是我国学生学习的难点。在常规的外语教学设计中，新的单词与新的语法点往往是伴随出现的，随着这些知识的积累，学生能够逐渐理解日趋复杂的外语文本，并进行新文本的输出。但类似的教学设计似乎在俄语教学中并不能达到预期的效果，学生在新文本输出的过程中，尤其是在初学俄语阶段，往往会犯各种各样的词法错误，经常将规则张冠李戴，在我们看来这种现象的产生有下列两个主要原因。

第一，与汉语和英语相比，俄语形态变化复杂，初学阶段常用的基础词汇

---

① 本文系北京大学 2021 年本科教学改革项目"基础俄语教学改革中历时阐释法的应用前景研究"的阶段性成果。

中就包含许多不规则变化，例如，我国普遍使用的新东方大学俄语第1册（史铁强、张金兰，2008）前8课中就已出现 друг – друзья, брат – братья, дом – дома, сосед – соседи, ухо – уши 等众多特殊变化，学生在对俄语词汇的结构缺乏必要认知的情况下很难完全掌握。

其次，学习新变格时，由于学生学习时间尚短，在现有词汇量基础上无法穷尽各类不规则变化，或穷尽不规则变化类型而不知其适用于哪些具体词汇。例如，在第2课中即出现的名词 сын（儿子），在课后单词表、书后单词汇总表、复数一格讲解等部分均未提及其属于不规则变化，如果没有来自教师或参考书的进一步的信息补充，学生不可能知道如何变化。

从目前的情况看，现有教学理念框架下，这种词汇学习和语法学习间的"矛盾"一般会持续整个基础阶段（1~2年），直到学生通过不断地学习新知、修正错误培养起所谓"语感"。既然语感是"人对词语表达的直觉判断或感受"（现代汉语词典，2016），那么就必定要基于一套规则体系，因此如何引导学生更好地建立正确的体系就成为基础俄语教学的重中之重。

2 偏误分析

为了检验现有教学设计中学生词法规则掌握情况，我们对北京大学接受同一教学团队培养的一、二年级学生进行了针对性测试，并对全国6所高校发放了27份同类测试试卷。该测试卷由5部分组成，共计61小题，分别考察动词人称形式、动词过去时形式，名词复数第一格、名词复数第二格、名词单数处所意义第六格这5种低年级学生学习中易错点的掌握情况。本次测试共收取有效试卷40份，其中一年级18份，二年级22份，测试结果见表1和图1。

表1 北京大学本科一、二年级学生测试优秀率

测试结果	一年级		二年级		合计	
优秀（正确率≥85%）	7人	38.9%	12人	54.5%	19人	47.5%
良好（正确率≥70%）	7人	38.9%	8人	36.4%	15人	37.5%
合格（正确率≥60%）	3人	16.7%	1人	4.5%	4人	10.0%
不合格（正确率＜60%）	1人	5.6%	1人	4.5%	2人	5.0%

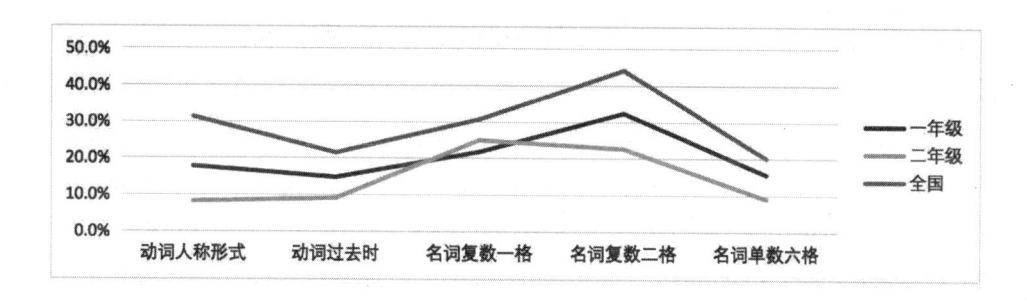

图 1 词法测试错误率

测试结果显示，从优秀率（表 1）和各项语法考察点的错误率（图 1）判断，经过三个学期的学习，二年级学生对词法规则的掌握情况明显好于仅学习俄语一学期的一年级学生，但需要注意的是，如果我们将正确率要求提高，仅比较正确率≥95%的学生数量（一年级 3 人，占总人数 16.7%，二年级 1 人，占总人数 5%），实际上一年级学生在学习完考察内容后不久的情况下，高正确率样本的数量是比二年级高的。那么这是否能说明随着学生学习内容的增多，词法掌握程度在到达峰值后会有一定的回落？

进一步扩展测试范围并分析我们发现，与发放至全国 6 所高校的共 271 份同类测试试卷反馈结果相比（图 1），一年级学生的错误率变化趋势曲线与之基本相符，而二年级学生的曲线则与之不符，这样的波动又说明了什么？

为解释其中的原因，我们对测试各小题的错误进行了详细的比较，并得出了下列低年级学生词法掌握情况的特点。

首先，总体上看，两个年级学生错误基本都是由形似词引起的规则混用造成的：①学生可能无法判定动词人称形式变化时应该怎样进行，此时往往将所学变位法典型词的变位方式强行套用，例如：взять (возьму, возьмешь, возьмут) – *взяю, взяешь, взяют (< гулять – гуляю), искать (ищу, ищешь, ищут) – *искаю, искаешь, искают (< играть – играю)；②当遇到 2 个或 2 个以上词形相似的词时，学生可能强行将这些词按照同一标准变化，例如：приду – *поиду 或 *прийду – пойду (< прийти ≈ пойти), нёс (нести – нёс) – *вёс (вести – вёл) – вёз (везти – вёз)；③由于名词词干的相似性，学生可能下意识将一般规则套用，例如：город (города) – *городы (< стол – столы)，брат (братьев) – *братов (<

стол – столов），在这一方面两个年级的错误发生机制是相同的，只是发生频率的区别。

其次，从错误发生频率角度讲，一般来说，越常用的形式越不容易出错，测试中诸如 хотеть – хочу, хочешь, хотят（二年级）; нравиться – нравлюсь, нравишься, нравятся（一年级、二年级）; мочь – могу, можешь, могут（二年级）; идти – шел, шла, шли（一年级、二年级）; дом – дома（一年级、二年级）; дети – детей（二年级）; сад – в саду（一年级、二年级）等题目均未发现错误。不过一些常见形式在二年级的样本中反而出现了错误率显著上升的情况，尤其体现在名词复数一格这一项，错误的产生一般是受常见词尾的影响，例如：имя (имена) – *имени (< песня – песни), яблоко (яблоки) – *яблока (< село – села)，这正是造成前文所得二年级错误率变化曲线波动的原因。

最后，同一个词的变化一年级学生的错误类型多样，而二年级错误类型更集中、更"合理"，例如在 берег – берега 这组复数一格变化中，二年级学生出现的错误主要集中于 *береги，很明显这是受到了其他 к, г, х 结尾复数一格词尾 -и 的影响，而一年级学生则出现了 *береги, *берегу, *берга 等多种错误，其中后两者——混淆单数三格/表处所意义六格词尾 -у 及误用元音隐现规则——都是相对"不合理"的错误。

由此证明，学生在学习俄语初期，因对俄语单词结构认知不足，容易产生规则混乱，这种混乱的直接表现是将不规则变化与规则变化混同，我们判断这种现象的产生是源于英语语法的负迁移，这其中也不乏中小学英语教学法的负面影响，学生倾向认为词法变化规则只与词的"拼写"直接相关（如英语中的 foot – feet, cloth – clothes），不过随着学习深入，学生逐渐对俄语单词结构中的构词各部，包括词干、词尾、词根、词缀等有了一定的认识，通过熟练使用建立了一些语音交替规则，词法错误也逐渐减少，但随着规则和词汇量的增加，对词法不规则变化的掌握水平会出现小幅度的回落，这种情况的出现可能是由学生无法在过多堆砌的特殊规则间建立内在联系造成的。

3 教法应对策略

测试情况表明，在传统教学模式下，学生较难对语言建立系统性认识，通过使用而掌握的规则可能是片段性的，这种缺憾我们认为可以通过在基础阶段引入以俄语历史为中心的语言学知识，引导学生积极思考来弥补。在本节中我们将以学生错误率最高的名词复数二格变化为例简要说明。

大学俄语第 1 册第 14 课对复数二格的解释主要包括以下内容（史铁强、张金兰，2008）。

① 阳性名词规则变化：以硬辅音（ж，ш 除外）结尾的，加 -ов: завод – заводов, урок – уроков；以 ж, ш, ч, щ 结尾的加 -ей: карандаш – карандашей；-й 变 -ев: музей – музеев, -ь 变 ей: словарь – словарей。

② 中性名词规则变化：词尾为 -о 的，秃尾：слово – слов；-е 变 -ей: море – морей；-ие 变 -ий: занятие – занятий。

③ 阴性名词规则变化：词尾为 -а, -я 的，秃尾：книга – книг, песня – песен；-ия 变 -ий: аудитория – аудиторий；-ь 变 -ей: тетрадь – тетрадей。

④ 不规则变化除重音迁移外还包括：阴性和中性名词复数第二格去掉词尾后，如果有两个辅音相连时，常在两个辅音之间加 -о- 或 -е-(-ё-): окно – окон, сумка – сумок, письмо – писем；有的出现音变：копейка – копеек, неделя – недель；少数名词的复数第二格形式特殊：стул – стульев, время – времён, имя – имён。

从书中给出的这些规则看，教材更加注重的是规则变化的归类，而对不规则变化缺少必要的解释，如果没有教师的正确引导，学生单凭初学俄语的积累很难准确理解和记忆复数二格变化，下面我们将结合以俄语历史为中心的语言学知识谈谈教法的应对策略。

首先，需要为学生明确词尾使用的界限。复数二格词尾包括 -ов/-ев, -ей, -Ø，与其他间接格形式不同，按词干软硬辅音结尾对应的 -ов/-ев 仅适用于阳性名词，从测试结果看，有的同学将二格与其他间接格情况混淆，将 -ов/-ев 用于阳性名词以外，出现类似 окно – *окнов; письмо – *письмов 的情况（两词词干均以硬辅音结尾）。-ей 的出现方式分布较为散乱，它可以出现在阳性中性名词词干以软硬成对的软辅音及 ж, ч, ш, щ 之后，且用于以软音符号结尾的阴性名词，由软辅音出发，有的同学将 й 结尾的阳性名词也照此变化，如 герой – *героей。

如果了解俄语历时变化，则可为学生解释这种词尾分布的原因，使其明确区分各词尾的使用界限。现代俄语中的零词尾 -Ø 实际上是古代俄语中大部分词的复数二格标准词尾（古代表示为 -ъ），这就造成了古代属于 ŏ 变化的阳性名词（大致等同于现代俄语第二变格法阳性名词）单数一格与复数二格同形（如 мученикъ = мученикъ，而阴性、中性名词不受影响，如 жена ≠ женъ），上下文中难以区分意义，于是以 ъ 和 й（古代为 и）结尾的词从 ǔ 变化处融合了词尾 -ов/-ев（мученикъ = мученикъ > мученик ≠ мучеников）；而 -ей 则源于ĭ变化的词的复数二格词尾，这些词的特点就是词干以软辅音结尾（ж, ч, ш, щ 在古代俄语中属于软辅音），词尾为 -ь，后来这一变化扩展到了所有以 -ь 结尾的词之上（原有一部分词属于 ŏ 变化），同时也影响到了一些词干以软辅音结尾的中性名词，进而形成了现代俄语独特的二格词尾分布。

其次，需要为学生明确秃尾的含义。按照教科书中的说法，秃尾应当是指词末元音字母脱落，试比较书中例词：слово – слов, книга – книг, песня – песен。而语音层面的词尾脱落 -ия = -иjа > -иj = -ий 或 -ие = -иjэ > -иj = -ий 则被单独算作一类。从科学语法而非教学语法的角度讲，实际上这两种情况都是零词尾 -Ø 的表现形式，而教科书或许是因为考虑到材料难度，特意避免使用从语音学层面解释的方法，转而从书写角度入手，这是造成学生相关变化错误的根本原因，有的学生在 Мария – Марий 这组变化中就直接删除词末字母 я 将复数二格形式写为 *Мари。

因此，我们建议在教学过程中应适当摆脱中学式教学语法的束缚，引入一些相关的语言学知识，帮助学生更好地理解复数二格零词尾变化的机制，不过需要特别注意的是，以 я 结尾的阴性名词零词尾形式一般是词末保留软辅音（表现为保留软音符号，如，баня[бан'јъ] – бань），而 песня – песен 这组以"辅音+ня 结尾"的阴性名词是属于例外情况，复数二格以硬辅音结尾。据研究统计（Антонова，2008），这类名词在现代俄语中共 300 个左右，词干末尾的软硬辅音 н 交替属于形态音位交替，亦可见于其指小形式中（如 пес/н'/я – песе/н/ка），барышня, боярышня, деревня, кухня 这四个词不遵循此例外规则，复数二格变化时保留词末软辅音 барышень, боярышень, деревень, кухонь。

再次，需要为学生明确 о，е 脱落与显现的表现形式。教科书中只交代了这种现象发生的零星例子，没有为学生指明发生机制，导致有的学生不知道何时使用、如何使用，китаец 的复数二格就出现 *китацев, *китаецев 等错误形式。与词尾变化相同，教师也需要让学生理解此处脱落与显现的是音而不是字母，

因此表示 [jэ] 或 ['э] 时脱落的是 [э] 的部分，而不是字母 e。

另外关于何时出现这种元音隐现的情况则需要寻求俄语历时变化的帮助。以 отец – отцов 为代表，在复数变化时产生的元音脱落现象，就是古代俄语中"短弱元音消亡 (падение редуцированных)"这一现象的遗迹。例如，Отец 一词，在古俄语中写作 отьць，词末的 ь 为弱位，ь 前面的 ь 为强位，弱位消失，强位显现为 e 而得到现代俄语中的 отец，отьць 的复数二格写作 отьцовь，词末的 ь 与位于全值元音 о 前的 ь 均是弱位脱落，进而得到现代俄语中的 отцов，所以古俄语中完全符合规律的 отьць-отьцовь，到了现代俄语中却发生了元音脱落，成为了不规则变化。这类现象常会出现在诸如 -к(а):самоучка – самоучек; -овк(а): **путёвка – путёвок**; -ок: друж**о**к – дружков; -ец: комсомолец – комсомольцев 等词缀中（完整列表见 Иванов、Потиха，1985）。

最后，需要为学生解释一些在变格中词缀隐现的机制。现代俄语中有一些词缀仅出现在与一格不同形的间接格中，它们的隐现是有一定理据的。以 брат 复数形式中的词缀 -ьj- 为例，其来源可追溯至古俄语中集合名词的单数形式。（Иванов、Потиха，1985）在有文字时期，表示集合意义的形式，和一般复数形式是共存的，甚至有的语言学家将其列入数的范畴内，作为与包含于复数形式中的一种区分复数（разделительое множественное число，其功能与现代俄语的复数相似）对立的复数形式（Греч，1834）。可以说，现代俄语中带词缀 -ьj- 的不规则复数变化，是在历时变化中与原有规则变化产生竞争，并最终将其取代，进而影响了其他原为规则变化的词的。这种词缀一般出现于部分阳性和中性名词中，其复数二格可能使用 -ев 或 -Ø 两种词尾，常规情况与以 й 结尾的阳性名词相同加 -ев，如 брат – братьев, дерево – деревьев。只有少数情况保留了原始的阴性集合名词复数二格的零词尾形式（ьja > ей），如 сыновей, князей, друзей, мужей（试比较：статья – статей），这种现象一般被理解为"还没有完成从原有的阴性零词尾形式完成向阳性词尾形式过渡"（Кукушкина，2016）。

教科书中提到的另一类变化 имя – имён, время – времён 与古代俄语的开音节规律（要求词中每个音节均为开音节）相关。单数一格形式中的 я 源自古代的鼻元音 ę，它产生于 *en,*em,*in,*im 的单音化（Галинская，2009），那么在开音节规律的作用下，单数一格形式尾部单音节化产生鼻元音，形成了现代

俄语的 имя，而复数形式发生了音节的重新划分保留了 н 的独立存在，形成了 имён，从而产生了 имя 到 имён 的特殊变化。由此我们不难联想到，ребёнок-ребята 这类特殊变化也是与 *en>ę>я 有关的。共同斯拉夫语中后缀 -ęt- 用来表示儿童或动物幼崽，其中 -t- 属于后缀的次要部分（Мейе, 2001），这样其单、复数形式间的联系也就显而易见了。除名词系统外，这样的语音交替现象也常见于动词体的对应中，例如 понять-понимать，по-ним-ть 不符合开音节规律，因此有 ним>ня，而在未完成体中 по-ним-а-ть 通过音节重新划分（по-ни-ма-ть）可符合开音节规律，同样的例子还有 принять-принимать，занять-занимать 等等。

结语

综上所述，我们通过分项词法测试明确了低年级学生词法偏误的产生主要来源于形似词间规则的简单套用，造成这种问题的主要原因在于学生掌握的外语英语变化规则简单所产生的负迁移，此外受传统外语教学，尤其是中小学外语教育中只重文字变化，而忽略其中语音联系的教学模式影响，学生很容易忽略一些不规则变化间的内在联系，单纯记忆各个规则，难以建立完全准确的词法规范体系。

结合对教材词法规则描述的分析，我们认为应在现有的教学体系中适当加入以语言历时变化为中心的语言学知识，教师在教学过程中务必使学生认识到"字"与"音"之间的正确关系，明确语言中一切的词尾变化和元素增减都是基于"音"，而非基于"字"，如此可基本避免一些规则误用的情况；同时，视学生的词汇、语法知识积累情况，逐步引入一些诸如"短弱元音消亡""开音节规律"等涉及俄语历史的最基本的知识，在出现新的不规则变化时，尽可能回溯、总结已学过的同类或形似现象，明确其中的区别与联系，必要时可专设课时进行专题性、阶段性总结，以引导学生建立起各变化间的联系，使学生对不规则变化的记忆也能有"举一反三"的效果。

参考文献

[1] Антонова О В. Система старомосковского произношения и её рефлексы в современной звучащей речи[D]. Москва, 2008.

[2] Галинская Е А. Историческая фонетика русского языка[M]. Москва:

Издательство Московского университета, 2009.

[3] Греч Н. Практическая русская грамматика[M]. Санкт-Петербург: в типографии издателя,1834.

[4] Иванов В В, Потиха З А. Исторический комментарий к занятиям по русскому языку в средней школе[Z]. Москва: Просвещение,1985.

[5] Кукушкина О В. Морфонология современного русского литературного языка[M]. Москва: Издательство Московского университета, 2016.

[6] Мейе А. Общеславянский язык[M]. Москва: Прогресс, 2001.

[7] 中国社会科学院语言研究所词典编辑室．现代汉语词典（第7版）[M]. 北京：商务印书馆，2016.

[8] 史铁强，张金兰．东方大学俄语：新版学生用书1[M].北京：外语教学与研究出版社，2018.

中国俄语专业语音教学探究
——基于教学前调查实验和调查问卷的分析

上海外国语大学　杜韵莎

摘要： 本文通过分析教学前调查实验结果，归纳中国俄语专业学生典型俄语语音错误。在此基础上，采用俄语语音学习相关问题的调查问卷，以此分析和阐释中国俄语专业学生对俄语学习以及国内传统俄语教学体系的态度和意见，并基于研究结果对提高俄语专业语音教与学的有效性给出教学建议。

关键词： 俄语语音；教学；实验

1 引言

无论是教学法的研究还是其他学科的研究，其结论的有效性和建议的可靠性都需要通过实验来验证。而教育学和俄语教学法（методика преподавания русского языка）的研究难点就在于，研究客体通常无法从诸多联系和影响中独立出来，且有时附带因素会影响研究成果。

教学法研究一般分为基础研究和应用研究。基础研究旨在发现语言教学和语言发展的规律性，解决方法论的一般理论问题，而应用研究旨在查找和厘清实际问题。其主要使用的研究方法包括实验、流派历史和方法学理论研究、跨领域教学法文献理论分析、教学目的语分析、教学过程及要素的建模、教学难点诊断及预测、学习者言语发展水平的研究等（Баранов、Ипполитова、Ладыженская 等，2001）。

俄语教学法的实验研究通常分为三个阶段：教学前调查实验(констатирующий эксперимент)；教学实验(обучающий эксперимент)，亦称形成实验(формирующий эксперимент)；教学后检查实验（контрольный эксперимент）。教学前调查实

验的目的是为了显示学生在实验开始时在某一方面的知识和技能水平。

2 教学前调查实验

本论文所进行的教学前调查实验是为了探究在中国传统俄语教学体系下学习的中国学生存在或潜在的俄语语音错误。同时，根据实验结果设置的调查问卷，可以了解中国俄语专业学生对俄语学习以及国内传统俄语教学体系的态度和意见。

该教学前调查实验的实验对象为上海外国语大学俄语专业一年级学生，共20人，他们皆已完成传统俄语教学法教授的俄语导论课课程。这20名被试者均为俄语零起点学生（零起点学生指进入大学前没有学习过俄语的学生）。实验形式为阅读1篇陌生俄语短文，无准备时间，以便更好地了解被试者的俄语语言水平。实验共准备了10篇难度几乎相同的俄语文本，以抽签形式随机选取，以免参与者互相交流，影响实验结果的真实性。实验全程录音。根据分析录音中被试者的真实语料，可以得出以下结论。

在学习俄语的初始阶段，中国学生常把俄语字母误认成汉语拼音或英文字母，即存在俄英汉语音干扰下的字形混淆错误（见表1）。

表1 俄英汉语音干扰下的字形混淆错误分类

序号	错误描述	错误示例
1	рус. а [a] – англ. a [æ]	английский – [ængl'ijsk'ьj]
2	рус. е [e] – англ. e [i]	Лена – [l'ina]
3	рус. и [i] – кит. / англ. u [u]	Ира – [Jura]
4	рус. в [v] – кит. / англ. B [b]	завод – [zabot]
5	рус. д [d] – кит. / англ. g [g]	день – [g'en']
6	рус. п [p] – кит. / англ. n [n]	папа – [nana]
7	рус. р [r] – англ. p [p]	Лара – [lapa]
8	рус. с [s] – кит. с [ts^h]	сад – [c^{h}аt]
9	рус. т [t] – кит. / англ. m [m]	кот – [kom]
10	рус. х [h] – англ. x [ks]	ах – [aks]

应当注意的是，第5类错误把俄语字母 д [d] 看成汉语拼音或英文字母 g [g]、第9类错误把俄语字母 т [t] 看成汉语拼音或英文字母 m [m] 的根本原因是将俄语字母 д 和 т 的手写体（即 g 和 т）与汉语拼音或英文字母的印刷体混淆。

此类错误的产生，往往是由于学生深受母语汉语以及第一外语英语的干扰，加上对俄语印刷体和手写体的不熟悉而导致的。该类错误通常会在学生熟练掌握俄语字母后逐渐消失。

此外,在学习和掌握俄语的过程中,中国学生经常会犯以下发音错误(见表2)。

表2 中国学生典型俄语发音错误分类

序号	错误类型	错误描述	错误示例
1	单元音发音错误	[ы] – [ei]	мы – [mei]
		[o] – [au]	урок – [urauk]
		[u] – кит. [u]	отцу – [attsʰu]
		[e] – [ai]	поэтому – [pʌaitamu]
2	软辅音后的元音[i]发音错误	[i] – [ы]	тридцать – [trыdcat']
			Виктор – [Vыktɑr]
3	硬辅音后的[e]发音错误	[ce] – [t'e]	концерт – [kant'ert]
4	部分辅音发音错误	[t] – [dʒ]	университет – [universidʒet]
		[d] – [dʒ]	студент – [studʒent]
		[z] – [c]	язык – [jacыk]
		[l'] – [j]	мальчик – [majč'ik]
		[t'] – [č']	мать – [mač']
5	清浊辅音混淆	[d] – [t]	девять – [t'ev'at']
		[g] – [k]	гость – [kost']
		[b] – [p]	быт – [pыt]
6	硬软辅音混淆	[m'] – [m]	познакомьтесь – [paznakomt'es']
		[v'] – [v]	деревья – [d'er'evja]
		[s'] – [s]	гусь – [gus]
		[n'] – [n]	раньше – [ranše], день – [d'in]
		[r'] – [r]	дверь – [dv'er]
		[č'] – [č]	вечер – [večer]
		[d'] – [d]	девушка – [devuška]
7	爆破音与元音拼读时送气	[k] – [kʰ]	как – [kʰakʰ]
8	浊辅音[ž]发音错误	[ž] – /	можно – [mɔ:na]
9	辅音[š]和[š':]混淆	[š] – [š':]	хорошо – [haraš':o]

续表

序号	错误类型	错误描述	错误示例
10	软辅音 [š'] 发音错误	[š':] – [ɕ]/ [s']	возвращаться – [vazvraɕaca]/[vazvras'aca]
11	软辅音 [l'] 发音错误	[l'] – [l'i]	учитель – [uč'it'el'i]
12	词尾辅音 [j] 发音错误	[ı] – [-] [ı] – [i]	новый – [novы] мой – [moi]
13	词尾辅音添加多余尾音	[t] – [tʰə] [m] – [mᵘ] [k] – [kə] [x] – [xə]	балет – [bal'etʰə] потом – [patomᵘ] язык – [jazыkə] о современных французских писателях – [a savr'em'ennыxə francuskixə p'isat'el'axə]
14	响辅音后添加附带音	[n] – [nə] [r] – [rə]	нравиться – [nərav'ica] парк – [parək]
15	违背元音弱化规则	[ʌ], [ъ] – [o] [iᵉ] – [a] [ʌ] – [æ] [iᵉ] – [a] [iᵉ] – [e]	композитор – [kompozitor] часы – [č'asof] английский – [æŋgl'ijskiɪ] обязательно – [ʌb'azat'ьl'nʌ] сегодня – [s'evod'n'ʌ]
16	非重读元音 [e] 在硬辅音 [ž], [š], [c] 后的发音错误	[ы] – [e]	жена – [žena] раньше – [ran'še] солнце – [sonce]
17	违背辅音同化现象	[f] – [v] [z] – [s]	вчера – [vč'era] с братьями – [s brat'jʌm'ь]
18	连读错误	[ы] – [i]	в институт – [v inst'itut] в волейбол – [v	vʌl'ejbol]
19	违背辅音组合不发音规则	стн [sn] – [stn] стл [sl] – [stl]	известный – [izv'estnы] счастливый – [š':astl'ivыɪ]
20	违背其他特殊发音规则	[v] – [g] [š':] – [sč']	сегодня – [s'egod'n'ʌ] счастье – [sč'ast'e]

可以发现，表2第1类错误中，俄语的 у [u] 和汉语的 u [u] 的音标符号相同，但两者发音动作存在差异：俄语元音 у [u] 是圆撮音，发音时，嘴唇应圆撮前伸。

上述中国学生典型俄语发音错误分类是根据教学前调查实验结果分析归纳

得出。为了更好地了解中国俄语专业学生对俄语语音学习的态度，本文在总结的语音错误的基础上设计了一份调查问卷。

3 调查问卷

该问卷调查的对象是来自中国 20 个不同省份的 80 名俄语专业学生。问卷的问题涉及受访者所掌握的语言（包括汉语方言）、俄语语音学习的难度、对俄语语音导论课的态度等。为了使调查结果更加客观真实，问卷采取匿名形式。

在这 80 名受访者中，有 29 人掌握的方言是他们的第一母语。其余 51 人表示，从学说话开始说的就是汉语普通话，不过其中大多数人承认，他们的普通话带有地方口音特点。

问卷显示，有 77 人认同标准的发音在语言学习中占有重要地位。只有 22 人指出俄语发音相当难。尽管此项数据占比不大，但从教学前调查实验分析得出的大量语音错误来看也足以证实俄语发音对中国学生的困难程度。此外，47 人无法背出俄语语音中最基础的俄语字母表。由此可见，学生明白标准语音的重要性，但又没有足够重视俄语语音学习。

在问卷中，所有受访者都列出了他们自己认为的困难发音（见图 1）。

单位：人

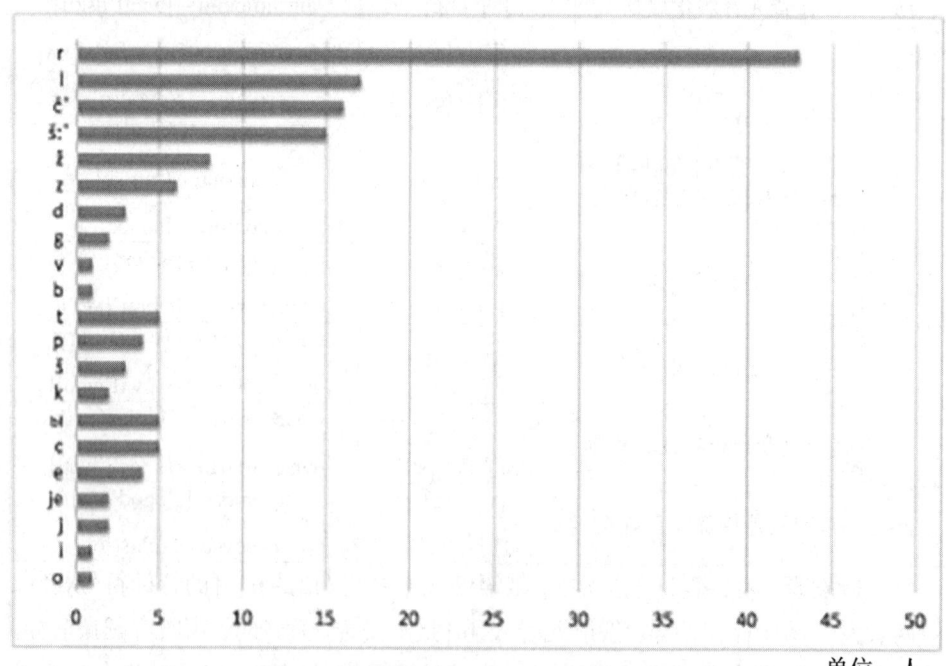

图 1 俄语中的困难发音（学习者角度）

图 1 的纵轴是受访者所列出的困难发音，横轴是认为该发音难度大的人数。根据图表显示，80 位受访者中，有 43 人认为汉语语音体系没有的俄语颤音 [r] 是最难的。同样被认为很难发的音还有 [l] (17 人)、[č] (16 人) 和 [š':] (15 人)。被列出的难发的音还有：[ž] (8 人)、[z] (6 人)、[d] (3 人)、[g] (2 人)、[v] 和 [b] (1 人)，以及它们相对应的清辅音 [t] (5 人)、[p] (4 人)、[š] (3 人)、[k] (2 人)。此外，[ы] 和 [c] (5 人)、[e] (4 人)、[je] 和 [j] (2 人)、[i] 和 [o] (1 人) 也被认为是不简单的发音。值得注意的是，受访者同时列出了 э [e] 和 e [je]，由此可以看出学生对俄语硬软辅音和元音的组合还不是很熟悉。另外，还有受访者列出了难以区分的俄语发音，如：[t'] 与 [č]、[š] 与 [š':]、[c] 与 [z]，同样值得重视。

除了列举难发的俄语发音以外，受访者也回答了以下关于某些具体俄语发音的学习进程和掌握情况。

18 位受访者在俄语学习初始阶段混淆了 [r] 和 [l] 的发音，但现在这个错误已纠正。而其余受访者中的 21 人至今仍会混淆两者发音（见图 2）。总而言之，几乎一半受访者（39 人）都有这个语音错误。

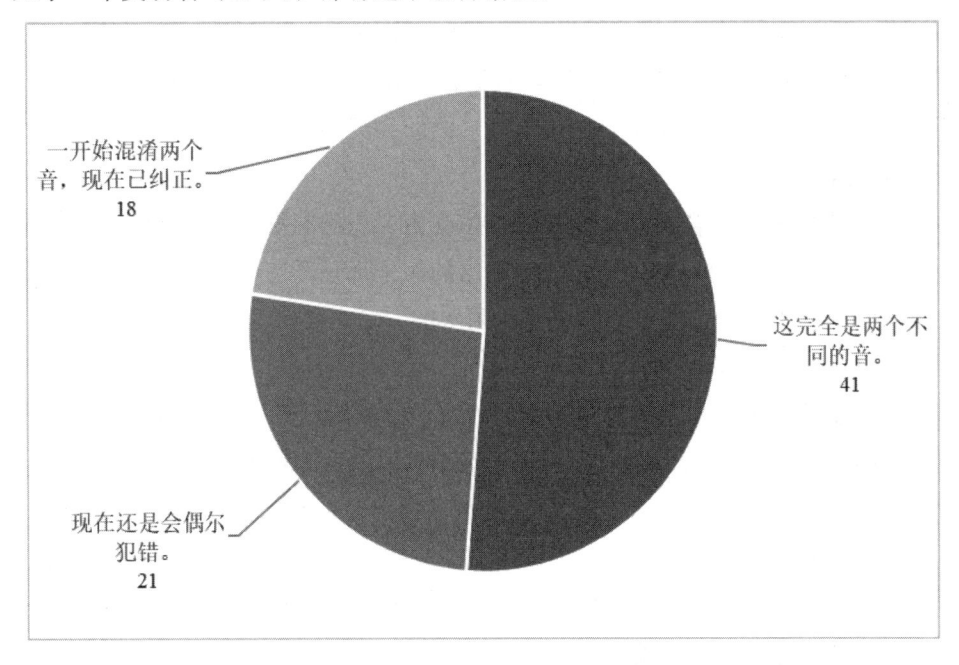

图 2 俄语辅音 [r] 和 [l] 的掌握

对受访者来说，区分清浊辅音是很有难度的。80 位受访者中，有 55 人认为有点难以区分两者，7 人则承认根本无法区分（见图 3）。50 位受访者表示，浊辅音要比清辅音更难掌握。

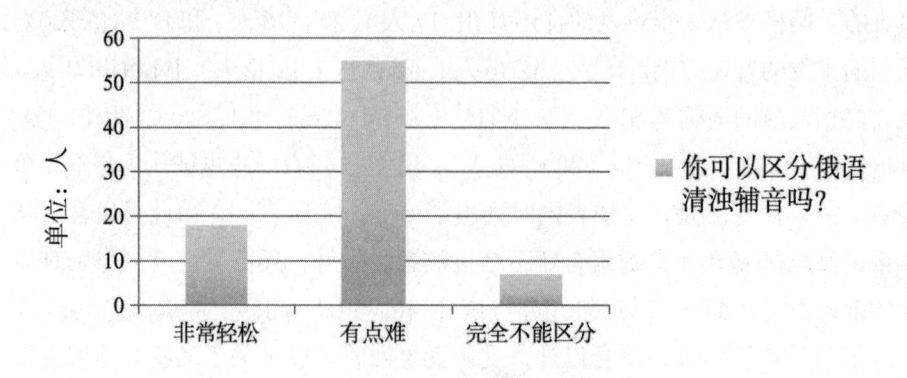

图 3 受访者区分俄语清浊辅音的情况

可以发现，当提及俄语硬软辅音时，15 位受访者表示不知道这是什么，而另外 33 位受访者知道"硬辅音""软辅音"这两个术语，但是他们不知道该如何正确发出硬辅音和软辅音，尤其是软辅音。对于问卷中第 15 个问题（你觉得 [l] 和 [l'] 这两个音中哪个音更容易发？），38 位受访者认为软辅音 [l'] 较难发，25 位受访者认为硬辅音 [l] 更难，17 位受访者表示两个音都很难。根据实际教学经验，绝大多数学生（其实不止中国学生，西欧和美国的学生亦是如此）都很难将俄语硬辅音 [l] 发正确。

关于俄语辅音组合不发音规则，24 位受访者表示不知道这个规则。19 位受访者表示，他们知道一些规则，但是引出的例子都是不正确的。由此可见，受访者对俄语辅音组合不发音规则是比较陌生的。

67 位受访者表示，他们知道元音弱化、浊辅音清化、清辅音浊化规则，但是大多数人在问卷中依然列举了错误的语例，或者什么例子也写不出。

问卷第 20 题要求受访者判定母语对俄语学习的影响程度。32 位受访者认为，母语不影响外语学习，其余 48 位受访者则认为存在影响，并列举了以下语例：

①由于汉语中没有浊辅音，所以常把俄语清浊辅音混淆。

②受汉语部分方言发音习惯影响，无法区分边音 [l] 和鼻音 [n]。比如四川话、重庆话、南京话、湖南话等。

③无法发出颤音，因为汉语语音体系中没有此音。

④由于汉语普通话和方言影响，容易发错俄语元音 [e]。

⑤容易把俄语元音 [ы] 发成相似的汉语双元音 [ei]。

⑥由于汉语普通话和发言近似音的影响，容易把俄语 [z] 发成类似于汉语"滋"的音。

⑦深受汉语拼音和英语影响，容易混淆俄语 р 和 п 两个字母。

⑧由于汉语是音节语言，受此影响容易在俄语独立辅音后加附带音。

48 位受访者证实，他们同学中有一部分人无法区分 [v] 和 [u]。这种语音现象与汉语南北方发音特点有关。

对于语音导论课学时的看法，53 位受访者表示课时太少。

受访者所在班级通常的学生人数为 17~29 人。关于"一个班多少人最合适？"的问题，有 56 位受访者认为 10~20 人一个班较为合适，最佳人数为 10 人。其余受访者表示满足现状。换言之，大多数受访者崇尚"小班教学"。

关于教师交替教学的现象，21 位受访者表示一位老师长期带一个班级会比较稳定，57 位受访者支持教师交替教学，增加教学新鲜感，体验不一样的课堂气氛。

4 总结与建议

通过对调查问卷的数据分析，可以看出中国学生的俄语语音受到汉语普通话和方言的影响，了解了学生对俄语学习的主观态度；列出了对中国学生来说的困难发音，并指出了俄语某些发音错误的症结所在。与此同时，也提出了一些与俄语语音教学密切相关的值得讨论的其他问题，如教学课时、教学人数等。

为了改善学生俄语发音，教师在俄语语音教学中，尤其是教学初级阶段，应大力关注俄语元音、辅音正确发音动作的教授，注意区分俄语清浊辅音和硬软辅音，应教授和巩固俄语语音规则，包括元音弱化规则、辅音同化现象、辅音组合不发音规则等。除此之外，还应考虑汉语和英语对学生的俄语学习可能产生的语音干扰，以达到更有效的教学效果。

参考文献

[1] Баранов МТ, Ипполитова НА, Ладыженская Т.А и др. Методика Преподавания Русского Языка в Школе: Учебник для Студ. Высш. Пед. Учеб. Заведений [M]. Москва: Издательский центр «Академия», 2001.

II. 文学与翻译研究

世纪之交俄罗斯新现实主义文学及其艺术特征

浙江外国语学院　马卫红

摘要：俄罗斯新现实主义文学形成于19世纪末20世纪初，正值俄罗斯文学走向式微时期。在新现实主义确立过程中，契诃夫的作用难以估量，其创作有机融合了现实主义和诸多非现实主义的表现手法，进一步拓展了现实主义的艺术潜力。新现实主义是古典文学与新文学之间的桥梁，是现实主义和现代主义探索的结合，是多种美学元素和艺术风格的综合，其主要特点是秉承契诃夫的客观化叙事原则，善于在日常生活中审视人性和思考人的存在问题，而对神话主义、现代主义等艺术元素的使用赋予其创作特殊的简洁性和艺术容量。

关键词：俄罗斯；新现实主义；契诃夫；艺术综合

1 引言

在俄罗斯文学史上，19世纪的八九十年代是一个极其复杂并充满矛盾的时期。从一方面说，当时的许多文学研究者和批评家都认为，这一时期的俄国文学正处在一个对现实主义生命力及其成果产生怀疑的阶段。单一的思维模式和陈旧的创作方法已无力承担表现日益复杂和激化的社会矛盾的重任，曾经指引现实主义文学大师的艺术原则遭受诘问，现实主义文学举步维艰，陷入重重危机之中。从另一方面说，这一时期也是旧艺术死亡和新艺术萌生的时期。因此，在现实主义文学面临危机之时，也是新的文学力量、新的文学财富形成与积蓄之时,"新现实主义"正是在这种情况下应运而生。新现实主义以及同时期的现代主义的产生打破了现有的文学格局,以创作内容和形式的变革推动文学思想和文学观念的革命。

2 新现实主义的产生背景及其含义

2.1 新现实主义产生的背景

相比19世纪的前几十年,最后30年的文学创作成就明显萎缩。虽然这一时期托尔斯泰(Л. Н. Толстой)和契诃夫(А. П. Чехов)仍处于创作旺盛期,但文学发展的整体态势呈现出"停滞"迹象。诗歌创作已是明日黄花,现实主义诗歌被评论界批评得体无完肤。哲学家和诗人索洛维约夫(В. С. Соловьёв)认为,俄国诗歌不论在内容上还是形式上都丧失了"响亮的声音""毫不夸张地,但也不无根据地说,19世纪80年代末和90年代初期是俄国诗歌最困难的时期。一切都变得沉闷、暗哑无声和僵化……普希金(А. С. Пушкин)时代的最后一缕光芒与费特(А. А. Фет)一起熄灭了……接踵而至的是完全的黑暗和沉默"。(Волошин,1988)有学者甚至将这一时期的文学状态与"俄罗斯抒情诗中普希金流派的危机"(Сапожков,1996)联系在一起。总体上看,上述对19世纪末期俄国诗歌的评估是经得起时间检验的。不仅仅是诗歌创作,这一时期的小说创作同样呈现出"停滞"的迹象,同样失去了"响亮的声音"。就人物形象塑造而言,作家们趋向使用中性的灰暗色调:契诃夫笔下失去生活目标的医生和学者,加林-米哈伊洛夫斯基(Н. Г. Гарин-Михайловский)笔下一筹莫展的工程师,柯罗连科(В. Г. Короленко)笔下一事无成的梦想家,埃尔杰尔(А. И. Эртель)笔下幻想破灭的知识分子等,他们几乎丧失了屠格涅夫(И. С. Тургенев)和陀思妥耶夫斯基(Ф. М. Достоевский)笔下主人公所拥有的生活热情。创作视角也发生了变化,作家们从宏大叙事纷纷转向日常生活叙事,如晚年的托尔斯泰在完成恢弘巨制《战争与和平》之后转向创作"家庭伦理"小说《安娜·卡列尼娜》,转向从家庭和爱情的角度来思考社会和人性。

异常敏锐地感觉到传统艺术形式的枯竭后,对新的艺术语言与形式的探求迫使艺术家们进一步思索,同时也让他们有所期待——盼望和预测"新艺术"的诞生。令人欣喜的是,不论是以可预测的方式,还是以不可预测的方式,俄罗斯文学的转变显然比预期来得要快。诗歌作为一种更具动感的文学体裁，其"回血"速度远远超过其他类型的创作体裁，象征主义诗歌的异军突起并很快成为革新传统文学的开路先锋。这是一个相当迅速的复兴，其原因不仅在于艺术本身的内在规律及其再生能力，而且在于世纪之交的社会文化和历史生活环境以及知识和精神领域的巨大变化。诗歌的振兴让小说家们对文学革命充满信心，意欲重整日趋衰落且没有脱离俄罗斯文学传统的叙事文学。与此同时，在哲学、宗教、社会学等领域的讨论以及对过去的观点和信仰的重新思考，都不同程度地触及了小说创作；对思想的探寻激活了具象思维，无法寻到答案的新问题的出现（一个世纪后乃至今天仍未得到答案）则呼唤艺术家们对存在问题的关注。到了20世纪10年代末期，由于蒲宁（И. А. Бунин）、安德列耶夫（Л. Н. Андреев）、库普林（А. И. Куприн）等人的努力，小说成就令人感到欣慰，批评界开始大谈"现实主义复活"。伊万诺夫-拉祖穆尼克（Р. В. Иванов-Разумник）称这一现象为"新的现实主义"（новый реализм）。继他之后，沃罗申（М. А. Волошин）、丘尔科夫（Г. И. Чулков）等人纷纷发表文章，研究"革新的现实主义"（Давыдова, 2005）。在20世纪20年代末，扎米亚京（Е. И. Замятин）提出了"新现实主义"（неореализм）这一概念（Замятин, 2014）。

2.2 新现实主义的含义

关于新现实主义产生的准确时间及其准确内涵，至今仍没有定论。新现实主义什么时候首次亮相很难说，也许是在20世纪的10年代蒲宁和安德列耶夫有意识地排斥现实主义的时候，也许更早，是在高尔基（А. М. Горький）所说的契诃夫"杀死了"现实主义的时候。最初对这种不同于传统现实主义的文学现象并没有一致的定义，对其称谓也是五花八门，如"神秘的现实主义""象征的现实主义""充满高尚精神的现实主义""新现实主义"等，后来"新现实主义"这一表述得到普遍认同（Келдыш, 1975）。

对新现实主义这个概念的认识存在两种截然不同的观点：一方面认为，"新现实主义"体现了发生在现实主义运动内部的一些过程：与19世纪末的自然主义分离、回归古典现实主义的传统，以及被现代主义作家的个人"技术"所征服而进行的创作革新等。凯尔迪什（В. А. Келдыш）认为，新现实主义是俄罗斯现实主义的新阶段,并将新现实主义确定为"现实主义流派中的一个特殊流派,比起其他流派来,它与发生在现代主义运动中的文学过程有更多的接触,并将自己从强烈的自然主义、具有前几年广泛现实主义运动色彩的风尚中解放出来(Келдыш, 2001)"。这一观点得到大多数人的赞同。凯尔迪什所说的"接触",可以理解为现实主义在与现代主义的互动过程中得到丰富,也可以理解为(或许这更正确)参与了现代主义运动,因此他认为这两个不同的文学流派之间具有"渗透性"(Келдыш, 2001)。扎米亚京曾在《现代俄罗斯文学》中指出了新现实主义的这种"渗透性",他认为:"新现实主义作家在使用这种材料即日常生活时,就像一个现实主义者,而使用这种材料主要为描绘生活的'那个方面'时,又像一个象征主义者(Замятин, 1988)。""渗透性"的结果就是对不同艺术风格的综合。因此,也可以说,"综合性"是世纪之交新现实主义小说的最典型特征。它具体表现为将存在主义与某一具体的世界观的综合,将形而上的东西从神秘主义中解放出来,主张人类与万物的统一,提倡人自觉抵御环境的主观能动性思想,以及将浪漫主义、表现主义、象征主义、印象主义等美学元素和艺术风格融为一体(Келдыш, 2001)。另一方面,现代主义者对"新现实主义"概念的解释恰恰相反,其中沃罗申的观点最具代表性。在他看来,新现实主义是现代主义流派之一(Давыдова, 2000)。他在《亨利·德·雷尼埃》一文中写道,"新现实主义"的母体怀抱仍然是象征主义,从象征主义到新现实主义的过渡本质上是现代主义运动内部的冲突,并把蒲宁、库普林与象征主义者别雷(Андрей Белый)、索洛古勃(Ф. К. Сологуб)等一并划归为"新现实主义"作家。在这里,新现实主义被视为一种后象征主义的现代主义流派,其创作基础是综合"现实主义和象征主义的特征且后者占主导地位"(Волошин, 2019)。

不难看出,上述对新现实主义的阐述都带有一定的主观性,如何定义"新现实主义"取决于阐述者所持的文学立场和所遵循的文学过程发展的理念(Смирнов, 2000)。从新现实主义的发生发展来看,新现实主义脱胎于现实主义,是19世纪末20世纪初俄国社会转型时期的产物,这就自然决定了它不同于传统现实主义的文学形态和特质;同时它又是文学自身发展的产物,是对以往现实主义文学现象的继承和超越,是在对以往和同时期其他文学流派的批评与借鉴、争鸣与交融中形成的,因此而具有独特的艺术品性,是多种美学元素和艺术风格的综合。

3　契诃夫与新现实主义

　　契诃夫与新现实主义是一个值得特别关注的话题。契诃夫是 19 世纪末 20 世纪初屈指可数的最重要的作家之一，对于世纪之交新现实主义的形成有着举足轻重的作用，其创作理念和创作风格直接影响到高尔基、蒲宁、库普林以及"白银时代"的许多作家。契诃夫的小说创作不仅继承了现实主义的优秀传统，而且还吸纳了许多非现实主义的品质。两种截然不同的甚至是彼此对立的因素在他的小说中巧妙地、有机地融合在一起，形成独特的艺术风格。评论界在肯定契诃夫小说的现实主义本质的前提下，从不同角度定义了契诃夫的现实主义，如"偶然的"现实主义，"非典型的"现实主义，"后古典的"现实主义，"象征的"现实主义，等等。这些称谓既反映了契诃夫创作的不同侧面，也在昭示一个本质的东西，即非传统的现实主义。

　　契诃夫的所有作品都具有一个最重要的特征，即他笔下的主人公，特别是他明显同情的那些人，注定要对畸形的生活秩序进行痛苦的思考，于是在契诃夫的作品中就形成了最广泛的民主阶层（通常是中产阶层）与主流社会关系中深层基础之间的冲突。契诃夫的人物印刻在他们所处的时代和日常生活中，具有可以理解的世俗欲望、希望和追求，但几乎所有人，不论是相对幸运者，还是"懒散"者，都缺乏生活意义。这种意义的本质难以用语言来表达，但他们深知，所缺乏的生活意义应该比人的生存更为珍贵。他们因失去或缺少生活意义感到痛苦，内心不得安宁，而以往的精神偶像、理想、对上帝的信仰——那些曾经能够安抚现实主义文学主人公们的一切，都无法让他们宽心，但他们终究能以"乐观的"心态寻找生活的意义和自己的幸福，并相信未来会出现一种崭新的、美好的生活，即使是在二三百年、一千年之后甚至更久。契诃夫的现实主义并没有创设出令人期待的、具有教益目的的典型情境：他在与现实环境（即契诃夫所憎恨的粗俗和虚伪）的冲突中研究人、表现人，这里可能会发生一场重要的、决定性的却根本无法预料的"偶然"事件。主人公和"环境"之间的冲突通常不会通过情节的任何有效进展来解决：契诃夫将焦点从情节转移到气氛和感觉，让故事中的每一个细节都致力于创造一种心理效果，甚至可以说是印象派效果。

契诃夫对世界文学的贡献不仅在于他关注人类生存的普遍问题，也在于这些问题在他的创作中已经铸就了一种具有惊人表现力的、容量巨大的并给人以深刻印象的艺术形式。他一生都在致力于自己的创作追求。不事雕琢，朴实无华，淡泊且具有诗意，情蕴于内而不溢于外，这些都是纯粹的契诃夫式的风格。如果说从容不迫的叙述节奏，冷静客观的话语风度构成小说叙事的外在形式，那么，对庸常、琐碎的生活的细致摹写则构成小说的内在肌理。他惯于用瞬息变幻的印象表现人物的复杂情绪，用不动声色的语气描写惨不忍睹的事件，用象征、暗示、潜台词等代替情节的描述，用柔和抒情的笔调彰显生活的混乱和荒诞。如此的悖逆与反常所形成的张力，既体现了作者的叙事品格，又揭示出作者对现实所持有的姿态——在对现实的把握中抗拒现实。这就是契诃夫小说的叙事原则，其特点不仅在于简洁、客观、朴素、音乐性和抒情性，而且还具有世界文学界在此之前尚未明确的一种特殊的情感和语义容量。契诃夫的总体创作发展体现出作家对现实中的社会矛盾和人的精神世界及其艺术表达方式日益深刻理解的创造性发展。

高尔基说契诃夫"杀死了"现实主义，对这句话换一个角度理解，就是契诃夫摒弃了"旧的"现实主义，并以"新的"现实主义赋予其创作能量和生命力。契诃夫的创作经验清晰地表现在新现实主义作家、以及其后的现代主义作家索洛古勃、勃留索夫（В. Я. Брюсов）和别雷等人的创作探索中。一个不争的事实是：在更新和扩展现实主义潜力的问题上，契诃夫使用的是与现代主义非常相似的手法，如《黑衣修士》。这一中篇小说很受俄国象征主义者的推崇，它早于俄国现代主义小说的形成，创作于1894年。在这一年，只有索洛古勃发表了他的第一篇真正意义上的象征主义短篇小说，而梅列日科夫斯基（Д. С. Мережковский）小说问世的时间的要更晚一些。

作为结束了黄金时代并开启"白银时代"的经典作家，契诃夫以一种新的方式——既不像现实主义者前辈，又不像现代主义者——揭示了寻求真理和由这种寻求所产生的精神体验。年轻一代中的许多作家都自觉向契诃夫学习：契诃夫对新事物的审慎态度、对什么是真理的谨慎态度、对庸俗的敌对态度、善于在日常生活中凸显存在、对创作自由的重要性的理解、对作者强加自己的观点于读者的恐惧，以及他的简洁、抒情、心理主义——所有这一切，新现实主义作家都各有选择、各有侧重地表现出来，并以各自的文学风格做出回应。

4 新现实主义小说的艺术特征

新现实主义与传统现实主义的区别是显而易见的，它表现出的诸多特点令人瞩目，例如，新现实主义作家的思想取向与思维方式的关系，反实证主义倾向，对现实主义经典作品的道德和伦理价值的重新审视，对现代主义（主要是象征主义）诗学元素的汲取，与"活的生活"哲学的联系，等等。凯尔迪什认为，新现实主义的关键特征是艺术上体现了"透过生活看存在"的原则。那些没有摆脱社会决定论思想的束缚、"透过生活看历史"的作者们属于传统的现实主义者，而追求呈现"透过生活看存在"的作者们则属于新现实主义者。传统的现实主义作家通常将注意力放在社会与历史的冲突上，自信地在真实与虚伪之间划分界限，确定何为善与恶，依照美的规律在小说的潜台词中或者直接指出社会改革良方和正确的生活道路。谢拉菲莫维奇（А. С. Серафимович）的观点道出了现实主义作家的这一特质：希望自己创作的形象能"像牙齿一样咬住"（Серафимович，1980）读者并得出应有的结论。

新现实主义作家意识到自己与以往现实主义作家的不同，为此他们必须克服曾哺育其成长的现实主义，从而使自己的创作能够适应处于"认识危机"时代的审美和认知要求。于19世纪末开始发表作品的蒲宁、安德列耶夫、库普林等人是最早的新现实主义者，但在当时和之后的许多评论文章中仍被称为"现实主义者"。蒲宁在一封私信中对此表达了不满："称我为'现实主义者'意味着要么不了解我，要么在我极其多样化的作品中没有理解任何东西……"。（Бунин，2002）一个有趣的现象是：蒲宁是"蔑视事物逻辑规范"的象征主义的最强烈的反对者，但同时，他又比与其志同道合的文学同伴更善于吸收象征主义诗学，他在不同年代都创作过在形式和内容上趋近象征主义的小说，早期作品《隘口》《雾》《静》更是如此。象征主义所具有的神秘主义元素在蒲宁的作品中虽至关重要但并不引人注目，因为它被具体的历史形象所遮蔽。例如，在中篇小说《苏霍多尔》中，神秘主义元素影响着整个故事的发展；而在短篇小说《白马》中，情节的冲突是基于清晰的现实与神秘本质之间的对立。安德列耶夫也曾多次谈到他有意识地将自己的文学前辈们的艺术探索与现代主义者的实验相结合，这让他的创作始终处于一种边缘性状态: 现代主义者认为他是"可鄙的现实主义者"，而现实主义者反过来认为他是"可疑的象征主义者"。

新现实主义的突出特征是表达对意识形态的不信任，这甚至影响了那些此前一直忙于社会和政治主题创作的作家，其典型例证就是库普林。在《神圣的谎言》《亚玛镇》等作品中我们看到，这位受欢迎的作家开始有意识地避开阶级立场，转而关注人的存在、探究人性的维度，关注"活的生活"，关注人们心中光明的、自然的人性与黑暗的社会原则之间的冲突，在表现人的内心活动和潜意识的冲动、自然的和非自然的因素方面则更显有力，而最重要的，是与以往不同。对潜意识的兴趣早在新现实主义之前就已出现，但在新现实主义小说中，关注人物的碎片式、跳跃的潜意识甚至比关注其完整的意识流动还要重要，而在人的无意识冲动中出现一种甚至具有操控权的神秘力量。说教性成分明显减少甚至完全消失，政治和社会生活中的冲突逐渐退居第二位甚至第三位。在人们已有的对于世界、社会和人的整体认识崩溃的情况下，许多作者摆脱了"生活教科书"式的创作，拒绝道德训诫，拒绝用自己的"金食指"点化读者，契诃夫一贯秉持的"让陪审员去评判"（即读者）的原则在新现实主义文学中得到了相当广泛的体现。

在20世纪10年代中期，扎伊采夫（Б. К. Зайцев）、普里什文（М. М. Пришвин）、扎米亚京、列米佐夫（А. М. Ремизов）等新一代新现实主义作家脱颖而出。在他们的创作中，神话主义元素占据重要的地位并发挥着重要的作用。现实神话化原则不仅是新现实主义创作中一个非常重要的特点，而且也体现了其创作所具有的现代主义诗学属性，通常呈现在作者对社会政治事件思考的作品中。1905年和1907年的革命事件让许多无辜者死亡，大部分文化人士因此拒绝接受社会激进主义。在文学创作上，不论是对于现代主义者，还是对于现实主义者，深入思考所发生的社会和政治事件比直接表现更为重要。在新现实主义创作中，对人民的同情不再伴随着反抗的宣传，不再伴随着在人民的自发力量中寻求最高真理。作家们在表达自己公民立场时逐渐倾向象征主义——不是把对完美社会生活的理想与无意义的反抗联系起来，而是与共同的精神革命联系在一起。被置于新的、与之格格不入的社会语境中的神话形象、主题和情节，不仅失去了原有的神圣性或者能见度，而且以讽拟的方式改写了这一语境，成为一种新的混合型叙事语境。在这里，神话"充当了历史和现代性的语言阐释者的功能"（Лотман，1992）。扎米亚京的《龙》《洞穴》以及普里什文的《恶老头的锁链》中的神话主义特征都非常明显，作者一方面赋予复杂的人物形象以双重性质，并在或抒情或客观的人物形象中综合各种矛盾；另一方面又将复杂的形象拆分为双面人和多重面具。

新现实主义小说的另一个显著特点在于，日常生活主题往往与广阔的俄罗斯偏远地区有关。在19世纪末20世纪初的俄罗斯社会和精神生活中，人们对"县城"里发生的事越来越感兴趣，似乎从那里可以寻到关于俄罗斯未来走向这一问题的答案。在列米佐夫的《不知疲倦的铃鼓》和扎米亚京的《县城轶事》中，我们看到了被日常生活吞没的偏僻小县城的形象。两个故事都发生在偏僻荒蛮之地，而且还没有具体的地名，它们既是小说中某个具体的、不知名的"县城"，又是我们每个人生活的地方——我们每天都生活的"黑暗王国"。可怕的是，县城的一切我们都熟知，小县城习气正扩散至整个国家。叙述者的注意力更多地集中在日常生活上，以翔实的细节呈现主人公们的日常生活：他们的活动、日常习惯以及周围的事物。这类主人公具有概括性：他们既是俄罗斯文学中的"小人物"中的一类，也是普希金笔下"群氓"的体现——具有盲目的自发性、人类的本能欲望和不思考的特点。

主人公形象的非英雄化在新现实主义小说中表现得尤为鲜明。如果说19世纪的现实主义作家善于在典型环境中塑造典型人物，其笔下的主人公一般具有强烈的生活欲望、个人意志和个性特征，那么新现实主义作家则致力于在普通的日常生活秩序和生活事件中表现普通的人，所塑造的主人公不仅是一个"非英雄"的人，还是一个毫无个性、"不思考"的人，甚至是类似于"无生命"的物体。就如同《县城轶事》中的主人公所言，"好像不是一个人在行走，而是一个复活的老婆娘行走，一个荒谬的俄罗斯的石头婆娘"。"不知疲倦的铃鼓"是人们给小说主人公起的绰号，列米佐夫以此命名自己的小说，意在强化对主人公性格的刻画。至于蒲宁笔下那位来自旧金山的"先生"不仅无名无姓，而且还莫名其妙地死了，但他的死不具寓喻性，而是真正变成了无生命的物体。

结语

产生于世纪之交的俄罗斯新现实主义是一个较为宽泛的概念，它将不同风格的作家联系在一起；同时也是一个具有包容性的文学流派，是19世纪古典文学与20世纪新文学之间的桥梁，是现实主义和现代主义艺术探索的结合，集散文创作、口头艺术与其他艺术形式于一体。新现实主义者秉承契诃夫在创作内容和创作方法上所特有的人道主义原则：在创作内容上注重在日常生活中审视人性和思考人的存在问题，探寻人类生存的真相，激发读者在虚无的唏嘘和幻灭的无奈中寻找新的意义和新的价值；在创作方法上表现出对生活的尊重，对读者的尊重，避免直抒胸臆，让小说更贴近抒情。对神话主义、现代主义艺术元素的使用赋予新现实主义小说特殊的简洁性——常常是短篇具有中篇的容量，而中篇具有长篇容量。可以说，新现实主义诗学扭转了人们的思维惯性和审美惰性，为丰富和拓展传统的创作方法提供了另一种模式。"现实主义作为艺术地再现现实的手段，在十九世纪末期的俄国文学进程中不仅在不断发展，而且还在不断分化（Виноградов，1959）。"

参考文献

[1] Алексеев А А, и др. Русская литература XX века: Итоги и перспективы изучения[M]. Москва: Советский спорт, 2002, 349-356.

[2] Виноградов В В. О языке художественной литературы[M]. Москва: Гослитиздат, 1959.

[3] Волошин М А. Лики творчества[M]. Ленинград : Наука, 1988.

[4] Давыдова Т Т. Творческая эволюция Евгения Замятина в контексте русской литературы первой трети XX века[M]. Москва: МГУП, 2000.

[5] Давыдова Т Т. Русский неореализм: идеология, поэтика, творческая эволюция[M]. Москва: Флинта, 2005.

[6] Замятин Е И. Современная русская литература[J]. Литературная учеба, 1988(5):130-143.

[7] Замятин Е И. Сочинения: В 4. Т. 2[M]. Москва: Терра, 2014.

[8] Келдыш В А. Русский реализм начала XX века[M]. Москва: Наука, 1975.

[9] Келдыш В А. Русская литература рубежа веков (1890-е – начало 1920-х годов)[M]. Москва: ИМЛИ РАН, Наследие, 2001, 259-335.

[10] Токарев С А. Энциклопедия. Т. 2[M]. Москва: Советская энциклопедия, 1992, 58-65.Лотман Ю М, Минц З Г, Мелетинский Е М. Литература и мифы.

[11] Сапожков С В. Русские поэты «безвременья» в зеркале критики 1880–1890-х годов[M]. Москва: Прометей, 1996.

[12] Серафимович А А. Собрание сочинений: В 4 Т. 1[M]. Москва: Правда, 1980.

[13] Смирнов И П. Мегаистория. К исторической типологии культуры[M]. Москва: Аграф, 2000.

寻找俄罗斯文化之根：交互文本中的小说《净罪的礼拜一》

上海外国语大学 叶 红

摘要：《净罪的礼拜一》是布宁[①]爱情小说集《幽暗的林间小径》中的名篇，作品描写了女主人公"毫无缘由地"抛弃了爱人和奢华的生活，突然出走修道院，将生命献给上帝的故事。小说情节极其简单，但看似"简单"的展示女性隐秘内心的表象背后却隐藏着深刻的内蕴。作家通过文本中丰富的细节"密码"表达了对俄罗斯国家命运及其未来发展道路的深刻思考，和对以东正教价值观为核心的俄罗斯民族文化深深的认同。小说中这一内蕴的揭示是通过互文的手段来完成的，文中的互文主要分为暗示性互文，引文式互文和原型重塑三个方面。

关键词：布宁；互文；东正教；俄罗斯民族文化

小说《净罪的礼拜一》创作于1944年，布宁认为它是小说集《幽暗的林间小径》中最好的一篇作品（Бабореко，2004）。小说讲的是一对富家情侣过着众人艳羡的生活，但女主人公最终却"毫无缘由地"抛弃了自己的爱人和奢华的生活，突然出走修道院，将自己的生命奉献给上帝的故事。情节急剧的转变为作者提供了进行详细心理分析最好的基础，但布宁并没有这么做，任由人们对女主人公出走的原因众说纷纭。巴巴连科在布宁的传记中记载了这样一个情节：在一个无眠的夜晚，布宁在一块小纸片上写下了："感谢上帝让我得以完成《净罪的礼拜一》的创作（Бабореко，2004）。"作家这一声仿佛完成了神圣使命般的感叹就要求我们以特别的态度来研读这篇作品。正如一些学者所指出的那样，这篇小说的确独树一帜，"我们立刻就能够感到小说并不复杂的情

[①] 俄国作家伊凡·亚力克塞维奇·蒲宁，本文作者译为"布宁"。

节背后所隐藏的重大意义（Долгополов，1985）。"从表象上看，这是一篇关于爱情和女性神秘内心的小说，实则是一个写满"密码"的文本。作家借用它们表达了对俄罗斯国家命运及其未来发展之路的深刻思考，对俄罗斯民族文化及价值观深深的认同。而对这一深刻内蕴的揭示是通过互文的手段来完成的，它主要分为三个层次。

1　暗示性互文——对时代文化氛围的隐喻

小说中互文现象的一个重要意义就是暗示。暗示是一种比较隐秘的方法，它通过两篇或多篇文本共存的标志，将一段已有的文字引入到当前的文本中，以完成对当前文本某些重要意义的提示。前后文本间联系的揭示需以读者的文学素养、先期的阅读储备以及对暗示准确的捕捉为前提，并能够在开放式阅读的基础上完成。

在布宁的小说中，情节发生的时间和空间大多模糊不清，但《净罪的礼拜一》却一反常态，时空层面的信息非常精准：故事发生在1912年的冬季，地点是莫斯科。读者应该想到的是，这是第一次世界大战和1917年俄国革命的前夕，国家政治动荡不安，也是俄罗斯处于纷至沓来的西方文化冲击、国家现代化的起步时期，无论是社会生活还是人们的意识中都充斥着迥异于传统俄罗斯文化的现代事物。小说中作家着重描述了当时俄罗斯文化生活中那种浮躁的"现代化"状况：人们蜂拥着去观看莫斯科艺术剧院那些"与多愁善感的俄罗斯风格（蒲宁，2004）"格格不入的时髦剧目，欣赏演员"大呼小叫、高唱低吟，表现某种似乎是巴黎风格"的演出，去聆听意大利的歌剧、参加庸俗不堪的"白菜会"[①]；文学上，现代派思潮大行其道，人们不仅踊跃地去参加别雷的讲座，还对他怪异的又唱又跳的讲课方式大加赞赏；勃留索夫的《燃烧的天使》以及西欧现代派作家的作品更是牢牢地占据了人们的阅读空间，成为人们最热衷的最高阅读品位的体现。

布宁在小说中提到了许多作家的名字，现代主义集群中有别雷和勃留索夫，西方的施尼茨勒、普日贝谢夫斯基等；现实主义集群中有列夫·托尔斯泰、契诃夫、

[①]　当时盛行的一种诙谐、幽默、滑稽的文娱晚会，多以戏剧形式表演，题材应时。

安德列耶夫、埃尔杰利等。对于现代派的态度,布宁历来旗帜鲜明。1913年,在《俄罗斯公报》纪念会上的演讲中,布宁措辞尖刻地评价了当时文化界的"狂欢盛典",他说:近几年"我们见识了颓废派、象征派、新自然主义、所谓旨在解决'性别问题'的海淫派、反抗上帝派、神话创造派,神秘的无政府派,还有林林总总的狄奥尼索斯和阿波罗、'向永恒的飞升'、暴虐狂、假斯文……简直就是瓦尔普吉斯之夜(Бунин,1973)!""瓦尔普吉斯之夜"源于中世纪的传说,说的是每年五月一日的前夜,各路妖魔鬼怪齐聚德国的布罗肯山纵情狂欢的情景。显然,即使创作这部小说时布宁已移居法国,时过境迁,但他依然坚守自己对世纪初俄罗斯文化状况的看法。在这部小说中,布宁正是通过与上述作家笔下作品的相互参照与对话,通过其中细节的暗示,描绘了一幅20世纪初俄文化界现实版的"瓦尔普吉斯之夜"。

在上述提到的作家中,有三位曾描绘过魔鬼的欢聚,他们是波兰作家普日贝谢夫斯基、俄罗斯作家勃留索夫和别雷[①]。在《撒旦的犹太礼拜堂》中,普日贝谢夫斯基写道:"所有到场的妖魔鬼怪都双手背在身后,并排成一个圈……这时突然开始了狂暴的旋风般的舞蹈……所有的脑袋都快速向后仰去……"根据欧洲的民间传说,魔鬼聚会最典型的活动就是跳这种迷狂的轮舞。同样的描写也出现在勃留索夫的《燃烧的天使》中。小说中的主人公蕾娜塔为了找寻自己的爱人,不惜强迫善良的鲁卜列希特穿越人鬼界限到魔鬼的聚会上去寻找。作家对魔鬼的狂欢夜聚会是这样描写的:魔鬼们欢聚的场所是一块寸草不生的田野,冒着"没有任何篝火而燃烧的绿色火星""这群人狂热亢奋,兴高采烈……穿梭着、蹦跳着、扑腾着,扮着各种鬼脸……这时,人群中响起叫喊声:'跳轮舞!跳轮舞!'于是大家开始聚合成三个大圆圈……随即一场魔鬼之舞便开始了……那最小的一圈老是那么狂热地从左至右旋转,而第二圈的人则是那么凶猛地蹦跳着,至于我们这一圈,大家都半侧着身,手挽着手,背对着背,两个相邻的人彼此用屁股撞屁股(勃留索夫,1999)。"

再看布宁在小说中的描写。作品的开篇一辆辆"迸溅出绿色火星"的有轨电车就将读者带进了莫斯科纷乱嘈杂的现代夜生活:这里煤气灯闪烁,商店灯火通明,人们穿梭往来,夜夜笙歌……事实上,有轨电车在20世纪初许多俄

[①] 别雷涉及魔鬼聚会的作品《北方交响乐》没有在小说中出现。

罗斯作家的笔下都是不祥的死亡意象①，而"绿色火星"这个看似普通的词组更是对寓意深刻，它很容易就令人联想到勃洛克对勃留索夫的溢美之词，"俄罗斯诗歌的立法者，/黑色斗篷里的舵手，/指路的绿色星星……（Бунин，1990）"在写于1927年的《自传札记》中，布宁言辞尖刻地对这颗肩负着为俄罗斯诗歌指路重任的"绿色星星"嘲讽了一番，并认为这些时髦作家对于俄罗斯文化不是在建设，而是"像奥马尔焚烧亚历山大图书馆那样（勃留索夫语）"地在破坏。

在小说中布宁还对当时最时尚的文化聚会"白菜会"进行了描写。在这里，众人都"抽了许多烟……目不转睛地盯着那些大呼小叫，低吟高唱的演员们"，莫斯克温"往后仰着身躯，在众人的哈哈笑声中起劲地跳着康康舞"，卡恰洛夫"脸色苍白，举着酒杯做作地以阴沉的目光盯着她""然后一架手风琴奏响了沙哑的、夹着隆隆声、口哨声和跳舞跺脚声的波尔卡舞曲。"小个子苏列尔日茨基踩着节奏"像飞行一样滑到我们跟前……把头一扬，像头山羊似的叫了起来……（蒲宁，2004）"

对比上述的描写，读者不难感受到"白菜会"与魔鬼的欢聚是何等的相似，除了大呼小叫、狂热亢奋的舞蹈之外，还有几处明显的暗示。第一，"烟"在古罗斯文化中被认为是罪恶之根源。传说中，烟草的种子是撒旦带到人间播撒种植的，因此抽烟是魔鬼的享受，是一种罪孽，在传统的东正教中是被绝对禁止的。山羊在基督教文化中历来是魔鬼的代名词。在《燃烧的天使》中，将鲁卜列希特带进魔鬼的狂欢夜会的是一头"黑色的、毛厚而蓬松的"公山羊，而夜会上的大魔王列昂纳尔德也是"自腰部以上形状如人，往下的形体则犹如一头长毛的山羊（勃留索夫，1999）"；在别雷的《北方交响乐》中参加聚会的魔鬼们跳的也正是一种被称为"山羊舞"的舞蹈，而欢宴的主持者正是一位长着山羊脚的管事。

很不幸，像莫斯克温、卡恰洛夫这些莫斯科艺术剧院确有其人的大腕儿们在小说中"沦落"成了布宁意识中俄罗斯文化"瓦尔普吉斯之夜"般乱象的主角。但有一点我们应该清楚，尽管小说中布宁描绘了这些真实人物，但有关他们的

---

① 参看布尔加科夫的《大师与玛格丽特》中的柏辽兹之死、古米廖夫的诗作《迷途的有轨电车》、扎米亚金的小说《龙》以及布宁发表于1927年的《笔记》。

信息却并不准确。1912年别雷早已离开了莫斯科，居住在柏林；男女主人公相识的莫斯科文学艺术小组也早已停止了活动。布宁之所以将这些发生在不同时间中的真实事件聚合在小说的时空中，其意图在于勾勒出故事背景下俄罗斯纷繁的社会和文化现实，且在字里行间流露出了对俄罗斯文化现代化进程中民族性迷失深深的忧虑和不安。

2 引文式互文——向俄罗斯历史深处的凝望

小说中互文现象的另一个重要标记就是对俄罗斯古代编年史的直接引用。在四旬斋最后的一个星期天，男女主人公坐在叶戈罗夫餐厅用餐时想起了古代编年史上记载的莫斯科初建时的一个场景。"久尔吉对北方大公斯维亚托斯拉夫说：'兄弟，到我这里，到莫斯科来吧！'还下令准备了着力的午宴（布宁，2004）。"这句引文不仅表明了莫斯科正宗的俄罗斯"出身"，还将读者带进了遥远的民族历史的深处，而"向导"正是"久尔吉"这个名字。在俄罗斯姓名学中，"久尔吉"是目前常见的名字"尤里"的古称，引文中的"久尔吉"指的就是莫斯科的创建者尤里·多尔戈鲁基大公。事实上，熟知俄罗斯文化的读者自然而然就会联想到"尤里"的另两个表达，即"格奥尔基"和"叶戈尔"，前者是"尤里"的宗教版，后者是民间版。这样小说中就出现了一个语义链：久尔吉—尤里—格奥尔基—叶戈尔，这个语义链将看似平常的爱情小说与俄罗斯的历史紧紧连在了一起。

"格奥尔基"这个名字作为俄罗斯民族文化中的典型符码可以将读者一直带到俄罗斯历史的最深处。格奥尔基是基督教早期册封的圣徒之一，对他的崇拜是与罗斯受洗一道在这片土地上展开的，罗斯土地上到处遍布的尤里耶夫修道院（教堂）和圣格奥尔基修道院（教堂）就是明证，同时他奋勇斩蛇的形象被镌刻在莫斯科大公国的国徽上足以证明这个名字在俄罗斯历史上的分量。在古罗斯，他是士兵的庇护神，是保家卫国的象征。据古罗斯文献《库利科沃会战的故事》记载：1380年，蒙古大军和罗斯军队在库利科沃原野上大战，正是在圣格奥尔基的帮助下，罗斯军队才扭转了败局，取得了最终的胜利。文中记载："虔诚的信徒们在8时许看见了天使如何帮助基督徒们战斗，他们还看见了受难的圣徒团——格奥尔基的战士们，还有荣光的德米特里……"在《净罪的礼拜一》中，作者并没有直接提到这次战斗，但却提到了这场会战著名的参与者，即佩列斯维特和奥斯利亚比亚。二位均是谢尔吉圣三一修道院的修士。1380年，当德米特里大公感到战事严峻而前往圣三一修道院为将士们祈福之时，圣谢尔盖·拉多涅日斯基[①]遂派了这二位壮士随大公一同前往前线，参加战斗，后两人均为国捐躯。库利科沃会战的胜利不仅保卫了俄罗斯国土，也捍卫了基督教文化的纯洁。小说中，布宁没有描写二位勇士参战的壮举，而是描写了一场葬礼，此笔又将他们与俄罗斯历史上的"教会分裂"紧密地联系到了一起。小说中写道："昨天早晨，我去了一趟罗戈日斯科耶公墓……那是旧礼教派教徒的墓地。彼得大帝之前的罗斯！……棺材旁边站着几位助祭……是啊，助祭，噢，真是庄重啊！就像佩列斯维特和奥斯利亚比亚！两排唱诗班座位上有两支合唱队，人人都身材高大，体魄健壮，穿着黑色的长袍，唱着，相互应和……（布宁，2004）"小说中的另一个名字"叶戈尔"同样在强化着作者对旧礼教派的态度。在莫斯科众多的俄式餐厅中，布宁之所以选择将"叶戈罗夫餐厅"写进自己的小说不仅是因为"叶戈尔"与"尤里"和"格奥尔基"相互呼应，更因为它是一家著名的、俄罗斯教会分裂之后留存下来的旧礼教派餐厅。这里恪守着古罗斯的许多传统，比如布宁在小说中提到的"这儿不能吸烟"，售卖着最传统的俄式饮食。小说女主人公经常流连在各地的墓地、修道院中，感受那里散发出的古罗斯气息。在这里，布宁特意强调了"彼得大帝之前的罗斯"，因为在作家看来，正是彼得一世"血腥的"[②]改革向西方文化敞开了俄罗斯的大门，仿佛是打开了"潘多拉的盒子"。在梅列日科夫斯基的小说中彼得更是被塑造成反基督的形象。而这之前的罗斯是没有经过西方文化浸染（蒲宁，2004）的最纯真、自然的罗斯，是神秘原始的罗斯，是与神同在的虔诚信仰"'上帝啊！我生命的主宰……'[③]（布宁，2004）"的罗斯，是民族永恒的精神家园。布宁用他惯常的优美笔调描述了古罗斯生活的一个片段。

[①] 圣谢尔盖·拉多涅日斯基（1314—1392），俄罗斯历史著名的宗教活动家，俄罗斯东正教中心谢尔盖圣三一大教堂的创始人，1452年被册封为圣徒。

[②] 布宁在小说中描写新圣母修道院的院墙时使用了"кирпично-кровавые стены монастыря"，这里的"кровавый"是"鲜血的""血迹斑斑的""血腥的"意思，令人想起彼得一世改革期间血腥的镇压。

[③] 小说《净罪的礼拜一》中布宁选用的这句祷告词是旧礼教派教徒使用的，原文是"Господи владыко живота моего..."。

多妙啊！不过现在只有一些北方的修道院还保留着这个罗斯，还有就是在教堂的赞美诗里。前不久，我去了一次扎恰季耶夫斯基修道院，您简直无法想象，那里的人把赞美诗唱得有多动听！而在神迹修道院里唱得还要好。去年，我在受难周里到那里去。啊，多么美好！处处都有水洼，和风拂面，春意盎然，心里似乎变得又温柔，又忧伤，始终充满着对祖国，对她古老风尚的感情……（布宁，2004）

布宁带领读者穿越在时光的隧道中，回溯到俄罗斯历史的深处。就这样，一个简单的爱情故事在民族历史的宏大背景中展开。事实上，布宁始终认为，无论社会如何发展，俄罗斯在其民族心灵的深处始终保持了自己民族生活的特点，这同时也是俄罗斯民族未来发展的正确道路。对于他来说，随着西方文明化而离失的俄罗斯民族之根和它难以传达的美就蕴含在这些特点中，在编年史、神话传说以及宗教仪式当中。

3 原型重塑——与文学经典的对话

互文性理论认为，一切文学作品都具有互文性，只是有的明显，而有的隐晦。《净罪的礼拜一》是互文性比较隐晦的一个例子，布宁通过改写文学经典，使现文本和前文本形成了巨大的对话形式的互文本，完成了对作品真正内蕴的阐释。

小说给读者留下最深刻印象的就是女主人公无处不在的怪异行为。她美丽、聪慧，但却任性、乖戾，难以理解，对于男主人公来说她有太多的"不知为什么"："对我来说，她真是一个谜，不可理解。（布宁，2004）"她的生活极尽奢华，每晚都"上'布拉格'，上'艾尔米塔什'，上'大都会'饭店进餐，餐后到剧院看戏，听音乐会……（布宁，2004）"但又常常流连于修道院、墓地；她参与现实中一切狂欢般的活动，却时时流露出无奈、矛盾的心境；她每天阅读现代派作家的作品，却常常"把书搁到一边，神色疑惑地望着远方（布宁，2004）"。各种令人艳羡的生活仿佛并非她所愿，而是被动机械的盲从行为："似乎她什么都不需要……（布宁，2004）"我们不禁要问，她在孤独地寻求什么呢？

如果说，小说中女主人公的无奈和矛盾是针对现实时空中的一切，那么对女主人公心理的揭示作家是通过与文学经典的对话来完成的，通过对话方可明了其最真实的心境。

小说中，布宁借女主人公之口复述了一个俄罗斯的传说："俄罗斯的土地上有一座城市，其名叫穆罗姆，那儿由一位名叫巴维尔的高贵的大公统治着。一天，魔鬼附身在飞蛇身上，要引诱大公的妻子淫乱……（布宁，2004）"这是俄罗斯的一则古老传说，由16世纪著名使徒传记作家叶尔莫莱撰写而成《彼得和费芙罗妮娅的故事》。在原文中，受到魔鬼引诱的是巴维尔大公夫人，而彼得是巴维尔大公的弟弟，他奋勇杀蛇护兄的行为促成了与费芙罗妮娅的相识，不仅最终成就了二人的婚姻，并有了"生同衾，死同穴"的千古绝唱。布宁显然在自己的小说中改编了这个故事，将拒绝魔鬼引诱的"事迹"安放在了费芙罗妮娅的身上，于是，拒绝诱惑、坚守爱情并献身上帝就合并在了费芙罗妮娅一人的身上。这是基督教伦理的最高理想。实际上这是一个诱惑与抵御诱惑的主题，在作家看来，无论是俄罗斯文化，还是个人都面临着来自各方的诱惑和抵御诱惑的问题。

小说中提到的另一篇作品——勃留索夫的《燃烧的天使》也是一部关于诱惑的作品。一个通体鲜红仿佛燃烧着的天使玛蒂埃尔降临在少女蕾娜塔的跟前，但几年后，当少女春心萌动爱上他时，他却消失了。自此，蕾娜塔踏上了寻找爱人的道路。一路上她历经千辛万苦，甚至走火入魔，不惜玩弄巫术，诱骗诚实厚道的同伴鲁卜列希特进入魔鬼的狂欢大会去为她寻找。最终蕾娜塔自感罪孽深重，独自出走修道院，但最终还是被宗教裁判官判处了火刑。

三部作品中的女主人公最终都走进了修道院，但情形却完全不同。费芙罗妮娅无论是在平静的童贞时期，还是成为万众瞩目的女大公后，无论是遭遇王公贵胄们的排挤而流落民间，还是后来又重回王宫，她的内心始终充满了平静、和谐以及发自内心的对上帝、对大众的爱，"他们按照上帝的意志朴实平和地生活并统治着自己的城市，他们不断地向上帝祈祷，一视同仁地爱着自己的臣民，从不傲慢，压制，不爱财，就像父母爱着自己的孩子……他们款待云游的朝圣者，让饥肠辘辘的人们有食果腹，让衣衫褴褛的人们有衣蔽体，让穷苦的人们免于厄运。"当最后的时刻快要临近，她又平静地选择了和丈夫一起入修道院侍奉上帝，并最终在同一时刻回到了上帝的怀抱。由于二人的修士身份，人们遂将他们分葬在不同的墓地，但第二天清晨，人们惊奇地发现，他们安详地并排在一个墓穴中。直到今天，每年的俄历6月25日，俄罗斯人们依然在纪念着这对虔诚于主又生死相爱的伴侣，他们是俄罗斯民族智慧和以基督教价值为核心的民族道德伦理的承载人和体现者，是这个民族的圣者。而《燃烧的天使》尽管是俄罗斯作家所创作的，但却是一部"没有任何俄罗斯的东西，全部是建立在欧洲中世纪材料之上的"（Долгополов，1985）作品，布宁选择它来对比俄罗斯的古老传说绝非偶然。主人公蕾娜塔是一个外表"圣洁"，实则沉潜于情欲深渊的女人。她对上帝的"虔诚"是通过自我折磨、绝食、恪守斋戒、每天去教堂以及祈祷到昏厥等刻意的方式来实现的。对宗教规范严格的遵守与其说证明了她的宗教性，不如说表现了她内心愿望与现实之间的鸿沟、肉体与灵魂之间悲剧性的冲突。她在天使的身上首先看到的是男人，是情欲，因而她对上帝的渴望总是出现在渴望玛蒂埃尔和被她当作玛蒂埃尔的海因里希伯爵的时候，也就是说，这种爱是源于外界，而不是发自内心的，连伴随她左右忠实的鲁卜列希特都感到了她的虚伪，认为这一切不过是"某种很不得体的假面舞会"（勃留索夫，1999）。而在真心爱着她，保护她的鲁卜列希特身上她看到的却是诱惑，当二人欢爱之时，她声言"为了这种欢爱准备交出未来生存中至上的幸福"，而之后，她又责怪鲁卜列希特："你喜欢引诱我正是因为我已把整个灵魂和肉体都奉献给了上帝。"可以说，勃留索夫这部西方风格的小说和古罗斯的传说代表的是爱情相互对立的两张面孔。前者中爱情是命中注定的残酷的决斗，是凡尘之爱（肉体）和天堂之爱（精神）之间病态分裂的状态，而在后者中它是心灵和肉体的高度和谐。

从这对立的两面镜子中我们不难照出布宁小说中女主人公的心理，也就不难理解她最终的出走行为。

  在我的心中啊，盘踞着两个灵魂，
    一个想和另一个离分！
  一个沉溺在强烈的爱欲当中，
    以固执的官能贴紧凡尘；
  另一个则强要脱离尘世，
    飞向崇高的仙人的灵境。
        ——歌德

浮士德内心的痛苦和矛盾也是女主人公内心真实的写照。正如叶夫多基莫夫称："俄罗斯文化，就其渊源而言，是从一种独特的宗教泉源中汲取营养的，这一神秘的基础有机地存在于俄罗斯的灵魂,即表现为对绝对者的永恒而牢固的渴望(叶夫多基莫夫,1999)。"女主人公在净罪的礼拜一的前夜献身于自己的爱人,然后便决绝地像传说中摆脱诱惑的女大公般接受了上帝的考验,她无疑是一位民族精神的追寻者,正如荷尔德林所说:"神近在咫尺又难以把握。但哪里有危险,哪里也会生出拯救……让我们以最忠诚的情感,穿行其中,返回故园(周宪,2005)。"女主人公的出走正是对"故园"呼唤的回应,是对心灵中永远渴望的乌托邦的回归。

结语

小说完成于二战即将结束之时,在布宁看来,战后的俄罗斯将又一次面临发展道路的选择。多年生活在西方文化氛围中的作家此时越加感受到以基督教价值观为核心的俄罗斯民族文化才是这个民族灵魂的依附和归宿,也只有立足于此,俄罗斯民族、国家才会在纷繁的世界中振兴和发展。小说看似简单的情节表达的绝不仅仅是男女间的爱情,更重要的则是表达了作家对俄罗斯强烈的民族归属感、对俄罗斯文化高度的认同感以及对民族文化破碎的深深忧虑。

参考文献

[1] Бабореко А. Бунин [M]. Москва: Молодая гвардия, 2004.

[2] Бунин И. Окаянные дни [M]. Москва: Советский писатель, 1990.

[3] Долгополов Л. На рубеже веков – о русской литературе ⅩⅨ – начала ⅩⅩ века [M]. Ленинградское отделение: Советский писатель. 1985.

[4] 蒲宁. 耶利哥的玫瑰 [M]. 冯玉律, 冯春, 译. 上海: 上海译文出版社, 2004.

[5] 勃留索夫. 燃烧的天使 [M]. 周启超, 刘开华, 译. 哈尔滨: 哈尔滨出版社, 1999.

[6] 歌德. 浮士德 [M]. 董问樵, 译. 上海: 复旦大学出版社, 1983.

[7] 叶夫多基莫夫. 俄罗斯思想中的基督 [M]. 杨德友, 译. 上海: 学林出版社, 1999.

[8] 周宪. 文化现代性与美学问题 [M]. 北京: 中国人民大学出版社, 2005.

Ⅱ. 文学与翻译研究

当代俄罗斯战争小说的反英雄叙事[①]

南京大学　张俊翔

摘要：在社会转型的时代背景下，侵略与反侵略、正义与非正义已经不再是当代俄罗斯战争小说创作唯一重要的切入点。旨在呈示战争暴力性和矛盾性，表现特定群体生存状态和精神观念的反英雄叙事渐成趋向。创作者们在肯定卫国战争之于苏联民族独立和社会进步的重要意义的同时，揭露苏军部队的内部矛盾，反思被卷入战争机器的官兵的多舛命运。对于不义的阿富汗战争和因民族问题而起的车臣战争，创作者们摈弃史诗性和传奇性的叙事方略，既追问军事行动的合理性，又揭示战争导致的个体心理分裂，借由生死存亡的极端体验展现人性的复杂深邃。

关键词：当代俄罗斯战争小说；反英雄；战争叙事；人性

1 引言

作为人类难以回避的极致生存遭遇，战争渗透到俄罗斯社会发展的方方面面，成为小说创作必然而持久的主题。苏联时期，战争小说内容丰富、形式多样，在文学史上留下了浓墨重彩的一笔。苏联解体后，俄罗斯走上了深刻的社会转型之路，国际国内局势、文化艺术语境、民众生活样貌与心理状态的显著变化对战争小说的创作产生了深远影响。在新的文学发生期，不少作家以个性化的方式呈现战争母题，阿富汗战争、车臣战争等成为与卫国战争并驾齐驱的书写对象，作品的思想内涵、审美立场和表达方式都产生了新的变化。

当代俄罗斯战争小说的创作趋向之一便是叙事视角的整体变化，歌颂英雄

[①] 本文中的"卫国战争"均指第二次世界大战期间苏联反对法西斯德国及其盟国的解放战争。

223

主义、弘扬牺牲精神的宏观视角不再是主流，从微观视角展现复杂的战争环境，关注对生存、安全、情感、尊严等均有切实需求的普通官兵，描绘其心路历程的作品不断涌现。创作者们借由与传统意义上的英雄叙事全然不同的所谓反英雄叙事，审视战争的暴力性和矛盾性，表现战争语境下特定人群的生存状态和精神观念，"表达对理想的渴望，揭示人类永远不会停止对自身前途和利益的思考"（王岚，2005）。

2 挖掘正义战争背后的多重意味

苏联在抗击法西斯侵略的卫国战争中遭受了巨大损失。战争期间和战争结束之后创作者们发表的大量小说集中展现了苏联军队的英勇作为，对卫国战争的文学反映在确证民族自我存在、肯定民族道德精神方面具有重大意义。创作者们塑造了众多危难之时挺身而出、无私忘我的苏军将士形象，叙说其在血与火的考验中将自己锻造成坚强之躯的过程。这样的英雄叙事凸显了苏联举国抵御外敌的正义性，常常显现出大开大合的史诗化效果。卫国战争题材小说展开英雄叙事的前提是肯定这场战争具有强大的道义力量，英雄叙事对战争的再现建立在正义与非正义、侵略与反侵略的二元对立基础之上。

20世纪90年代，尤其是在纪念卫国战争胜利50周年前后，俄罗斯作家围绕这场战争创作并发表了一批小说作品，在这些作品中英雄叙事占据重要位置。博罗金的中篇小说《部队已撤离》着眼于卫国战争时期活跃在敌后的苏联游击队，描述大义凛然的队长尼古拉·谢尔盖耶维奇·孔德拉绍夫如何率领队伍牵制敌军，为前方战事提供保障。作家并未勾勒战争的全景，而是重在展现主人公身上蕴藏的精神动力。谢尔盖耶夫的《公爵岛》讴歌苏联士兵在斗争中坚守信念、创造奇迹的历程。当法西斯势力猖狂地为人类打开黑暗世界之门时，肩负保家卫国重大责任的苏军将士无私无畏，为国家和人民的光明未来忘我奋战。当代俄罗斯作家秉持鲜明的价值判断，延续创作传统，体现国家立场，激励爱国情怀。在他们笔下，大无畏的英雄主义精神既具显著的社会价值，又有巨大的榜样力量。

与此同时，更多的创作者则是规避非此即彼的国家战争观，从不同角度切入，挖掘战前、战时和战后各种复杂的社会、军事、文化关系，以此为基础揭示战争语境中的丰富人性，表达反对战争、追求和平的态度。一些创作者将枪林弹雨的激战现场设置成情节发展的整体背景，凸显苏军官兵所处的内部环境及其影响。他们观察和呈现卫国战争的视角由外部转向内部，由俯视转向平视，直面与战争密切相关的国家管理和军队运作等问题，揭示战争进程中充满不确定性的一系列动因，比如高层决策失误、部队之间你争我斗，指挥官缺乏经验，武器装备落后，物资缺乏、保障不力，官兵遭遇监战人员怀疑，肉体和精神受到双重折磨，等等。事实上，卫国战争题材小说的反英雄叙事在20世纪后半叶经历了一个渐进的发展过程。从赫鲁晓夫执政时期开始，随着去斯大林政策的深入，社会舆论的僵固思想有所活化，文学创作开始解冻，作家们审视卫国战争的视野更加开阔，作品从样本式的史诗传颂扩展到多层级的微观呈现，崇高主调当中逐渐融入了人文主义的多元观点。

1994年，弗拉基莫夫发表长篇小说《将军和他的部队》，通过苏军上将科布里索夫的经历展现战争困境。科布里索夫视死如归却被迫承受体制掣肘，为了捍卫官兵的生存权，他饱受非议甚至险遭诬陷。尽管他以自身命运作为抵押，突破重围，证明了清白，保全了生命，赢回了尊严，但却付出了惨重的代价。科布里索夫上将的形象蕴含深刻的悲剧性，又闪耀着人性的光辉。受到内部争斗羁绊的他并非战场上高大全的英雄，而是面对战争乱局的普通人，他的艰辛经历折射了斯大林体制在战争中显现出来的种种弊端。科布里索夫不擅长表功，却善于思考，他思想深刻，内心宽广，虽处于矛盾与冲突的焦点，但却能超越是非与战火，探求个体与群体的关系、生命价值与民族存亡的关系等深层次问题。应当说，弗拉基莫夫对战争题材的开掘呼应了反思历史、反思人性的时代氛围。

阿斯塔菲耶夫结合自身的参战经历进行小说创作，不懈探究卫国战争的本质。1992年和1994年，他发表了长篇小说《被诅咒的与被杀死的》两部曲，反映"了解战争情况最多、最深入、最具体的士兵眼中的战争的真实"（余一中，1993）。这种真实并未包含读者习惯的高昂奋进的情绪与勇往直前的精神，因为它"不是从胜利的角度，而是用了艰难而痛苦的语调"（Гранин，2001）揭示战争对生命的摧毁和对人性的折磨。作品既讲述战时的人与事，又反思战前苏联的内政外交，既描写前线的作战场景，又反映后方的军营生活。在作家看来，高层的不当决策导致了诸多不利的战争局面，高级将领把夺取战役的胜利当作为自己争得荣誉和利益的手段，士兵们的生命往往被无谓葬送……此后，阿斯塔菲耶夫又发表了《真想活啊》和《快乐的士兵》两部小说，将叙述时间延伸至战后，揭示战争造成的灾难性影响。

《将军和他的部队》和《被诅咒的与被杀死的》"揭示的卫国战争中的实情同苏联时期官方主流话语所宣传的欢欣鼓舞的战争神话大相径庭，战争不再是玫瑰色的鲜艳色彩，而蒙上了一层极其灰暗的色调，处处充满了悲剧性（赵建常，2018）。"这种悲剧性隐藏在与战事勾连的种种事件当中，也隐藏在成千上万的普通官兵喜怒哀乐的情绪当中，他们承受的无奈与不堪让读者"直面现实、接受真相，而这才是解决问题之关键"（巴甫洛夫，2015）。这样的作品为卫国战争题材的创作增添了更显著的反思意味，也设置了更广泛的反思议题，比如暴力的审美化与虚拟化，罪与罚，战争创伤与心灵重建，等等。诚然，对于英雄主义和牺牲精神的歌颂能让读者获得对这场战争的感性认识，激发他们对战争发动者的谴责，在一定程度上发挥文学创作的社会功能，但反英雄叙事通过强化小说文本的内在震慑力，启发读者自省与觉悟，引导其深刻认知战争的根源同样是具有深刻意义的。

从表现理想化的英雄主义到揭示残酷的现实悲剧，战争叙事的人道主义立场得以强化，这是作家们深入挖掘史料、全面思考战争因果的必然趋势。他们以卷入战争的个体的所作所为和所思所想为基础，从重点描写战争场面转向积极探索参与战争的普通人的精神、道德和内心世界，叙事基于人在面对强大的毁灭性力量时的作为与抉择，强化作品在思想意识、道德操守和情感伦理层面的内蕴。

博戈莫洛夫的中篇小说《在运输伤员的列车上》采用从战后回望卫国战争的方式，生动刻画经历血雨腥风的普通官兵的形象。作家没有一味歌颂他们的作为，而是把他们内心的纠结、恐惧和思念一一托出，表达对和平和安宁的渴望。在长篇小说《我的生活，或曰：你在我的梦中出现》里，博戈莫洛夫借由对战争亲历者的描绘窥破被胜利遮蔽的真相。主人公南征北战，落下终身残疾，终于盼到战争结束，身份特殊的情报人员却不断被误解、被迫害，回归和平生活的愿望好似空中楼阁。战争期间，前方将士浴血疆场，部队管理层却不时发生事故，出现玩忽职守等负面现象……格拉宁在长篇小说《我的中尉》中窥破战争对于人的生命和精神的毁灭过程，以及普通人面对战争无处逃避的极端恐惧，并且通过对战后重建等历史事件的描写反思苏联的苏维埃体制。阿列克谢耶夫为长篇小说《我的斯大林格勒》设定的叙事主题更加立体，他多角度还原战争的残酷真相，展现苏军官兵在战场上的牺牲与失败，传达处在极端境地中的普通人夹杂着恐惧和无奈的求生愿望。"从这个意义上讲，这部小说与《被诅咒的与被杀死的》一样，都在解构英雄神话（李新梅，2020）。"

苏联解体以后问世的不少卫国战争题材小说并不突出威武不屈、无往不胜的英雄，而是着墨于时刻承受压力、遭受创伤的基层官兵。创作者们从以国家和集体为中心的叙述转移到以个体为中心的叙述，使后者成为小说人物身份构建的核心，以此表达对生命的尊重与同情。"以战争生活为素材可以从艺术上对人和人道主义的问题进行最便当、最有效、最彻底的思考和探究，因为战争最能显示人的思想和心灵，最能坦露人性、揭示人的本质（陈敬詠，1992）。"

3 审度战争深渊中的人性畸变与心灵殇痛

"当代文学与当代社会生活、文化建设息息相关……'当代'表明了视野的延伸和众多重大事件的引入（南帆，2022）"。在战争小说领域，当代俄罗斯作家围绕阿富汗战争、车臣战争等新近发生的军事冲突创作了一系列引起广泛关注的小说。

1979年12月底，苏联政府借阿富汗左翼分子巴布拉克·卡尔迈勒请求援助的由头向该国出兵，开始了长达十年的战争。打着尽国际主义义务的旗号发动的战事给阿富汗社会制造了一场噩梦，给阿富汗人民带来了深重灾难。质疑这场战争的声音此起彼伏，反对这场战争的行动绵延不绝。与此相应，"战争文学，尤其是有关阿富汗战争的文学作品都是以纪实与揭露为核心出发点来设置主题的"（冯玉芝、余献勤，2020）。维尔斯塔科夫的《阿富汗日记》、兹塔纽克的《我向阿明的宫殿进攻》、德舍夫的《几乎生还》、普罗汉诺夫的《第三只蛋糕》《喀布尔之梦》《灰烬》、尤马舍夫的《无法平息的记忆》《阿富汗小匣子》等作品或关注前线侦察连、野战排等的无意义损耗，或刻画战争期间苏联军队的混乱管理和官兵缺乏生机的作战状态，以此诘问发动战争的缘起，质疑国家的威信，谴责霸权主义行径。

叶尔马科夫的长篇小说《野兽的标记》和中篇小说《回到坎大哈》均基于作家在阿富汗服役的亲身经历创作。《野兽的标记》描写了苏联驻阿富汗部队的战时生活。主人公切列帕哈是个炮兵，他所在的军营等级分明，老兵经常欺负新兵，新兵除了要干最脏最累的活，还得替老兵打杂。只要新兵稍有反抗，便会遭到体罚和毒打。切列帕哈在一次执勤过程中发现一个士兵企图逃跑，尽管后者与其关系不错，但他还是残忍地将其射杀了。此后，俨然成为老兵的切列帕哈开始肆无忌惮地欺负新人，吸大麻，虐待甚至枪杀俘虏。在复员回国的途中，切列帕哈遇到了前往阿富汗的一批新兵，他们也将坠入战争的深渊……《野兽的标记》窥视涉世未深的年轻人在暴力语境中的行为失范和心理苦楚，展现其被异化成带有野兽标记的战争机器的过程。叶尔马科夫在小说结尾写道，"牺牲者前赴后继"（Ермаков，1994），在他看来，战争经历以及与之相关的人生经历导致人的精神扭曲，内心受挫。从这个意义上讲，所有人都是战争的牺牲品。

中篇小说《回到坎大哈》将战争与和平的概念加以对比，烘托军事暴力对生活中的真善美的摧毁。小说没有直接描摹阿富汗战事，也没有触及部队生活的细节，而是选取了两个与战争相关的片段加以叙述。第一部分讲的是主人公伊万·科斯捷里亚涅茨跟战友一道护送阵亡战士的棺材回故乡。他们从阿富汗机场出发，长途飞行期间，先后停靠塔什干、巴库、第比利斯、莫兹多克、阿斯特拉罕等地。战争爆发后，苏联各地的年轻人在没有做好准备的情况下就被送到了阿富汗，此去再回，很多人已经躺在了冰冷的棺柩里……逝者长眠，痛楚与绝望还在执行护送任务的战士面前不断铺延。战友们的棺木昭示着生命的脆弱，将棺材交与亡者亲人的任务则让执行任务的战士们亲眼见证了一场又一场生离死别的劫难。第二部分则通过呈现美好生命反观战争的残酷真相。时隔八年，科斯捷里亚涅茨去乡下探望战友尼基京和家人。在村子里，他的目光所及都是恬静的日常生活：稀松平常的家庭琐事，忙不完的农活，花草茂盛、虫鸟活跃的大自然，阴晴风雨的天气，欢声笑语的节日……与战友一家人在一起，科斯捷里亚涅茨的思绪一次又一次闪回枪击炮鸣的战场。二者的巨大反差让他深刻意识到，当一个个年轻的生命在战场骤然消逝时，城乡生活节奏一刻不曾停止，亲人们对战士平安归来的期盼一刻不曾停止。然而，太多年轻人一旦踏上战场，就再也无法与和平生活重新交集。在这部小说里，叶尔马科夫用生死之间无法弥合的差距反衬阿富汗战争的非正义性和非必要性。隐藏在文字背后未加叙说的创伤与苏联当局对事实的掩盖和百姓对战况的麻木混杂在一起，为反思战争留下了宽广的空间。

普罗哈诺夫的小说《战争因忏悔而可怕，或曰：吹玻璃工》刻画了参加阿富汗战争的侦察兵苏兹达利采夫的形象。他头脑睿智，表现神勇，为了避免武器落入阿富汗反政府游击队和恐怖分子手中，他千方百计摧毁存放飞弹的仓库，却被阿富汗军队俘虏。就在经受拷问的过程中，苏兹达利采夫逐渐对战争产生了新的认识。在他看来，缺乏道义、通过毁灭无数个体换来的胜利，与其说是值得高歌的凯旋，毋宁说是显性或者隐性的人道灾难。

20世纪90年代的两次车臣战争是车臣分离分子与俄罗斯中央政府由来已久的矛盾的集中爆发。1991年，车臣在苏联局势混乱之际宣布独立，俄罗斯政府多次与车臣当局谈判未果。1994年12月，时任总统叶利钦下令进军车臣。由于俄军管理僵化，组织混乱，官兵缺乏作战经验，加之政府高层对出兵车臣的决策看法不一，战事推进并不顺利，1996年8月，在交战双方和车臣平民伤亡惨重的情况下，俄罗斯不得不与车臣签订停火条约，表面上虽然维持了国家统一，但分离势力依然强硬。1999年8月，俄罗斯再次发动军事行动，在半年内粉碎了车臣民族极端势力的分裂企图。21世纪初，俄罗斯各地发生多起由车臣分离分子挑起的恐怖袭击，俄政府强力打压，多措并举，才得以将车臣地区动态稳定的局面维持至今。

车臣战争属于俄罗斯联邦内部的民族纷争，从某种意义上说，这是一场敌手缺席的战争。沉重的战争代价首先得由亲历战火的官兵承担。他们就像在从事一种被操控的职业，需要完成一项特殊的工作。正因如此，"关于战争的当代小说，不同于此前的卫国战争文学……今天的战争没有通常意义上的前线，很多时候俄罗斯士兵并不明白在跟谁作战，为何而战。此外，这一切都发生在部队自身危机和解体的背景下（Бабченко、Грешнов，2006）。"作家们在塑造人物时并不追求为其铺就通往光荣和战功之路，而是集中笔墨刻画职业士兵内心的煎熬与悲伤，传达他们对战争的尖锐体认。

巴布琴科的《战争十记》《阿尔扎-尤尔特》，普里列平的《病理学》《中士》，普罗汉诺夫的《暗夜行路》《车臣蓝调》，列奇卡洛夫的《没有活下来的投弹手》，拉斯波平的《车臣纪事》等小说从普通士兵的角度描绘车臣战争，在宗教、权力、道德视域中剖析民族纷争与极端主义和恐怖主义相交集的历史本质和现实原因。在《阿尔扎-尤尔特》当中，作家用作战地点的沼泽地隐喻战争本身，它"象征着'生活的底层'，也是最坏的境地"（Бутенко，2015）。主人公阿尔乔姆最关心的事就是活命，在他看来，打仗等同于一种职业行为，杀人不过是这种职业要求完成的任务。他在战场上辗转于生死之间，内心无时无刻不渴望远离战火，重回安宁，做个正常人，然而遵循"职业操守"的代价便是丧失人性。"他永远不会忘记这片土地。他在这里死去。他身上的'人性'死了，带着希望在纳兹兰离世。一个优秀的士兵诞生了——思想空洞，头脑简单，内心冷漠，憎恶全世界。没有过去，也没有未来（Бабченко，2006）。"

马卡宁1995年发表的小说《高加索俘虏》以车臣战争为背景，描摹普通人因为无法在民族纷争当中把握自身命运而产生的矛盾心态：一方面，这场战争其实是自己人打自己人；另一方面，参战双方都在为自身利益展开争夺。一方面，他们无法面对战争中的杀戮；另一方面，他们又也无力回归原有的生活。在作家看来，战争异化人性，使人们成为肉身的、精神的、利益的俘虏。诚如萨都拉耶夫在《突袭沙利》中所言："士兵应该忘记自己的重要性，忘记他是具有自身价值的人（萨都拉耶夫，2015）。"米罗诺夫的小说《我参加过这场战争》中的"我"虽然亲身参与了车臣战争，但既缺乏对胜利的渴求，也不相信自己所做的一切都是有必要的。"我"是在与生命被贬值并且随意就被剥夺的境遇对抗，完成一场自我拯救。"我"没有高昂的英雄气概，与传统意义上富于理想的英雄截然不同，但作为有血有肉、有七情六欲的实体，"我"的个体意志和生存状态却格外真实，"我"的决定应该得到尊重。卡拉肖夫的短篇小说集《车臣故事》在一定程度上是人物中心论的产物。在其笔下，有的参战者竭力在战争中捍卫独立的人格和个体的尊严，遇到危险总能淡然处之。有的参战者被战争物化，丧失独立的思想。还有的参战者面对轰鸣的枪炮和流淌的鲜血压力重重，心理崩溃……作家从普通士兵的视角出发，关注个人面对身份选择时的迷惘，表现战争的残酷真实。

以20世纪后半期发生的局部战争为题展开创作的作家当中，有不少人都亲身参与过战争，或者进行了扎实的田野调查和文献收集。近距离甚至零距离的感受让他们得以透视具体而微的战争景象，促使他们将个性化的诉说、认识与反思当成创作主题。对于卡拉肖夫、普里列平、萨都拉耶夫、巴布琴科等战争亲历者来说尤其如此。他们走下战场，提起笔留下曾为作战者的证据。"2000年以来，新战壕文学主要的创作原则是：残酷地、像新闻报道一般准确地刻画战争，描写战争场面时具有自然主义的真实和对事实的绝对忠诚（Аристов，2011）。"他们有理由坚信，由这种参与感和在场感所保证的真相叙事格外震撼人心，它与由大众传媒推波助澜的所谓战争营销形成鲜明对比。从创作心理来看，更多的时候这些作家只能独自面对这段过往经历，因此，一旦有机会，就会力图让战争作为一种现实被呈现和认识。经受了残酷战事磨砺的作家们对于战争细节和战场状态有着刻骨铭心的记忆，他们自觉表现人在战争中的本性流露以及战争给人造成的创伤。与此同时，局部战争的现实性为作家们提供了实地走访、调查、取证的更大可能性；而史料实录与文学叙述的相互渗透则可为他们彰显独立判断与个性化思考提供广阔的可能性。作家们以世界格局、地区局势和国家状况的变化为依托，大量利用文书、日记、信件以及对当事人的采访，在呈现具有时代感的战争展开方式的同时着力刻画战争参与者真实的处境、思想、感情和行为，消除因刻意制造政治和宗教阵营对立而对普通人造成的蒙蔽。

随着政治语境的变化，作家与公民和社会的关联越发紧密。反思战争也成为多角度、全方位回应当代现实的一条纵深路径。政治与文学这两个场域的活动相互激发，丰富了当代战争小说的创作维度。以普里列平为例，俄罗斯政治生态为其跻身政坛、就热点事件发表看法提供了空间，而各种可实现或者不可实现的构想、各种成功的或者不成功的运作又势必投射到他的创作当中，源源不断地为其提供深入反映个人生存与发展状态的创作灵感。他发表的以车臣战争为题的小说《病理学》传达战争世界的细节和亲历者的状态，以此记录从和平到纷争的嬗变所造成的个体灵魂断裂与心理扭曲。普里列平擅长勾勒军队特有的真实气氛，刻画令其印象深刻的悲剧性甚至是离奇性情景。他通常采用白描手法，通过镜头式的描绘呈现细节，把读者拉入活生生的战争场景。在普里列平笔下，身处战争前沿的士兵们不仅需要顽强地保全性命，还得承受外界的重压，将自己变得更加残酷。

总之，阿富汗战争缺乏正义性，车臣战争的历史民族根源错综复杂，二者在一定程度上都难以激发官兵内在的作战动力，赢得战争的必要性被捍卫自我生命权、保全自身安全的渴望弱化，存活与安全成为第一要义。从这个意义上来说，当代的局部战争是对人类自身的洗劫，很难产生传统意义上的英雄，反而更易催生无畏又无情、无依又无靠的所谓"战争工作者"。"战争就是工作。如果不深入讨论战争的意义缺失和深重罪孽，它就是我们的工作而已（Карасев，2008）。"面对死亡的恐惧，他们出于自我保护的本能和寻找存在的渴望，朝着看不到的敌人开枪。这一过程规训参战者，让其适应环境；折磨参战者，让其身心俱疲；摧残参战者，让其从内心深处惧战、厌战、倦战。所有这一切，都成了小说创作者关注的中心和刻画的重点。

结语

在复杂的社会政治背景下，当代俄罗斯小说的创作者们从英雄叙事整体转向反英雄叙事，继续拓展战争书写的理路。他们关于卫国战争的记述旨在还原真实，反思历史，在肯定这场战争之于民族独立和社会进步的重要意义的同时，揭露军营内部矛盾，反思被卷入战争机器的个体承受的多舛命运。对于不义的阿富汗战争和因民族矛盾而起的车臣战争，创作者们摒弃史诗性和传奇性的叙事方略，消解武断的道德审判，既追问军事行动的合法性，又揭示特定环境中分裂的、矛盾的人格，借由生死存亡的极端体验展现人性的复杂深邃。当代俄罗斯战争小说的反英雄叙事具有明显的人文主义倾向和心理探索倾向，从人性关怀角度揭示生命真理的相对性，从思想角度考察战争对民族心理的影响。

参考文献

[1] Аристов Д. О природе реализма в современной русской прозе о войне (2000-е годы) [J]. Вестник Пермского университета, 2011(14): 169-174.

[2] Бабченко А, Грешнов А. Операция «Жизнь» продолжается[J]. Искусство войны, 2006(1): 60-64.

[3] Бабченко А. Алхан-Юрт[M]. Москва: Яуза. 2006.

[4] Бутенко А. Время и пространство как элементы чеченского текста[J]. Вестник Новгородского государственного университета, 2015 (7): 65-68.

[5] Гранин Д. Без Астафьева[N]. Известия, 2001–11–29.

[6] Ермаков О. Знак зверя[M]. Смоленск: Русич. 1994.

[7] Карасев А. Чеченские рассказы[M]. Москва: Литературная Россия. 2008.

[8] 巴甫洛夫. 关于战争和战争小说的态度 [J]. 高少萍，译. 俄罗斯文艺，2015(1)：99-101.

[9] 陈敬詠. 苏联反法西斯战争小说史 [M]. 南京：南京大学出版社，1992.

[10] 冯玉芝，余献勤. 避免战争的道德期冀：当代俄罗斯战争文学主题形

态述略 [J]. 解放军外国语学院学报，2020(6)：34-41.

[11] 李新梅. 当代俄罗斯小说中的苏联卫国战争叙事 —— 发展趋势和特征 [J]. 俄罗斯文艺，2020 (3)：10-18.

[12] 南帆. 探索当代文学的未来可能 [N]. 中国社会科学报，2022-01-18(001).

[13] 萨都拉耶夫. 一只燕子不成春 [M]. 富澜，冯玉芝，译. 北京：中国青年出版社，2015.

[14] 王岚. 反英雄 [J]. 外国文学，2005(4)：46-51.

[15] 余一中. 阿斯塔菲耶夫访谈录 [J]. 当代外国文学，1993(3)：143-147.

[16] 赵建常. 俄罗斯转型时期军事文学研究 [M]. 南京：南京大学出版社，2018.

战争的人道主义书写

——试析阿斯塔菲耶夫的中篇小说《陨石雨》

华东师范大学 原 清 刘玉琴

摘要：俄国文学历来有书写战争的传统，苏联战争文学先后经历了三个浪潮，阿斯塔菲耶夫的成名作《陨石雨》是"第二浪潮"中的重要作品，主要讲述了卫国战争期间发生在战场后方的年轻男女之间纯洁美好的悲剧爱情故事。阿斯塔菲耶夫在小说中通过细致的心理和细节描写，反观战争的残酷及对人心灵的伤害，融抒情性与哲理性于一体，展现了深厚的人道主义关怀，深化了文学作品中的战争主题。

关键词：苏联战争文学；阿斯塔菲耶夫；《陨石雨》

1 苏联战争文学

战争文学是俄国文坛上一颗耀眼的明星。俄国历来有书写战争的传统，例如列夫·托尔斯泰描写1812年卫国战争[①]的巨著《战争与和平》，以及法捷耶夫的《毁灭》、肖洛霍夫的《静静的顿河》等描写十月革命后国内战争的著名作品。第二次世界大战期间，苏联的反法西斯战争更是将战争文学推向了一个高潮，作家们大书特书卫国战争中苏联人民的爱国情感、丰功伟绩及个人遭遇，揭示战争的残酷无情，歌颂爱国主义和英雄主义。正如作家阿·托尔斯泰所说："战争开始了苏联文学的新阶段、新时期，苏联文学在战争时期成了真正的人民艺术和具有英雄主义精神的人民之心声（吴萍，2015）。"4年的卫国战争带来了70年文学创作的繁荣，这与苏联人民经受的残酷的战争伤痛是分不开的，

---

① 指1812年俄国反对拿破仑侵略的战争，除此处之外，本文所提及的"卫国战争"均指第二次世界大战期间苏联反对法西斯德国及其盟国的解放战争。

在反法西斯战争期间，苏联众多家庭都经历了失去亲人的痛苦，许多年轻战士都献出了鲜血和宝贵的生命，苏联人民饱受战争所带来的不幸和痛苦的折磨，正因如此，描写战争的作品更能引起人们真切的回忆和心理上的共鸣，成为苏联人民引以为傲的宝贵的精神财富。

这一时期的苏联战争文学先后经历了三个浪潮。"第一浪潮"主要发生在卫国战争期间及其之后的几年，诗歌是表现最为活跃的文学体裁，其中以长诗的成就最为突出，譬如西蒙诺夫的《等着我吧》和特瓦尔多夫斯基的《瓦西里·焦尔金》等，这些诗歌在士兵之中广为流传，给艰苦岁月中的作战将士们带去了精神慰藉。战时的小说创作也是这一时期文学创作的重要部分，阿·托尔斯泰的《俄罗斯性格》、西蒙诺夫的《日日夜夜》以及法捷耶夫的《青年近卫军》等都是这一时期的重要作品（吴萍，2015），作者在作品中讴歌了为保卫社会主义祖国而浴血奋战的英勇战士形象，具有强烈的爱国主义和英雄主义色彩。

20世纪50年代末至60年代初，苏联的战争题材文学进入了"第二浪潮"。一些作家不再对战争作概括性的全面描写，一改之前正面描写战场上的军事活动和英雄的做法，而是侧重表现某个具体的战斗场面或某一个具体的人在战争中的命运，注重揭示战争中"残酷的真实"，从一味歌颂英雄主义转向对战争本身进行更加深沉、更加冷峻的思考，将战争作为人、人的幸福和人道主义的对立面来加以声讨，这一创作倾向被一些评论家称为"战壕真实"，代表作品便是肖洛霍夫的《一个人的遭遇》。在这部作品的影响下，50年代中期到60年代中期出现了"战壕真实派"这一阶段性的文学现象（张文焕，2003）。但这类作品往往格调低沉、情绪绝望，虽然对战争的描写十分客观，但是英雄气概不足，受到一些评论家的诸多诟病。

20世纪70年代以来，随着苏联文艺界进一步深化对以往文学作品中弊病的认识，一种新的文艺理论——"开放体系"应运而生，苏联战争文学的"第三浪潮"即产生于这一时期。在这一体系的引导下，道理、哲理和心理探索在文学作品中逐渐融合，在这类文学作品中，战争只是作为故事背景或人们所关注的事件，不再是作者着力刻画的主要对象。在这一时期，邦达列夫的《岸》和《戏》这两部作品具有代表性。

2 阿斯塔菲耶夫和他的《陨石雨》

维·彼·阿斯塔菲耶夫（Виктор Петрович Астафьев）是 20 世纪著名的俄罗斯作家，在俄罗斯文坛上有着独特的地位。阿斯塔菲耶夫没有把自己的创作局限在一个范围内，他的创作题材十分广泛，他写过农村，写过战争，也写过道德，因此难以将他界定为创作特定题材的作家，可是他的创作又是所涉及题材中不可或缺的一部分（石国雄，1995）。谈及农村散文，必然要提到他的《俄罗斯菜园颂》和《最后的敬礼》；谈及战争文学，他的《陨石雨》和《牧童和牧女》也是重要的作品；谈及精神道德探索题材，又不得不提到他的《鱼王》和《悲伤的侦探》。他曾说："一个不认为他是第一个发现世界和世界上的一切的人，是不应该拿起笔的。所有的作家都应该发现自己的美洲，否则，他就是个墨守成规、重蹈覆辙的人，是只黏附在别人船上的贝壳（石国雄，1995）。"可以看出，阿斯塔菲耶夫在自己的创作中十分重视独创性，或许这就是他在文坛长盛不衰的原因。阿斯塔菲耶夫人生经历十分丰富，他曾参加过卫国战争，亲历过硝烟弥漫的战场，身临其境地感受过流血与死亡，对战争的残酷有着切身的感受，这些丰富的经历为他的文学创作提供了取之不尽的源泉。阿斯塔菲耶夫的文学创作之路起步较早，他于五十年代初开始发表作品，60 年代因作品《陨石雨》而成名，70 年代享誉文坛，在俄罗斯文学界影响巨大。

《陨石雨》是一篇带有自传性质的具有浓郁抒情格调的中短篇小说，是阿斯塔菲耶夫的成名作。小说以卫国战争为时代背景，描写了发生在后方医院的一对年轻恋人的动人爱情故事。主人公米沙·叶罗费耶夫是一位率真可爱的小伙子，战争期间因负伤而转到了野战医院。在养伤时间，米沙认识了照顾自己的护士丽达，丽达美丽善良，两人互生出了爱慕之情，但是由于严酷的战争环境，他们不得不把自己的感情藏在心中，为了打败敌人，为了祖国的事业，米沙毅然奔赴前线，投入到了自己的工作岗位中。他们之间的爱情也像陨石雨一样，在燃烧发光之后，黯然熄灭了。小说并没有童话故事般的圆满结局，战争的洪流将彼此相爱的恋人分散，米沙与丽达之后再也没有见过面，他们那纯洁的感情和对美好生活的向往尽管像陨石雨一般消失了，但是星光依然闪耀在他们的内心深处。

战争中的爱情故事在俄国文学中并不是一个新的话题，在《陨石雨》之前的战争文学作品中都有相关线索。但不同的是，在以往的小说中，爱情描写只是战争描写中的一个片段和插曲，从整个作品来看只是一个陪衬而已，而阿斯塔菲耶夫却一反以往战争小说的关注焦点，在《陨石雨》中，他将严酷的战争环境推至远景，爱情成了描写的中心对象。爱情与战争这两个互不相容的事物在阿斯塔菲耶夫的笔下融为了一体。《陨石雨》发表于1960年，当时正值苏联战争文学"第二浪潮"时期，小说并没有像"第一浪潮"时期的作品那样一味歌颂英雄主义，而是从更深层面上关注人和人的幸福问题，在爱情与战争既矛盾又统一的故事背景下，阿斯塔菲耶夫通过描写战争期间青年的不幸的爱情，揭示战争的残酷，表达对战争的控诉，具有深厚的人道主义精神。

2.1 战争主题的深化：轻战场重后方的描写

故事的发生地野战医院是战争期间十分典型的场景，人们在这里不得不承受生离死别的痛苦。这里就好比受伤军人命运的岔路口，一条通往阴间，一条通往人世。有的军人因受伤过重无法医治而在这里结束了自己短促的一生，有的军人在这里致残，有的军人从这里痊愈后重返战场。这里是战争期间人们情感悲欢的一个缩影，每天都上演着战争带来的创伤和不幸，也凝聚了人们对生命和美好未来的希望和憧憬。

小说中没有直接描写战争所带来的恐怖、血腥、残酷的场面，而是通过对野战医院病人受伤状况及青年男女之间感情的描写，从侧面反映出战争对人的身体及心灵的摧残。主人公米沙的一只胳膊上的两根骨头都被打断，神经也断了，手失去了知觉"总耷拉着，好像是别人的"（维·阿斯塔菲耶夫，1985）；阿弗扬·阿季平脊背受伤严重，转到单间病房后也因医治无效而在医院不幸去世；准尉古萨科夫两条腿全打着石膏，只能坐在推车里活动；还有一个个震伤病号，他们身上一点伤都没有，一个枪眼也没有，可是却没有活着的样子，一切全给震掉了、吓丢了，失去了作为人的记忆。正如主人公米沙所感叹的那样："要是不知道疼痛，不感觉食物的香味，字也不识了，连亲生母亲都不认得，这可还算人吗（维·阿斯塔菲耶夫，1985）？"可是这样的失去人性的"人"却偏偏存在于真实的生活中，正是战争"震掉"了他们身上的人性。反观米沙与丽达之间美好的爱情，如果是在和平年代，他们的感情经历可能会一帆风顺，也可能会小有波折，彼此间纯真的感情会使他们走到一起，成为枝叶连理的终身伴侣。可是身处战争年代的人们随时都面临着在战争中丧命的危险，为了国家和民族的利益，他们不得不舍小爱为大爱，热恋中的青年男女不得不天涯两隔，他们之间纯洁美好的感情也注定是悲剧的结局。

作家在小说中没有颂扬战斗英雄及其所建立的历史功绩，而是从普通人的视角出发审视战争，揭示战争给人们带来的心灵伤痛。正如丽达的母亲所重复的那样："现在到哪儿都冰冷。在屋里，在街上，还有人们心里（维·阿斯塔菲耶夫，1985）"，战争作为一种反自然的破坏力量，破坏了生活中一切美好的东西，不仅给人造成身体上的伤残、摧毁了人的家园、夺去了人的生命，还给人带来了心灵的创伤，破坏了美好的爱情和珍贵的记忆。

2.2 后方战士第一人称的心理独白：细致的心理和细节描写

阿斯塔菲耶夫在作品《陨石雨》中展现出了杰出的心理描写才能。在叙述米沙与丽达情感发展的过程中，他并不是主要依靠人物的言谈举止和音容笑貌来表现人物的感情的，而是着重叙述了人物内心的变化，通过一系列的心理描写，生动形象地表现出初恋者羞涩喜悦、错综复杂的感情变化和内心冲突。全文采用第一人称的叙述方式，以米沙的口吻叙述自己"非同寻常"的爱情故事，这种叙述方式更有益于表现主人公的内心独白，揭示主人公的心理变化。

米沙与丽达的爱情萌生于野战医院的一盏煤油灯光下，是在严酷的战争环境中慢慢滋长起来的。米沙在渐渐恢复知觉睁开眼后，他首先看到的便是在灯旁读书的一个姑娘的身影，他感到"望着她，说不出的舒服，竟至想哭"（维·阿斯塔菲耶夫，1985），"越看她，心里爱恋的柔情就越强烈"（维·阿斯塔菲耶夫，1985），这便是米沙初次见到丽达时心中所产生的那种不可名状的美妙感受。当他与丽达互相认识后，又担心一切只是自己自作多情而已，"她没准儿和所有的人都说悄悄话，对所有的人都这么温柔……她有啥舍不得的（维·阿斯塔菲耶夫，1985）"，简短的描写将米沙面对感情时诚惶诚恐的心理表现得淋漓尽致。第二次见到丽达时，米沙看着她走路的身影，竟"险些哇哇大哭起来"，她那清瘦而疲倦的身影显得那么的可怜，以致"叫人不忍心看下去"。在新年庆祝活动上关于坐座位的心理描写片段，更是将恋爱状态下年轻人甚至会因感情而发狂的心理刻画得入木三分："知道要是她不同我坐在一起，我能马上离开这里，说不定会干出什么事；砸坏窗玻璃，打碎灯泡，兴许要大嚷大叫（维·阿斯塔菲耶夫，1985）。"一系列的心理描写将热恋中年轻人的依恋、嫉妒甚至为之发狂的感受细致入微地表现了出来。对于刚从死亡边缘上逃脱的年轻战士米沙来说，这样的感情就好比生命中的空气和阳光，滋养了他的心灵，无限纯洁美好。以致当丽达的母亲开诚布公地与米沙谈话后，米沙感受到了一种肉体上的痛感，一种从未体验过的绞痛——内心的痛苦。也正是丽达母亲的提醒，使米沙意识到了，在爱情表面的美好之下，还要考虑它的目的和后果。

在着重笔墨刻画主人公米沙和丽达的感情发展变化的同时，作者对其他人物言行的细节刻画，也有力展现了战时人们的美好心灵。当准尉古萨科夫在走廊里看到推着阿弗扬遗体的小车时，嘶哑地叹息道："原谅我吧，阿弗扬！我没有保护好你……（维·阿斯塔菲耶夫，1985）"，古萨科夫与阿弗扬在一个侦察排，在一次搜索行动中其他组员都牺牲了，只有他们两人得以幸存。两人都受了伤，但古萨科夫却不顾身体上的伤痛，坚持将阿弗扬从火线上背了回来，这种命悬一线的生死战友情是十分令人动容的。主人公米沙在小胡同里的遭遇的细节描写，也是当时人们社会心理的一个缩影，显现了祖国危难之时不同阶层地位的人在抗敌问题上的团结一心。在那个物资匮乏的年代，强盗在胡同里截住米沙本想要走他身上的衣服，但当他们得知米沙是野战医院的伤员时，立即诚恳地说道："实在抱歉，对不起。"因为当时无论什么样的强盗也不碰医院的伤员，这些伤员都是为了保卫祖国和人民而负伤的勇士，他们理应得到后方人民的尊敬，即使是为人所不齿的强盗和小偷也保留着基本的良知，不截取保家卫国的战士们的东西。

2.3 内容的和谐统一：抒情性与哲理性的结合

苏联评论家马卡罗夫曾指出："《陨石雨》可以跻身同类题材的最富有诗意的作品之列（冯玉律，1985）。"的确，小说具有优美的抒情性和深刻的哲理性，达到了理性与激情、理智与情感之间的和谐统一，从而展现出了主人公高尚的品格和崇高的道德责任感。全篇虽然没有正面描写米沙在战场上的作战场景及战斗功勋，但是从他面对儿女私情和服务国家这一两难抉择时所做出的选择，可以推断出在战场上他也一定无愧于祖国的重托。小说以年轻战士和护士之间的爱情故事为中心，没有特意刻画英勇作战的英雄人物形象，但是在米沙身上我们看到了一种别样的英雄主义。

作品的开端就是主人公米沙的一段内心独白，语言平实，真挚感人，具有很强烈的抒情色彩。主人公自况"它是一般的爱情，可同时又很不一般，从来没有谁这样爱恋过，恐怕以后也不会有。一位诗人说过：'爱情不是什么新东西，可是每一颗心都能使它大放异彩'（维•阿斯塔菲耶夫，1985）。"紧接着作家又将"每一颗心都能使它大放异彩"这句诗单独拿出来自成一段，增添了作品的诗意和抒情性。主人公米沙怀着无比眷念的感情回首这段往事，这段往事在他心中留下了难以磨灭的记忆，刻骨铭心。

在对往事的叙述中，随着故事情节的展开与故事场景的变化，文中出现了很多歌词和诗歌。米沙在朋友柳里克巴扬琴的伴奏声中，唱出了一首又一首美妙的歌曲，诉说着战士的忧愁以及对母亲和家乡的深深思念；在丽达的家中，米沙为丽达朗诵了一首美妙的诗歌，他们之间的感情也伴随着诗歌而进一步深化。歌词和诗歌在文中的反复出现，使全文笼罩在浓厚的抒情氛围之中，他们就像艰苦战争岁月中人们生活中的润滑剂，给冷酷的战时生活抹上了几分诗意。

小说结尾处米沙的内心独白意味隽永，富有哲理，耐人回味。岁月渐渐流逝，"我"与丽达却没能再次重逢，"我"在战争中不断奔忙，渐渐地忘却了心中的伤痛、郁闷和孤独，"我"与丽达的爱情也仿佛随着战火的硝烟而渐渐淡薄飘散了。面对丢失且很难找到的恋人，米沙的心中时时会充满深深的哀愁，但这是一种普希金式的喜悦的哀愁。米沙深深爱着自己的祖国，愿意为保卫她的安危而放弃个人的得失。米沙同样也爱着丽达，虽然知道一切已不可挽回，可还是在怀念，在等待，在期望……对于一个深爱过他人也被他人爱过的人来说，单单对爱情的回忆和思念就会使人感到幸福。在这种回忆中，人们会重温自己的青春年华和幸福时光，体会到青春和幸福的永恒以及心灵的纯粹与美好。作者满怀深情，用浓重的抒情笔调和人道主义关怀赞美高尚纯洁的感情和美好的人性，对生活、对过去、对未来进行着深邃的、富有哲理性的思考，打动人心。

3 结语

阿斯塔菲耶夫的《陨石雨》是苏联战争文学中的重要作品。在卫国战争时期，许多战争题材作家将政治主题和战争背后的政治利益作为着力书写的对象，通过塑造英雄人物形象来揭示战争的残酷，忽视了战争中作为个体的"人"的感受，所以大部分作家远离对爱情和欲望的描绘。阿斯塔菲耶夫却并没有受此拘束，他独辟蹊径，通过描写战争期间青年男女悲剧性的爱情故事来反映战争对人的伤害：尽管战争无法遏制爱情的产生，但它却能将其扼杀，使彼此相爱的恋人天涯两隔、不复相见，给人的心灵造成无法愈合的伤痛。

在《陨石雨》中，阿斯塔菲耶夫从人道主义关怀出发，着力表现了米沙与丽达纯洁美好的初恋感情，以及他们身上所展现的对保卫祖国和服务国家的爱，赞扬了米沙高尚的人性道德力量，刻画了战争给人带来的难以治愈的精神创伤，诠释了亲历过战争伤痛的人对"幸福"一词的深刻理解，扣动人心，感人至深。在特殊的战争背景下，主人公并没有一味沉浸于儿女情长，他们在国家需要之时挺身而出，将那份纯真美好的感情升华为对祖国的大爱。这种真挚美好的感情就仿佛天上的陨石雨一般："他们仿佛彼此传递眼色，又羞怯地相互躲藏。这星海无边无际，数也数不清，每一颗终夜不眠的星又都那么和善（维·阿斯塔菲耶夫，1985）。"虽然许多星星终归会寂灭，但曾经的星光依然闪耀在人们心间，折射出温润和善的光辉，长亮不灭。

参考文献

[1] 吴萍. 从英雄主义到人道主义——苏联反法西斯战争文学的嬗变 [J]. 俄罗斯文艺，2015(01)：62-67.

[2] 张文焕. 苏联战争文学的三次浪潮 [J]. 俄罗斯文艺，2003(06)：84-86.

[3] 石国雄. 俄罗斯心灵的表达者——阿斯塔菲耶夫 [J]. 当代外国文学，1995(04)：84-89.

[4] 冯玉律. 阿斯塔菲耶夫和他的《陨星》[J]. 苏联文学，1985(04)：43-44.

[5] 维·阿斯塔菲耶夫，冯玉律. 陨星 [J]. 苏联文学，1985(04)：2-43.

白银时代象征主义诗歌中的恶魔形象

复旦大学 应 玥

摘要："恶魔"是俄罗斯文学中一个经久不衰的重要母题。它最早可追溯至"黄金时代"普希金、莱蒙托夫等诗人的创作。"白银时代"象征主义诗人巴尔蒙特、勃留索夫、吉皮乌斯、勃洛克、别雷等诗人笔下的恶魔形象，继承了"黄金时代"诗人的文学传统，尤其受到莱蒙托夫的深刻影响，但由于时代条件的变迁而更具复杂性和多面性。本文通过细致的文本分析，总结分析象征主义诗人笔下塑造的恶魔形象，以探究俄罗斯象征主义诗歌的主要内涵和诗学特征。

关键词：俄罗斯象征主义；白银时代；恶魔形象；复杂性；多面性

"恶魔"（демон）是俄罗斯文学中一个经久不衰的重要母题，它在白银时代前相当长一段时间内已在俄罗斯文学中占据了重要地位。俄语中"恶魔"一词在词源学中可追溯至古希腊语 δαίμων（分发、分配），本指为世人分配命运的神灵（Шанский，2004）。随着时间的推移，该词的词义发生了变化。古希腊罗马时期，哲学家把行善的神灵视作真正的神，而将作恶的神灵称为"恶魔"（林中泽，2004）公元 1~5 世纪，随着基督教的产生和兴起，恶魔的伦理地位显著下降，它开始与傲慢、嫉妒、贪婪、诱惑等恶行联系在一起。上帝和恶魔分别象征善与恶的道德两极，上帝常常利用恶魔来试探人。

俄罗斯诗歌中的恶魔主题可以追溯至"黄金时代"诗人普希金（А.С.Пушкин）的抒情短诗《恶魔》（«Демон»，1823）。在这首诗中，诗人怀着淡淡的哀愁，回忆起无忧无虑、纯洁美好的少年时代。那时的他心中充溢着真挚而崇高的感情，但恶魔暗中将他拜访。在诗人眼里，恶魔既邪恶又具有无限威力："他的笑容，他怪异的眼神，/他的刻薄尖酸的话语，/把冷酷的毒汁注入人心。/他用滔滔不绝的流言蜚语/使未来的岁月变得黯淡（普希金，2015）。"这首诗反映了普希金南方流放时期（1820—1824 年）经历的心灵危机：诗人感到昔日理想的破灭，恶魔形象象征着诗人对生活的失望和怀疑主义的态度。"黄金时代"另一位杰出诗人莱蒙托夫（М.Ю. Лермонтов）也从未停止对恶魔形象的思索。罗赞诺夫（В.В. Розанов）曾说："莱蒙托夫的所有抒情诗中都具有恶魔因素，未完成的、各式各样的恶魔（Розанов，1902）。"其中最具代表性的是诗人历时十年完成的长诗《恶魔》（«Демон»,1829—1839）。这部作品将恶魔主题同格鲁吉亚民间传说结合起来，描绘了被逐出天堂的堕落天使与美丽的格鲁吉亚姑娘塔玛拉之间动人的爱情悲剧。诗人笔下的恶魔形象体现出鲜明的矛盾性和双重性：一方面，这是一个神秘的引诱者形象，他"飞翔在罪恶的大地上空""散播着罪恶而得不到欣喜（莱蒙托夫，2020）"；另一方面，他早已厌倦了作恶，尤其是爱上塔玛拉后，开始追求善和崇高。显然，莱蒙托夫笔下的恶魔是叛逆精神和个人主义的艺术化身，表现了人性的复苏和对真理的追求。总体而言，"黄金时代"诗歌中的恶魔形象具有浪漫主义色彩。

"白银时代"诗歌被公认为是俄国诗歌史上"黄金时代"之后的又一次繁荣与复兴（郑体武，2019）。"白银时代"的象征主义诗人对恶魔也情有独钟，巴尔蒙特（К.Д. Бальмонт）、勃留索夫（В.Я. Брюсов）、吉皮乌斯（З.Н. Гиппиус）、勃洛克（А.А. Блок）、别雷（Андрей Белый）等象征主义诗人都曾写过不少有关恶魔的诗歌。尽管他们同为象征主义诗人，但有着各自的创作个性和艺术风格，因而他们诗歌中的恶魔形象丰富且复杂。深入其中，会发现主要存在五种类型：传统宗教意义上与上帝对立的反叛者形象；象征绝望颓废社会情绪的恶魔形象；象征人性之恶和人心复杂多维的恶魔形象；象征爱情悲剧的恶魔形象；基于莱蒙托夫诗歌中的恶魔发展出的恶魔形象。

1 传统宗教意义上与上帝对立的反叛者形象

在圣经传统中，恶魔本是一位至善至美的天使，但由于狂妄自大，无法摆脱内心的傲慢与贪婪而向上帝发出挑战，最终被逐出天堂。也就是说，恶魔是阻挠上帝意志的敌人，因而也是叛逆、对抗和怀疑主义的化身。在象征主义诗歌中不难发现传统宗教意义上与上帝相对立的恶魔形象。代表诗歌包括巴尔蒙特的《恶魔之音》（«Голос дьявола»，1903）《上帝与恶魔》（«Бог и дьявол»，1903）以及吉皮乌斯的《上帝的生灵》（«Божья тварь»，1902）等。

巴尔蒙特享有"太阳诗人"的美誉。"太阳"这一意象不仅是力量与美的象征，更是个性和自我主体意识的彰显，以及对光辉灿烂的未来的期许（曾思艺，2016）。但巴尔蒙特也写过不少情调忧郁的诗，这些诗歌都与恶魔有关。例如，在抒情诗《恶魔之音》中，恶魔主人公大胆宣称自己憎恨所有那些只关心自身得救，只"为自己的灵魂担忧"（巴尔蒙特，2021）的圣人。他甚至对单调乏味的天堂感到反感，因为在那里"无休止的节庆，郑重其事地进行"（巴尔蒙特，2021）。显然，巴尔蒙特在诗歌中以独特的叛逆精神塑造了一个充满诗意和梦幻的恶魔形象。在另一首抒情诗《上帝与魔鬼》中，诗人更是从审美的角度将恶魔与上帝相提并论，对二者表达了同样的赞美和崇敬之情。抒情主人公开篇便抛弃两者在传统意义上的善与恶对立，直抒胸臆道："我爱你，魔鬼，我爱你，上帝 / 对着前者——我呻吟，对着后者——我叹息；/ 对着前者——我叫喊，对着后者——我憧憬；/ 你们二者多么伟大，是美的喜悦（巴尔蒙特，2021）。"在第二诗节中，抒情主人公甚至将自己比作一朵时而向南、时而向北漂浮的云，暗示自己无法在上帝和恶魔之间做出选择。第三诗节运用对比的手法，展现了抒情主人公行为的双重性：他时而用雨露滋润大地、造就如茵的绿草，时而用雷电破坏人们的美梦、烧毁他们的房屋。抒情主人公的破坏性行为体现了恶魔的影响，与上帝对人世的宽厚和恩慈形成鲜明对比。显然，抒情主人公的身上既有上帝的神性，也有恶魔的毁灭性。最后的诗节表明，尽管尘世的生活充满持久的苦痛，但抒情主人公在上帝和恶魔两者身上看到了实现精神自由和慰藉的可能性，上帝和恶魔两个对立的形象在抒情主人公身上得到统一和融汇。总之，此诗中上帝与恶魔的独特关系体现为善恶两极的相互贯通与紧密交织，拒斥其中任何一方都会导致内在和谐的丧失。

老一辈象征主义寻神派中独树一帜的女诗人吉皮乌斯，曾同丈夫梅列日科夫斯基（Д.С. Мережковский）一道宣扬神秘救世思想、多神论存在主义、耶稣的第三次降临等。她还认为，分别指向真善美的哲学、宗教和诗歌殊途同归，可以通过"祈祷"抵达彼岸世界（汪剑钊，1997）。对信仰的探寻不仅贯穿这位女诗人的一生，而且成为其诗歌创作的灵魂，真正达到了诗歌和宗教的融通，甚至达到了她所宣称的"诗歌是一种祈祷"的理想境界。在《上帝的生灵》一诗中，抒情主人公为了恶魔向上帝祈祷，宣称恶魔"烙印着我的痛苦 / 这是我爱上恶魔的原因（吉皮乌斯，2017）"。在抒情主人公看来，尽管恶魔总是阻挠人对真理的探寻，总是诱惑人走向堕落，但恶魔与人一样都是上帝的作品，因此抒情主人公不仅不害怕或厌恶恶魔，反而表现出同情和怜悯，体现出诗人强大的精神力量和笃定的信仰。作为信徒的吉皮乌斯认为，绝对的善与美只有在天国才有可能产生，而尘世的一切存在都会同时包含一定程度的善与美、恶与丑（Нартыев，2004）。

不难看出，巴尔蒙特和吉皮乌斯诗歌中的恶魔形象设计，一方面延续了基督教传统中作为堕落天使反抗上帝的恶魔形象，另一方面发展了莱蒙托夫诗歌中具有叛逆精神的恶魔形象。诗人们对恶魔没有进行简单化的否定和抨击，反而认为恶魔是构成和谐的二元对立统一的要素之一，表达出对恶魔的同情乃至热爱。这样的恶魔观与"白银时代"颠覆原有价值、重建精神尺度的时代精神相契合，体现了"白银时代"高扬个性的个人主义精神。

2　象征绝望颓废社会情绪的恶魔形象

19世纪末20世纪初是俄罗斯历史上新旧交替的一个过渡时期。沙皇专制统治的昏聩腐朽、民粹派救国理想的破灭、俄国在日俄战争中的惨败、1905年资产阶级革命的失败等，导致俄国社会普遍弥漫着迷惘、悲观、绝望的情绪。在世纪末混乱无序的社会语境中，传统的精神价值体系逐渐崩塌，不信神的消极态度在知识圈中蔓延。正如吉皮乌斯在《爱的批评》（«Критика любви»，1900）一文中所言："我们时代的人们陷入绝望，正在毁灭——有时是有意识的，有时是无意识的——因为人不能离开上帝而生活。我们却已经失去了上帝，找不到他了（Гиппиус，2003）。"

受当时社会情绪的影响，俄罗斯象征主义诗歌中也出现了一类绝望颓废的恶魔形象，其中勃留索夫的诗歌尤为明显。例如，抒情诗《自杀的恶魔》（«Демон самоубийства»，1910）弥漫着死亡的悲剧气息，其中的恶魔时而"端来杯中的毒酒"（подает в стакане яд）[①]，时而"往手中塞入刀刃"（в руку всовывает нож），时而"将弹药放入枪膛"（кладет гильзы в барабан）。但这个恶魔依然散发着独特的魅力，周身笼罩着神秘的气息，对经受痛苦的人们有着致命的吸引力。诗人也称其为"忠诚的朋友"（верный друг）、"迷人的少年"（юноша

---

① 所标注的俄语诗句的汉译全部出自本论文作者，下文同。

пленительный）。诗人运用反复的手法，使恶魔的两大肖像特征，即"诡异的长笑"（странно-длительной улыбкой）和"漆黑双眸的深深阴影"（глубокими тенями черных глаз）在诗的开头和结尾重复出现，突出了恶魔魅惑阴郁的特点，极具艺术感染力。而在抒情诗《病》（«Болезнь»，1920）中，勃留索夫将恶魔的绝望抑郁情绪展现得更淋漓尽致。"患有忧郁病的恶魔"（Демон сумрачной болезни）折磨着诗人，使他产生"扯断纠缠错杂的生命线"（порвать жизни спутанную нить）的渴望，让他将俄罗斯社会中的巨变视为"在芸芸众生命运之上轰鸣、飞扬、翻卷的盲目风暴"（слепыми бурями, /что гудят, летят, крутятся /над судьбой племен земных）。

吉皮乌斯的抒情诗《井》（«Колодцы»,1914）也借恶魔形象传达了俄国社会的苦闷情绪。抒情主人公内心痛苦万分，亟须向他人倾诉。然而，一个"沉默的恶魔"守护着"黑黢黢的井口"，他狞笑着夺去了诗人想要倾诉言语，并扬言要让这些言语葬身于井底最深处。全诗如此作结："哦，我最后的朋友！该对谁，/ 该对谁倾吐？该去往何处？/ 道路越来越窄，越来越窄……/ 看呐，已是末路穷途（О друг последний мой! Кому же,/ Кому сказать? Куда идти?/ Пути всё уже, уже, уже…/ Смотри: кончаются пути.）。"诗人如此忧愁苦闷却无人能诉，只能在沉默中越来越绝望，看不到任何出路。

总之，勃留索夫的《自杀的恶魔》和《病》、吉皮乌斯的《井》等抒情诗中的恶魔形象，传达出19世纪末20世纪初俄国社会普遍的抑郁、痛苦、绝望、厌世、颓废情绪。象征主义诗人作为当时社会的重要思想家和文学家，不可能不在创作中反映这种普遍的社会情绪。

3 象征人性之恶和人心复杂多维的恶魔形象

古往今来无数哲人和学者试图解开人性的奥秘，其中包括对俄国象征主义影响巨大的德国哲学家叔本华和尼采。叔本华曾说，意志本身就含有恶的因素，即人性天生就潜藏着恶的因子。（宋娇娇，2020）天性上的"恶"是有了动机之后才显现出来的，而动机又是随着岁月（的增长）而被认识的（叔本华，2017）。尼采也认为：代表理性、真理、道德的日神精神只是人性的表面，而其真实面目是包括欲望、激情、占有欲、破坏欲、超人意志的酒神精神（尼采，2012）。由此可见，人性是复杂的、多元的，其中不乏非理性和恶魔性的成分。

俄国象征主义诗人的人性观与叔本华和尼采等哲人的观念一脉相承，因此他们在诗歌中通常通过恶魔形象来象征性展示人性的复杂和多维，尤其是人性中幽深隐晦的一面。典型代表作包括巴尔蒙特的《海之恶魔》（«Дьявол моря», 1903）和吉皮乌斯的《小鬼》（«Дьяволёнок», 1906）。

巴尔蒙特在抒情诗《海之恶魔》中，向读者描绘了一种名为"海之恶魔"的鱼。这种鱼在自然界中真实存在，但诗人的写作意图并不在于介绍奇妙物种，而是运用象征和隐喻手法，借鱼来展现对人性之恶的思索。根据巴尔蒙特的描写，这种鱼体型不大却含有一种致命的毒素："我们不得触碰，/沉寂的尖刃，/否则存在的所有苦痛，/将会骤然苏生。"（И нам нельзя коснуться / Немого острия, / Иначе вдруг проснутся, / Все пытки бытия.）该诗的末尾几句表明，即便偶然触发人性中恶的一面，也将导致不堪忍受的后果。这首诗在反映人性的复杂多维方面与波德莱尔的《人与海》有异曲同工之妙。但波德莱尔只是将人心的深不可测与大海进行了象征性比喻，而巴尔蒙特将法国象征主义前辈大师的写法推进了一步，把人心深处不可触碰的恶与深海鱼的毒性进行了象征性比喻。与波德莱尔一样，巴尔蒙特也经常用女人形象来表示象征。女人在他的笔下美丽轻佻，给男人的命运带来致命的转折。正如抒情诗《啊，女人，惯于戏弄的孩童……》（《О, женщина, дитя, привыкшее играть...》，1894）中写道："啊，女人，惯于戏弄的孩童 / 含情的媚眼，温存的香吻 / 我本当全心将你鄙夷，/ 可我却爱你，满怀渴念与激动。"

吉皮乌斯在叙事长诗《小鬼》中，同样展示了一个象征庸俗卑劣人格的魔鬼形象。抒情主人公在街上遇到一个冻僵的小鬼，出于怜悯将他带回家，结果不自觉地受到小鬼的影响，最终丧失生命力。诗中小鬼矮小的个头和孱弱的身体如同小孩，但苍老的面容和丰富的阴谋又颇似老者。诗的开篇这样描写小鬼的形象："我遇到一只小鬼，/ 消瘦孱弱如同蚊蚋，/ 他的身形完全像个孩子 / 脸孔很古怪：苍老而尖锐（Мне повстречался дьяволенок, /худой и щуплый - как комар. /Он телом был совсем ребёнок, /Лицом же дик: остёр и стар）。"其实，孩子的纯真和孱弱只是小鬼赢得抒情主人公怜悯的幌子。当小鬼赢得了主人公的怜悯后，它不仅没有任何感激之情，反而拒绝送上的糖并厚颜无耻地索要"嫩牛肉和汤"。当主人公生气地准备离开时，小鬼立即使用惯用的欺骗伎俩开始装病。小鬼还在主人公家中制造了一系列闹剧："中午他像山羊一样蹦跳，/傍晚像死人一样发黑，/时而像个莽汉大摇大摆走动，/时而像个娘们儿缠着我，/雨天散发出狗腥味，/在炉火边舔毛（Он в полдень прыгает козленком, /Под вечер — темен, как мертвец. /То ходит гоголем-мужчиной,/То вьется бабой вкруг меня, /А если дождик — пахнет псиной /И шерстку лижет у огня）。"小鬼的作恶多端给主人公造成了巨大的精神折磨，最终导致理智坚强的主人公变得软弱无力。在吉皮乌斯的这首诗中，小鬼可笑而脆弱的外表下有着致命的力量，但它带给人的不是肉体急遽的死亡，而是精神上的慢性死亡，使主人公作为人的生命力和灵性完全被窒息。"甜的"（сладкий）一词在诗中反复出现并非偶然，"甜"是一种让人心满意足的味道，它像毒品一样容易让人上瘾。比如，小鬼拒绝主人公送上的糖时说自己不吃糖，并称自己就是甜的。小鬼在主人公家时也总是喋喋不休地说："我是甜的，甜的……"（Я сладкий, сладкий…）。当主人公在精神上完全受控于小鬼时，他的感受也是既甜蜜又无聊（сладко-скучно）。最终，主人公丧失了一切情感和价值追求，与小鬼合为一体，陷入无所作为、昏昏欲睡的沼泽深渊。

  作为一位深具宗教感的诗人，吉皮乌斯从未停止对善恶问题和人性的思索。这首诗表明女诗人的善恶观，即善恶关系非常复杂，有时恶也可以从善中产生。同时，这首诗中的小鬼可以看作是主人公的第二个自我（alter ego），象征着人内心深处麻木空虚、庸俗无聊的一面。女诗人通过这样一个奇幻故事来探索人类灵魂的奥秘：是什么让人性的阴暗面占了上风？答案是爱的缺失。女诗人在诗中对这一答案做了暗示："人们常说，爱呀爱的！我不知道/没听过，也没见过（Твердят: любовь, любовь! Не знаю./ Не слышно что-то. Не видал）。"爱的缺失使看似强大的主人公在精神上软弱无力，从而导致他的精神死亡。吉皮乌斯相信，要想打败内心的恶魔，只能借助"爱"的力量。正如俄罗斯研究者纳尔蒂耶夫（Н.Н. Нартыев）所言："在吉皮乌斯的形而上学体系中，爱高于一切伦理价值，爱甚至比信仰更强大。爱是能够对抗不可战胜的死亡暴君的唯一基础（Нартыев, 2004）。"小鬼的故事是关于人性之恶的隐喻，诗人据此告诫人们：万不可让这样具有摧毁人格力量的"恶魔"进入自己的屋舍、身体乃至心灵。

4 象征爱情悲剧的恶魔形象

爱情是文学中永恒的主题,优秀的爱情悲剧作品尤其动人心弦。而文学作品中的爱情悲剧常常源于男女主人公中一方甚至双方心灵中潜藏的恶魔性,比如《浮士德》中给格蕾琴带来不幸和毁灭的浮士德,《呼啸山庄》中被仇恨扭曲的希斯克利夫,《当代英雄》中视爱情为游戏的毕巧林等。俄罗斯象征主义诗人也常常通过恶魔形象,表达对爱情本质的思索。

勃留索夫的抒情诗《你是我的恶魔,你是厄里倪厄斯》(«Ты - мой демон, ты – эринния», 1910) 就描绘了具有巨大毁灭性的恶魔式爱情。抒情主人公将自己的恋人称为恶魔和厄里倪厄斯。众所周知,厄里倪厄斯是古希腊神话中的三位复仇女神,追捕并惩罚罪犯,与冥界有直接联系。复仇女神在给人们带来痛苦和疯狂的同时,激起人们行动、斗争和创造的欲望与热情。诗中的男女主人公都具有恶魔的本质。男主人公具有深深的孤独感,整个世界对他而言如同"荒漠"。他对女主人公的感情充满矛盾:一方面他视她为自己的"梦想"、爱情和"灵感";另一方面称她为恶魔:"可恨的人!亲爱的人!/ 幽灵!恶魔!神灵!"(Ненавистная! любимая! / Призрак! Дьявол! Божество!)。而女主人公也具有恶魔般的双重力量:一方面她魅力非凡,对男主人公的内心世界有着惊人的洞察力,也使男主人公获得不竭的艺术创造力;另一方面她恶魔般的魅力使男主人公的心因她而充满不可遏制的欲望,甚至激起男主人公做出疯狂、罪恶的举动,最终走向毁灭。

勃留索夫的这首诗深受"黄金时代"丘特切夫 (Ф.И. Тютчев) 的杰尼西耶娃组诗 (Денисьевский цикл) 的影响。其中爱情被理解为"盲目的激情风暴",它带来狂喜和幸福的同时,也注定带来痛苦、绝望甚至死亡。勃留索夫继承了丘特切夫诗歌对爱情恶魔性的本质思考,同时赋予爱情神秘的宿命论色彩。正如诗中所写的:"彼此联结是天意使然,/ 我们徒劳地挣脱牵绊,/ ……/ 像凶手回到尸首前,/ 我一次次回到你身边(Тайной волей вместе связаны, / Мы напрасно узы рвем, / ……/ Как убийца к телу мертвому, / Возвращаюсь я к тебе)。"

5 基于莱蒙托夫诗歌中的恶魔发展出的恶魔形象

19世纪末20世纪初俄罗斯艺术文化生活中发生了两件大事：一是1891年莱蒙托夫逝世五十周年之际出版配有弗鲁别尔(M.A. Врубель)所作插画的莱蒙托夫长诗《恶魔》的艺术纪念版本；二是20世纪初莫斯科"艺术世界"画展上展出弗鲁别尔的恶魔主题组画（Белый，1990）。这两件大事导致象征主义诗人尤其是年轻一代象征主义诗人对莱蒙托夫长诗中的恶魔形象的关注，由此涌现出一系列发展恶魔主题的诗歌。

年轻一代象征主义诗人勃洛克的两首题为《恶魔》（«Демон»）的抒情诗就与以上世纪之交两大事件紧密相关。其中第一首诗歌创作于1910年春弗鲁别尔死后第五天。该诗以恶魔对自己的尘世恋人塔玛拉的独白形式写成，弥漫着孤独感伤的氛围。此外，对高加索优美风光的描写同恶魔忧郁的梦境交织在一起，充满东方情调和朦胧的悲剧感。恶魔在这首诗中成了世界性哀伤（Мировая скорбь）的人格化象征。六年后，勃洛克再度创作以《恶魔》为题的诗歌，其中强化了恶魔主人公的恶之本性：恶魔带着恋人塔玛拉飞升至群山之巅、深渊之上，最终来到宇宙空间；由于他鄙视人类情感，因此恋人的恐惧反而激起他捉弄人的兴致，最终他在群星之间松开翅膀，带着"神圣的微笑"目睹恋人在坠落中毁灭。

另一位年轻一代象征主义诗人别雷的《驯顺者》（«Усмирённый»，1903）《恶魔》（«Демон»，1908）和《最后的相会》（«Последнее свидание»，1903），也对莱蒙托夫长诗中的恶魔形象进行了再度诠释。在抒情诗《驯顺者》中，出现了"神秘而朦胧的主人公形象，他虽强大却一败涂地（Туманный и загадочный образ могущественного, но сломанного героя）"。（Кузнецова，2015）诗人没有明确指出驯顺者的身份，这为文本解读提供了广阔的阐释空间。俄罗斯研究者莫楚尔斯基（К.В. Мочульский）指出，该诗反映了别雷对20世纪初神秘主义理想和通灵术的幻灭情绪（Мочульскии，1997）。另一位俄罗斯研究者Е.В. Кузнецова发现了该诗与弗鲁别尔恶魔主题组画之间的互文关系：弗鲁别尔的画作《坐着的恶魔》(Демон сидящий, 1890)、《飞翔的恶魔》(Демон летящий, 1899)、《倒下的恶魔》(Демон поверженный, 1902)中的恶魔在体形上越来越消瘦、肌肉越来越萎缩、形象越来越病态，而别雷诗歌中的恶魔主人公也越来越忧伤和绝望（Кузнецова，2015）。

勃洛克和别雷诗中的恶魔形象直接受到莱蒙托夫诗歌中的恶魔形象的启发和影响。然而"白银时代"的社会历史条件和文学进程已与"黄金时代"大相径庭，虽然象征主义诗人们怀念莱蒙托夫笔下坚强不屈的浪漫主义恶魔形象，但新的历史条件不可能使那种充满浪漫色彩的恶魔形象复原。因此，如果说莱蒙托夫笔下的恶魔形象自始至终都没有完全屈服、完全驯顺，则勃洛克和别雷笔下的恶魔形象显示出无力、疯狂、被摧毁的特征，象征着19世纪末尼采哲学影响下盛行欧洲的个人主义思想最终导致的虚无主义。此外，莱蒙托夫长诗对恶魔外表的刻画较少，而象征主义诗人受弗鲁别尔的恶魔主题画作的影响，用一系列精确的修饰语传神地刻画恶魔视觉形象上的细节，体现了对恶魔传统形象的新发展。

结语

总之，"白银时代"象征主义诗歌中的恶魔形象继承了"黄金时代"的文学传统，尤其受到莱蒙托夫创作的深刻影响。但由于时代变迁，象征主义诗人塑造的恶魔形象具有显著的多面性和复杂性。他们笔下既有传统宗教意义上与上帝相对立的反叛者恶魔形象，又有象征世纪之交俄罗斯社会绝望迷惘情绪的恶魔形象；既有象征人性之恶和人心复杂多维的恶魔形象，又有象征爱情悲剧性质的恶魔形象，更有基于莱蒙托夫恶魔主题诗歌所发展出的恶魔形象。象征主义诗歌中恶魔形象的多面性和复杂性，是19世纪末20世纪初俄罗斯社会受叔本华唯意志论、尼采超人哲学等社会思潮的影响而产生虚无悲观的世纪末情绪的产物。通过对恶魔形象的分析，不难看出象征主义诗人的世界观颇具唯我主义和个人主义色彩，同时充满末世论情调。而在艺术层面，象征主义诗人追求朦胧、隐晦、多义的艺术效果，为读者提供了丰富的文本阐释空间。

象征主义诗歌中的恶魔形象对后世文学家的创作产生了深远的影响。随后出现的20世纪俄罗斯作家在继承"黄金时代"和"白银时代"文学中的恶魔主题的同时，不断为恶魔形象注入新的内容、增添新的内涵。比如，苏联作家扎米亚金的长篇小说《我们》、布尔加科夫的长篇小说《大师与玛格丽特》等，都将恶魔塑造成反叛不合理现实甚至惩治邪恶、匡扶正义的形象。当代俄罗斯作家卢基扬年科的长篇小说《守夜人》，通过原型为恶魔的黑暗魔法师扎乌龙的形象，对光明与黑暗、善与恶之间的关系进行了深刻反思。由此可见，恶魔形象凝聚着俄罗斯文学家对善恶这一终极问题的追问和思索，对彼岸生活奥秘的好奇，对人性和道德选择的终极关注。恶魔形象在俄罗斯文学长河中还会继续源远流长、被更多的作家演绎和书写，为作品增添奇幻色彩的同时启发读者对历史与现实的思考。

参考文献

[1] Белый А. Начало века. Воспоминания: в 3 кн. Кн. 2. [M]. Москва: Художественная литература, 1990.

[2] Гиппиус З Н. Собрание сочинений. Т. 7. Мы и они. Литературный дневник. Публицистика 1899—1916[M]. Москва: Русская книга, 2003.

[3] Кузнецова Е В. Кто усмирён: К интерпретации двух стихотворений Андрея Белого [J]. Новый филологический вестник, 2015(4): 35.

[4] Мочульский К В. Андрей Белый. [M]. Томск: Водолей, 1997.

[5] Нартыев Н Н. Поэзия З. Гиппиус: Проблематика, мотивы, образы [M]. Москва: РГБ, 2004.

[6] Розанов В В. «Демон» Лермонтова и его древние родичи [EB/OL]. http://lermontov-lit.ru/lermontov/kritika/rozanov-demon-lermontova.html.

[7] Шанский Н М. Этимологический словарь [M]. Москва: Дрофа, 2004.

[8] 巴尔蒙特．我来到这世界：巴尔蒙特诗选 [M]. 关引光，译．济南：山东文艺出版社，2021.

[9] 吉皮乌斯．致群山中的她：吉皮乌斯诗选 [M]. 汪剑钊，译．成都：四川人民出版社，2017.

[10] 莱蒙托夫．莱蒙托夫诗选 [M]. 余振，顾蕴璞，瞿松年，译．北京：人民文学出版社，2020.

[11] 林中泽．圣经中的魔鬼及其社会伦理意义 [J]. 世界历史，2004(04)：89-100.

[12] 尼采．悲剧的诞生 [M]. 孙周光，译．北京：商务印书馆，2012.

[13] 普希金．普希金文集（全7册·第1册　抒情诗）[M]. 魏荒弩，等译．北京：人民文学出版社，2015.

[14] 宋娇娇. 叔本华的意志悲剧与平庸之恶 [D]. 杭州：浙江大学，2020.

[15] 叔本华. 作为意志和表象的世界 [M]. 景天，译. 北京：商务印书馆，2017.

[16] 汪剑钊. "诗歌是一种祈祷"—— 俄国女诗人吉皮乌斯简论 [J]. 国外文学，1997(03)：98-105.

[17] 曾思艺. 俄国象征派、阿克梅派诗歌研究 [M]. 北京：光明日报出版社，2016.

[18] 郑体武. 俄国象征主义研究 [M]. 上海：上海外语教育出版社，2019.

奥尔加·托卡尔丘克《云游派》的空间叙事

上海外国语大学 赵 祯

摘要：诺贝尔文学奖得主奥尔加·托卡尔丘克的小说《云游派》的叙事形式散乱，视角多变，时间线不统一，甚至没有固定的阅读顺序。这类作品在后现代小说中正在悄悄崛起，而对它们的研究如果仅仅停留在传统叙事学分析的层面，那么其研究就无法真正达到非线性叙事的核心，因为时间并不是关键。这向传统叙事学研究者提出了不小的挑战。然而，笔者却发现这类小说的叙事结构与中国文学研究者龙迪勇提出的主题并置叙事重合度非常高，这为我们提供了非线性叙事的新研究视角。

关键词：空间叙事；主题并置空间叙事；奥尔加·托卡尔丘克；叙事学分析

1 研究背景

2018 年波兰作家奥尔加·托卡尔丘克（Olga Tokarczuk）获得诺贝尔文学奖，由此她便成为波兰第五位诺贝尔文学奖获得者。奥尔加的作品以独具一格的哲学元素和非传统的叙事方式迅速成为文学研究者的新晋宠儿。之所以选择她的作品《云游派》（*Bieguni*）为研究对象，是因为其典型的非线性叙事对于空间叙事学的研究来说得天独厚。时间在这部作品中的作用并没有空间那么凸出和明显，再加上不按照线性顺序叙事的特点，使之十分利于空间转向思潮中，以空间为关注重点的叙事学的研究。作品本身属于后现代主义时期的文学，或多或少都受到了后现代主义时代变迁和哲学思潮的影响，带有后现代主义哲学的烙印，其叙事方式给人留下的第一印象就是碎片化。《云游派》没有目录，有的只是上百个加粗的小标题，每个小标题下都是一个新的故事，有些段落能前后联系，尽管并没有按顺序排列在一起，而章节顺序这个叙事学传统意义上十分重要的环节在这部作品中并没有起到决定作品情节发展的作用，相反它的不存在决定了这部作品的整体结构，而这种结构被作者称为星宿叙事（narracja konstelacyjna）星宿叙事属于空间叙事，其结构特点将在后文中详细展开。同时该作品也带有魔幻现实主义的特点，魔幻现实主义利用多种叙事技巧将过去时间的多重性展开书写，是一种能动地将地方性建立为开放的、多话语的空间叙事方法（Rybicka，2014）。这种开放的、多话语的空间为空间的平行和摆脱叙事对时间顺序的依赖创造了条件。

叙事学的空间转向发生于20世纪40年代。1945年约瑟夫·弗兰克在《西旺尼评论》上发表了一篇名为"现代文学中的空间形式"的文章，首次提出当代文学批评应关注作品的"空间形式"。他指出现代主义作家利用"同在性"取代"顺序"，并首次提出"并置"（juxtaposition）概念，认为现代主义作家们通过"并置"来突破时间顺序的束缚，用空间来展示艺术效果（程锡麟，2007）。此文一经刊登就激起了文学界学者的热烈讨论，也掀起了空间转向的思想风潮。随后W·J·T·米歇尔（W. J. Thomas Mitchell）、埃里克·雷比肯（Eric S.Rabkin）、约瑟夫·凯斯特纳（Joseph Kestner）、加布里尔·佐伦（Gabriel Zonan）等文学研究者都探讨了关于文学空间形式的问题（龙迪勇，2014）。

中国文学界对于文学作品的空间特性一直都有比较深入的研究，但是以空间为线索进而推导叙事逻辑的研究直到20世纪初期才出现，在这里不得不提到的是学者龙迪勇的《空间叙事学》。此书可以说是中国空间叙事学界里程碑式的著作。它归纳总结出现代主义作家们作品叙事的空间特性，并初步给出了分析范式，让空间叙事学的研究有据可循。

空间叙事是对有着几千年传统的时间叙事的突破，也是随着现当代作家自我叙事突破应运而生的文学批评理论。就目前跨学科背景的研究前景而言，空间叙事学蕴含极其丰富的潜力。因为空间转向本身就要求多学科相结合的分析方法，加之文学分析的空间转向研究意味着要跳出纯文学框架，将文本作为与别的因素相结合的有机整体来看待，这是文学研究新的方向，也是必然的方向。叙事学本身是以结构主义理论发端的学科，独立性较强，所以叙事学的空间转向暂且只是让叙事学内部结构由以时间为主的逻辑变为以空间为主的逻辑，虽然没有跳出文本内部分析的框架，但是对于叙事学来说却是一个巨大的变化，意味着一片新的研究领域的开发。

2 星宿叙事

星宿叙事从表面上看最大的特点便是碎片化，在第一遍阅读时给人以不可捉摸的印象，每个小片段之间前后都没有直接的联系，人物、时间、空间也都没有连续性。这种叙事的关键之处就在于阅读完以后这些零碎的片段在读者头脑里形成的类似星辰一样的空间结构，奥尔加·托卡尔丘克将其称为整体。小说有数不清的并行主线，其中叙述篇幅较长的就有十一个，它们有自己独立的主角，故事发生的背景天南地北从古至今，情节也各不相同，乍一看毫无关系。这种情况下，单用以时间为线索的传统叙事学的方法分析其整体结构和每个故事之间的联系就有些强人所难。龙迪勇提出的空间叙事学正好打开了另一种思路，主题并置叙事和作者本人在作品中暗示的星宿叙事的相似性为研究者提供了很好的切入点。龙迪勇提出的主题并置叙事有四个基本特征：一是以共同主题为线索可以串联起所有平行故事；二是作品结构多为多主线多故事并行；三是并行的多主线故事之间没有时间顺序可言，但同一故事线索内通常还是可以捋清楚时间顺序；四是单独的故事或者情节的出现顺序（阅读顺序）并不影响文章的整体性（龙迪勇，2014）。奥尔加·托卡尔丘克的《云游派》的叙事特点符合主题并置叙事的后三个基本特征，由此我们可以假设《云游派》的空间叙事特征就是主题并置叙事，那么假设成立的前提就是要找出多主线故事之间的主题联系。

要想找到这一联系并不容易，但幸而奥尔加曾在《温柔的叙述者》中写道："在我写下的文字中，我总是努力地把读者的注意力和敏锐的感觉引向整体。我面对全知视角叙事者束手无策，但要提出利用形式来达成的碎片化，同时暗示星宿的存在，它超越元素单纯的加和，形成自己的意义（Tokarczuk，2020）。"对于我们的分析来说，奥尔加所说的由碎片化的故事组成的有机整体和单个的故事之间联系就是我们要找的主题联系。

要找出各个故事之间的联系就需要分析每个故事背后的含义。奥尔加·托卡尔丘克喜欢在自己的作品中杂糅个人的哲学思想，但是《云游派》则更多的是"事实性"的描述，以第一人称或第三人称杂糅并行的第四视角描述，这有别于单纯的全知或非全知叙事视角，是奥尔加为自己的星宿叙事独创的叙事视角（Tokarczuk，2020）。这样的叙事方式其实加大了分析的难度，因为可供分析的空间扩大，结论也会变得更多。本文研究所采取的方式便是将故事中的空间做一个最基本分析，以此为后续分析的基础。结论显示，《云游派》有着明显的文本空间二元对立背景基础。文中的空间二元对立庞杂：多数对少数、中心对边缘、男性对女性、统治对被统治等等（赵祯，2021），难以被归类，但是乱象背后却有着最简单的深意，那便是二元对立本身。对立意味着有边界，不管对立的内容是什么，总有隔开两个对立空间的边界。虽说形而上的二元对立分析已经不适用于现代的文本分析，但是为了给进一步研究提供基础，还是有必要得出分析结论并予以采纳的。

　　《云游派》的书名取自旧礼仪派的分支云游派，这一派的教义就是反基督是不可战胜的，人们必须不停地移动去逃脱它的魔爪。这本书的第一人称叙事者就是一个云游派人，除此之外各个故事之中都存在着云游派教义的暗示——不停地移动。结合对空间二元对立分析的结果——边界的存在，那么移动或者运动的动态条件就有了，即对边界的跨越。反基督在文中的云游派人眼里会吞噬所有静止的东西（Tokarczuk，2007），这其中就包括静止的二元对立，为了不被吞噬，边界必须被跨越，因此对立必须被打破，这便是每个故事——包括大故事和小故事所要表达的中心思想，也是串联起它们的主题线索。

　　可以这样去理解，被打散的故事片段就好比星星，而星星看似散乱但是随机组合出来的图案都有关于一个主题，那便是对边界的跨越和对对立状态的打破。每一个叙事片段可以被当作是一个叙事单位，这些叙事单位虽然没有按照先后顺序呈现，但是它们终归是为主题服务的。每一个单位都反映了主题的某一面，就像一块块拼图最终拼成了一幅名为主题的画。就连文本排列里的解构元素都是对主题的呼应：不用章节回幕来限制叙事以及阅读的顺序，打破一直以来静止的时间顺序叙事，利用空间随机组合的可能带来动态的效果。

　　像龙迪勇所说的那样，叙事的目的在于描述所见到的世界——也包括幻想世界，因为即便是幻想世界也要基于对真实世界的总体认知，这是叙事的原始冲动。稍做联想我们就可以得知，现如今我们所感知到的空间因为网络的出现而越来越碎片化，短信、短视频、短词条，以及限字数的发言动态都在切割我们的思维空间。针对时代发生的变化投射到文学叙事方式这一事实，只有改变相应的分析模式才能继续文学批评之路，除此之外以前的作品中被忽视的空间作用也可以借由此重新被纳入研究范围。

结语

奥尔加·托卡尔丘克《云游派》的叙事方式是空间叙事，作者亲自命名的星宿叙事同中国学者龙迪勇的主题并置叙事有异曲同工之妙，其特点是故事情节并不按照时间顺序推进，视角的转变和故事的转变完全随机，将其串联成一个有机整体即一部作品的线索就是共同的主题，在本文的研究对象《云游派》中这一主题就是边界的跨越和对立的消除。并置叙事的空间叙事倾向在许多当代文学作品中都能见到，比如大卫·米切尔的《云图》、博尔赫斯的《曲径分岔的花园》（《小径分岔的花园》），甚至在影视剧作品中也能见到，比如电视剧《致命女人》、电影《时时刻刻》，这种叙事俨然成为一种趋势。在收集研究材料时，笔者发现如今也有一些研究者（Mittell，2006）开始研究现当代影视作品中的非线性叙事，认为这是现当代影视作品叙事的复杂性（narrative complexity），具体表现如下：一部作品并无清晰的种类分别、对主角进行深层心理描述、剧情主导角色之间的情感情节以及有基于主叙事线索的多个副线叙事。通过上述分析我们可以注意到文学作品空间叙事和影视作品空间叙事之间的相似之处。

奥尔加·托卡尔丘克的作品中重要的动人之处便是她在文字中体现的哲学思想。读者的共鸣也好，借鉴也罢，都体现了文学对现实的作用力。文学作品是特殊的存在，如今虽然堂吉诃德式的影响已经不复存在，读者们面对所读的文学作品创造的世界似乎也已经达到可以去留随心的程度，但是文学作品的能动性依然存在。套用福科的异托邦理论（米歇尔·福柯，2006），文学作品的阅读就是一种异托邦的空间，它是作品作用于读者而得到的反馈空间，精神和物质的产物都包含在内。托卡尔丘克通过《云游派》再现了现代人的精神世界，而面对这一世界现在所产生的难以解决的矛盾和问题，作者给出了自己的解决方案，那便是运动，打破边界，消除对立。

本研究旨在尝试从文本空间上升至叙事结构的抽象空间进行分析，找出两者之间的联系，进而利用可分析且容易分析的文本空间作为引导得出叙事结构空间的结论。基于龙迪勇教授的主题并置叙事结构以及其他在《空间叙事学》中所总结的叙事结构，笔者希望能找到叙事结构与文本之间更加紧密的联系。因此，对于《云游派》的研究留给我们以下问题：文学文本各个维度空间之间的联系究竟是什么？是什么将文字空间、文本故事空间和叙事空间串联在一起？它们互相影响的机制是什么？这些问题有待研究者日后进行深入研究。

参考文献

[1] Mittell. Narrative complexity in contemporary American television[J]. The velvet light trap, 2006(58): 29-40.

[2] Rybicka. Geopoetyka: przestrzeń i miejsce we współczesnych teoriach i praktykach literackich[M]. Kraków: Towarzystwo Autorów i Wydawców Prac Naukowych "Universitas", 2014.

[3] Tokarczuk. Bieguni[M]. Kraków: Wydawnictwo Literackie, 2007.

[4] Tokarczuk. Czuły Narrator[M]. Kraków: Wydawnictwo Literackie, 2020.

[5] 程锡麟. 叙事理论的空间转向——叙事空间理论概述[J]. 江西社会科学，2007(11)：25-35.

[6] 龙迪勇. 空间叙事学[M]. 北京：生活·读书·新知三联书店，2014.

[7] 福柯. 另类空间[J]. 世界哲学. 2006(06)：52-57.

[8] 赵祯. 空间叙事视角下奥尔加·托卡尔丘克的作品解读——以《云游派》为例[D]. 北京：北京外国语大学，2021.

草婴先生的文学翻译观

上海外国语大学 陈 洁

摘要：草婴先生七十年的翻译人生是译者的典范。先生的译笔风景描写如临其境；人物肖像刻画栩栩如生，如见其人；行为动作陈述短句相接，连贯紧凑；心理刻画长句铺陈，细腻入微；姓名翻译力求统一，避免歧义。先生讲究词语的音节、音步、节律和谐，长短句合理搭配；多用叠音词、联绵字、儿化音等，力求语音铿锵，抑扬顿挫；还常用比喻、拟人等修辞手法，文采斐然。草婴先生的人品、译品、译作是一笔宝贵的精神财富。

关键词：草婴；文学翻译；俄苏文学

草婴先生（1923—2015）是著名的俄罗斯文学翻译家，生前曾任中国翻译协会副会长，上海市文联副主席，上海市作家协会副主席兼外国文学组组长，上海翻译家协会首任会长。

草婴先生从18岁（1941年）起开始为《时代》周刊翻译有关苏德战争的通讯等，逐步走上翻译道路（陈建华，2015）。他终身致力于俄罗斯文学翻译，特别是列夫·托尔斯泰、肖洛霍夫、莱蒙托夫等名家作品的翻译。纵观草婴先生七十年的翻译人生，他是一位具有崇高使命感和责任感的翻译大家，他的翻译主题紧跟时代，弘扬正义及真善美。草婴先生的文学翻译观点主要体现为以下五点。

1 译文优美

草婴先生的译文，讲究词语的声调、音步、节律组配，长句和短句合理搭配。常使用叠音词、联绵字、儿化音等，语句中多用二、三、四个音节的词语组配。他主张翻译风景描写要让读者有身临其境之感，为此，要注意准确复制原文比喻、拟人等修辞手法。

（1）Земля набухала от дождевой влаги и, когда ветер раздвигал облака, млела под ярким солнцем и курилась голубоватым паром. По утрам из речки, из топких, болотистых низин вставали туманы. Они клубящимися волнами через Гремячий Лог, устремляясь к степным буграм, и там таяли, невидимо растворялись в нежнейшей бирюзовой дымке, а на листьях деревьев, на камышовых крышах домов и сараев, всюду, как рассыпанная калёная дробь, приминая траву, до полудня лежала свинцово-тяжёлая, обильная роса...

К концу первой половины июня погода прочно установилась на небе, и дивно закрасовалась под солнцем цветущая, омытая дождями степь! Была она теперь, как молодая, кормящая грудью мать, ---- необычно красивая, притихшая, немного усталая и вся светящаяся прекрасной, счастливой и чистой улыбкой материнства. (Шолохов)

土地吸饱了雨水，显得胀鼓鼓的，逢到风吹散白云的当儿，就在艳丽的阳光下懒洋洋地冒出一片淡蓝色的水蒸气。每天早晨，从小河上，从泥泞的沼泽地上，都有迷雾升起来，迷雾好像滔滔的波浪，滚过格内米雅其村，涌向草原上的丘陵，然后在那边消失，又神不知鬼不觉地升华成婀娜多姿的蓝宝石色的青烟；正午之前，在树叶上，在农舍和仓房的芦苇顶上，到处凝成闪闪发亮的露珠，一颗颗像铅丸般沉重，压得草儿都弯了腰。

六月将至月半，天转晴了，空中已没有一丝乌云，淋过淫雨的草原，郁郁苍苍，在阳光下显出一派诱人的美景！草原如今仿佛一个正在哺乳的年轻母亲，异常美丽娴静，稍稍有些倦意，但全身都洋溢着一种母性的优美、幸福而纯洁的微笑。（肖洛霍夫《新垦地》）

此例原文句子长短适中，托尔斯泰用带有主观评价意义的词缀构成的多个性质形容词(голубоватым, болотистых, нежнейшей, притихшая, прекрасной)、多个修饰性副词(невидимо, прочно, дивно, необычно, немного)、两个指小表爱的名词(речка, дымка)及四个比喻(клубящимися волнами; как рассыпанная калёная дробь; свинцово-тяжёлая; как молодая, кормящая грудью мать)等方式来描写草原美景。译文主要用二至五个音节的叠音词语（胀鼓鼓、懒洋洋、滔滔的波浪、闪闪发亮、一颗颗、郁郁苍苍、稍稍）、联绵字（婀娜），对译原

文中的上述形容词和副词，用儿化音（当儿，草儿）辅助再现草原美景，用一系列比喻等值复制了原文比喻（迷雾好像滔滔的波浪，一颗颗像铅丸般沉重，草原如今仿佛一个正在哺乳的年轻母亲，等等）。译文还采用了拟人手法（土地……懒洋洋地……，草原……有些倦意……），完美再现了原文呈现美景的神韵。从汉语韵律语法角度讲，三音节词是超音步，使用受限，但草婴先生连用两个三音节"神不知鬼不觉"对译 невидимо，音步上成双配对，气韵畅达。为求"气"之通畅，草婴先生时常请电影演员朗读自己的译文初稿，验证译文"气"之顺畅与否，是否适宜朗读。例如翻译《一个人的遭遇》时，他曾请表演艺术家孙道临先生帮助朗诵译稿，改动拗口的句子（高莽，2018）。

2　人物生动

草婴先生翻译人物肖像，力求栩栩如生，如见其人。

（2）Вронский пошёл за кондуктором в вагон и при входе в отделение остановился, чтобы дать дорогу выходившей даме. С привычками тактом светского человека, по одному взгляду на внешность этой дамы, Вронский определил её принадлежность к высшему свету. Он изнинился и пошёл было в вагон, но почувствовал необходимость ещё раз взглянуть на неё ---- не потому, что она была очень красива, но по тому изяществу и скромной грации, которые видны были во всей её фигуре, но потому, что в выражении миловидного лица, когда она прошла мимо его, было что-то особенно ласковое и нежное. Когда он оглянулся, она тоже повернула голову. Блестящие, казавшиеся тёмными от густых ресниц, серые глаза дружелюбно, внимательно остановились на его лице, как будто она признавала его, и тотчас же перенеслись на подходившую толпу, как бы ища кого-то. В этом коротком взгляде Вронский успел заметить сдержанную оживлённость, которая играла в её лице и порхала между блестящими глазами и чуть заметной улыбкой, изгибавшею её румяные губы. Как будто избыток чего-то так переполнял её существо, что мимо её воли выражался то в блеске взгляда, то в улыбке. Она потушила умышленно свет в глазах, но он светился против её воли в чуть заметной улыбке. （Л. Толстой）

伏伦斯基跟着列车员走上车厢，在入口处站住了，给一位下车的太太让路。

Ⅱ. 文学与翻译研究

伏伦斯基凭他丰富的社交经验，一眼就从这位太太的外表上看出，她是属于上流社会的，他道歉了一声，正要走进车厢，忽然觉得必须再看一眼。那倒不是因为她长得美，也不仅因为她整个姿态所显示的风韵和妩媚，而是因为经过他身边时，她那可爱的脸上呈现出一种异常亲切温柔的神态，他转身去看她，她也向他回过头来，她那双深藏在浓密睫毛下闪闪发亮的灰色眼睛，友好而关注地盯着他的脸，仿佛在辨认他似的，接着又转向走近来的人群，仿佛在寻找什么人。在这短促的一瞥中，伏伦斯基发现她脸上有一股被压抑着的生气，从她那双亮晶晶的眼睛和笑盈盈的樱唇中掠过。仿佛她身上洋溢着过剩的青春，不由自主地忽而从眼睛的闪光里，忽而从微笑中透露出来。她故意收起眼睛里的光辉，但它违反她的意志，又在她那隐隐约约的笑意中闪烁着。（托尔斯泰《安娜·卡列尼娜》）

托尔斯泰对年轻母亲安娜饱含欣赏与同情之心，他讲述伏伦斯基初次与安娜在火车上邂逅，伏伦斯基对安娜外貌的印象是：上流社会、风韵、妩媚、异常亲切温柔的神态。托尔斯泰重点写了安娜的眼睛和面部表情：浓密睫毛下闪闪发亮的灰色眼睛,亮晶晶的眼睛,忽而从眼睛的闪光里……收起眼睛里的光辉，被压抑着的生气，笑盈盈的樱唇，洋溢着过剩的青春，隐隐约约的笑意。托尔斯泰写活了安娜的神情，将她发自内心被遏制的青春活力显现无遗：被压抑着的生气……掠过，……收起眼睛里的光辉，……违反她的意志，在她那隐隐约约的笑意中闪烁着。托尔斯泰主要用繁化的简单句及复合句再现了安娜的高雅、美貌和生气。草婴先生用长度适中的语句、联绵字（风韵、妩媚）、叠音词（闪闪发亮、亮晶晶、笑盈盈、隐隐约约）、众多四字组合、平行句式（仿佛……仿佛……，忽而……忽而……），特别是极富韵味的双音节标准音步（风韵、妩媚、神态、一瞥、樱唇、笑意、掠过、闪烁，等等）精确复制了原文的文采。

3 节奏合拍

草婴先生翻译人物连贯的动作行为，主张尽量用短句，加快叙述，力求与原文节奏合拍。

（3）«Взойдём в лодку», – сказала моя спутница; я колебался, я не охотник до сентиментальных прогулок по морю, но отступать было не время. Она прыгнула в лодку, я за ней, и не успел ещё опомниться, как заметил, что мы плывём. «Что это значит?» – сказал я сердито. «Это значит, – отвечала она, сажая меня на скамью и обвив мой стан руками, – это значит, что я тебя люблю»… И щека её прижалась к моей, и я почувствовал на лице моём её пламенное дыхание. Вдруг что-то шумно упало в воду: я хвать за пояс – пистолета нет. О, тут ужасное подозрение закрылось мне в душу, кровь хлынула мне в голову. Оглядываюсь – мы от берега около пятидесяти сажень, а я не умею плавать! Хочу оттолкнуть её от себя – она как кошка вцепилась в мою одежду, и вдруг сильный толчок едва не сбросил меня в море. Лодка закачалась, но я справился, и между нами началась отчаянная борьба; бешенство придавало мне силы, но я скоро заметил, что уступаю моему противнику в ловкости… «Чего ты хочешь?» – закричал я, крепко сжав её маленькие руки: пальцы её хрустели, но она не вскрикнула: её змеиная натура выдержала эту пытку.

— Ты видел, – отвечала она: – ты донесёшь, – и сверхестественным усилием повалила меня на борт; мы оба по поясе свесились из лодки; её волосы касались воды, минута была решительная. Я упёрся коленком дно, схватил её одной рукой за косу, другой за горло, она выпустила мою одежду, и я мгновенно бросил её в волны. (Лермонтов)

"咱们上船吧！"我的女伴说。我犹豫起来。我不是个喜欢在海上浪游的人，但后退也不是时候。她纵身跳到船里，我随着她跳下去。不等我弄清楚是怎么一回事，我们已经离岸了。"这是什么意思？"我怒气冲冲地说。她一边回答，一边把我按在凳上，双臂搂住我的腰："这是说，我爱你。"……于是她把面颊贴住我的面颊，我的脸上就感觉到她那热乎乎的气息，忽然水里扑通一声，我往腰里一摸——手枪没有了。哦，这下子我心里发生了强烈的猜疑，血往脑袋里直冲。我回头一望。我们离岸已有一百米光景，而我又不会游泳！我想把她推开，她却像猫似的抓住我的衣服不放。突然，她猛力一推，险些儿把我推到海里去。小船摇晃起来，我连忙站稳脚跟，于是我同她就展开了一场决死的搏斗。愤怒给我添了力量，但不多一会儿我发现我不如对方灵活……"你要干什么？"我紧紧地捏住她的小手，喊道。她的手指被我捏得格格发响，可是她不吭一声。她那蛇一样的性格忍住了这样的疼痛。

"让你看见了，"她回答说："你会去告发的！"她说着用一股蛮劲把我摔倒在船舷上。我们两人都半个身子挂在船外，她的头发触到了海水。这可真是个生死关头啊！我用一个膝盖顶住船底，一只手抓住她的头发，一只手抓住她的喉咙，她一放松我的衣服，我就一下子把她抛到波浪里了。（莱蒙托夫《当代英雄》）

原文这段话较为集中地叙述了人物动作的变化，多采用短句，包括不完全句 (я за ней, другой за горло)、动词性感叹句 (я хвать за пояс)，以及带或不带连接词的较短的句子，还有副动词短语，加快叙述节奏。草婴先生的译文用一系列连贯的短句再现了原文这一特点，动感十足。

4 心理再现

草婴先生认为，作家刻画人物内心世界时，较多采用长句，在此情形下译文也适宜用长句再现人物复杂的心理。

（4）С тяжёлой грустью смотрел я им вслед… Может быть, всё и обошлось бы благополучно при нашем расставанье, но Ванюшко, отойдя несколько шагов и заплетая куцыми ножками, повернулся на ходу ко мне лицом, помахал розовой ручонкой. И вдруг словно мягкая, но костящая лапа сжала мне сердце, и я поспешно отвернулся. Нет не только во сне плачут пожилые, поседевшие за годы войны мужчины. Плачут они наяву. Тут главное – уметь вовремя отвернуться. Тут самое главное – не ранить сердце ребёнка, чтобы не увидел, как бежит по твоей щеке жгучая и скупая, мужская слеза…（Шолохов）

我怀着沉重的忧郁，用眼睛送别他们……本来，在我们分别的时候可以平安无事，可是，万尼亚用一双短小的腿连蹦带跳地跑了几步，忽然向我回过头来，挥动一只嫩红的小手。刹那间，仿佛有只柔软而尖利的爪子抓住了我的心，我慌忙转过脸去。不，在战争中白了头发、上了年纪的男人，不仅仅在梦中流泪；他们在清醒的时候也会流泪。这时重要的是能及时转过脸来。这时最重要的是不要伤害孩子的心，不要让他看到，在你的脸颊上怎样滚动着吝啬而伤心的男人的眼泪……（肖洛霍夫《一个人的遭遇》）

此例主要描写主人公的内心活动及忧郁、沉重的心情。原文较多地采用复合句（包括多重复合句）及繁化的简单句，以表现人物复杂的心情。草婴先生的译文也多用复句形式再现原文长句特点，细腻入微。

5　名称统一

有关俄罗斯人姓名的翻译，草婴先生主张应该尊重原文。若原文人物姓名首次出现，且名、父称和姓同时用，则译文可复制这三个部分。若原文只有名和父称，表示尊重或人物之间关系疏远时，译文保留名和父称两个部分。若原文用多种爱称称呼同一个人时，译文只用同一个名字，辅助加"小……""亲爱的……""……宝贝"等，力求称呼统一，避免歧义。

（5）Пятьдесят с лишним лед назад она – тогда молодая и красивая казачка, – отрываясь от домашней работы, стряпни, с восторженной улыбкой прислушивалась к тому, как неуверенно с перерывами шлёпают по полу в соседней комнате. Босые ножонки её первенца, её единственно и ненаглядного Яшеньки, ползунка, только что научившегося ходить. Потом она слышала, как вприпрыжку, с пристуком, топочут по крыльцу ножки её маленького Яшутки, возвращающегося из школы. Тогда он был весёлый и шустрый, как козлёнком. (Шолохов)

五十多年以前，当她还是个漂亮的哥萨克少妇时，她就常常放下手头的家务或炊事，带着会心的微笑去倾听她的头生儿——她那刚学会走路的唯一宠儿雅沙宝贝，怎样赤着一双小脚在隔壁房间的地板上摇摇晃晃，啪嗒啪嗒地走来走去。后来，她又听熟了放学回家的小雅沙怎样跳跳蹦蹦，在门口的台阶上踩着一双小脚，那时他又快乐又活泼，好像一只小山羊。（肖洛霍夫《一个人的遭遇》）

此例用名字的爱称 Яшенька, Яшутка 取代普通人名称呼 Яша（雅沙），表现了主人公对自己儿子喜爱至极。译文将这两个爱称分别翻译为"雅沙宝贝"和"小雅沙"，准确再现了主人对孩子的宠爱之情，且回避了直接音译多个爱称容易产生的歧义误解。

草婴先生的俄罗斯文学翻译是译者的典范。先生的译笔风景描写如临其境；人物肖像刻画栩栩如生，如见其人；行为动作陈述短句相接，连贯紧凑；心理刻画长句铺陈，细腻入微。姓名翻译力求统一，避免歧义。先生讲究词语的音节、音步、节律和谐，长短句合理搭配；多用叠音词、联绵字、儿化音等，旨在达到语音上铿锵有力、抑扬顿挫的艺术效果；还常用比喻、拟人等修辞手法，文采斐然。草婴先生认为，译者个人的风格应该服从于再现原作者的风格，译作风格不可掩盖原作风格。草婴先生的人品、译品、译作是一笔宝贵的精神财富。

草婴先生对中国翻译事业和中外文化交流做出了杰出贡献，代表新中国成立以后一个翻译高峰，受到国内外专家、学者的高度评价。由于他在俄罗斯文学翻译领域的巨大成就，1987年他被授予"高尔基文学奖"；1988年获"友谊奖章"和奖状；1997年获"鲁迅文学翻译彩虹奖"；1999年获俄中友协颁发的"友谊奖章"和奖状；2000年获俄中友协颁发的荣誉证书和奖章；2002年被中国翻译家协会授予"资深翻译家"荣誉称号；2006年被授予俄罗斯荣誉作家称号，被俄罗斯作家协会吸收为名誉会员，并获"马克西姆·高尔基奖章"；2010年获"翻译文化终身成就奖"；2011年获"上海文艺家终身成就奖"；2014年获第六届"上海文学艺术终身成就奖"（上海翻译家协会，2015）。

此外，笔者撰写此文还参阅了草婴先生1982年4月在解放军外国语学院做翻译讲座时的记录，谨以此文纪念草婴先生。

参考文献

[1] 陈建华. 如草之青，如婴之纯——悼草婴先生 [N]. 上海翻译家，2015-12-31（第2版）.

[2] 高莽. 风雨岁月话草婴 [M]// 盛天民. 疾风知劲草——草婴纪念集. 上海：上海文艺出版社，2018.

[3] 上海翻译家协会. 上海翻译家协会首任会长、著名文学翻译家草婴逝世 [N]. 上海翻译家，2015-12-31（第2版）.

俄语"意义"谱系词汇的简析与重译[①]

华中师范大学 刘永红

摘要： 在进行俄语语言学活动（如文献阅读、文章写作、论文答辩）的时候，我们经常会遇到一组使用频率很高又极易混淆，至今仍未被辨析清楚而又无法绕开的术语，即 значение, смысл, концепт, понятие, сигнификат, денотат, референт 等。以上术语的存在多少影响了我们对俄语语言理论的深度学习、研究与把握。为了更清晰地辨明这些术语的内涵与关系，也为了论述的方便，我们拟将这些术语编组在一起，称之为俄语"意义"谱系。本文试图图解这个谱系，并在其关系网络中对其成员进行界说和辨析，希望有助于对它们的理解和使用，更希望抛砖引玉，引发广泛讨论、批评和指导。

关键词： 意义谱系；含义图解；重新翻译

俄语中，"意义"及其相关术语，与其他所有发达的语言（如英语、汉语）中的同类术语一样，是一个十分复杂的体系。它们既有自产的，如 значение 和 смысл，又有外借的，如 денотат 与 концепт；既有内涵清晰的，如 понятие 与 идея，又有尚在变化中的，如 сигнификат 与 денотат；既有含义单一的，如 значение 与 понятие，又有词义交叉的，如 представление 与 концепт；既有平行的，如 денотат 与 референт，又有上下位的，如 значение 与 коннотация，加之俄汉语分属不同语系，汉语对"意义"词汇的研究起步较晚，相关的术语偏少，难以一一对应，造成了对俄语意义词汇在理解和使用上的不便。为此，我们把俄语"意义"及其相关术语编组成"意义谱系"，试图根据人类对"意义"认识的流程和表达方式，图解和简析它们的含义与关系，并进行试译，以减少术

[①] 本文系国家社科基金项目"俄汉实－图构式的认知象似度研究"（17BYY195）的阶段性成果。

语使用过程中的误解、误用和理解难度，丰富汉语意义词汇，提高语言效果。

1 俄语"意义谱系"词汇图景

所谓俄语"意义谱系"词汇，是我们为了辨析的方便，按照人类的认知规律和顺序排列，将俄语中表示"意义"的相关术语临时编组而成的一个关系图。根据认知原理，意义的产生和理解是人类对客观世界的感知和体验的过程，包括感觉过程、心理过程和理性过程[①]，即体验、记忆、理解、概括和推理等，和人类对自然世界认识、反映和提炼的结果，由此形成概念结构及其语义系统。可见，"意义谱系"词汇图景的产生经过了实践—认识—再实践—再认识的发现过程，是人类在格物致知时通过存在论—本质论—概念论[②]的哲学三段论概括，以及语言学定型的成果。

1.1 "意义谱系"图

世界是纷繁而丰富的，"思想本身好像一团星云，其中没有必然划定的界限。……在语言出现之前，一切都是模糊不清的"（索绪尔，1999）。在语言中，"事物的存在即是它的概念"（黑格尔，1983），而概念的形成需要人类完成体验、观察、分析、提炼的范畴化过程。在这个过程中，人类一般区分事物的不同特征，深入理解事物的本质，抓住主要特征，定型于语言单位，即物理图式—认知（心理）图式—语言图式。这是一个多次反复的辩证的过程。然而，当这些概念诉诸语言的时候，承载这些概念的语言单位（术语）一般只由两三个字/词组合而成，虽然典型，便捷，言简意赅，但是在实际运用中，由于不同的语境和交际意图往往突出的是它们的不同侧面，难免造成模糊和混乱，反倒让它们离人们的理解更远了。俄语"意义谱系"术语正是这个过程的一个鲜明的例证。

稍加梳理，可以发现俄语"意义谱系"术语至少包含 10 个词语。这些术语虽然各自的内涵不一，使用的范围有别，或所处的层次不同，但是，它们都是按照人类的认识规律和概念化过程形成的。为了便于观察和描写，我们拟将"意义谱系"词汇置于人类认知事物的全过程之中，即体验、观察、分析、提炼和使用，

[①] 可参考弗雷格《论意义与意谓(Значение и смысл)》中月亮、望远镜与视网膜的比喻关系。
[②] 参见黑格尔《逻辑学》全书的体系：存在论、本质论、概念论。

以观察"意义谱系"词汇形成的基本原理和认知结构,即"基于身体经验的'概念化'"(王寅,2007)能力和概念化过程。

предмет → картина → представление → мысль → концепт → понятие →
从心理上:物象 → 图指 → 象指 → 思指 → 概指 → 概念 →
从媒介上:实物 → 图画 → 眼睛 → 大脑 → 经验 → 心智 →
从理论上:哲学 → 美学 → 生理学 → 心理学 → 文化学 → 逻辑学 →
значение → сигнификат → денотат → референт → коннотация → смысл → идея[①]
涵指 → 谓指 → 物指 → 实指 → 附指 → 意指 → 主旨
词典 → 体验 → 思维 → 生活 → 语境 → 对象 → 文本
词汇学 → 语言学 → 符号学 → 语义学 → 修辞学 → 语用学 → 篇章学

由这个谱系框架可见,人类认识事物和表达概念是一个辩证的实践—认识互动的过程,其中,значение 是原型范畴,也就是说,предмет → картина 构成对客观事物的感知,представление → мысль → концепт 构成对心理表象的思维过程,понятие → значение 构成对范畴结果的语言学加工过程,сигнификат → денотат → референт 构成对语言现象的符号化构成,而 коннотация → смысл → идея 构成人类认知结果的系统化构成。它们的联动能够较客观、较直观地说明人类获得"意义"的方法,也能够清晰地显示它们彼此的关系和差异,在比较中使各自的含义清晰起来。

1.2 "意义谱系"成员间的关系

俄语"意义谱系"词汇在实际使用中形成了如下几种关系。

(1)对应关系。这是俄语"意义谱系"成员间最常见的关系。它们一般根据不同的使用意图被组合成为不同的对应关系,以说明不同的问题。比如 значение → смысл → коннотация;концепт → понятие;картина → мысль 等。

(2)交叉关系。这是意义谱系里最复杂的现象,往往导致歧义与误解。比如 представление → мысль → значение;значение → сигнификат → денотат → референт;мысль → смысл 等。

(3)上下关系。这组关系比较容易了解,它们主要是包容关系。比如

[①] 此处的术语均为本文作者所译,详见表1。

мысль = представление + концепт; значение = понятие + коннотация; смысл = денотат + сигнификат + референт 等。

（4）平行关系。这是指上述术语分别来自不同的学科，以不同的学科背景进入意义谱系，由此造成了人们对意义谱系里的术语的理解错位。比如концепт → понятие；денотат → референт；предмет → референт；смысл → сигнификат；мысль → идея 等。

由这些关系可见，在不同的语境里，意义谱系词汇会显示不同的侧面，构成不同的近义关系，如果置于具体的语料中，能够让读者更清晰地理解它们。例如在，Национальный корпус русского языка 里发现有如下理据：

В наиболее распространенном понимании считается, что имя референцирует свой предмет непосредственно, минуя понятие (сигнификат) и тем более сложные семантические фигуры, образуемые синтаксисом. (Л.А. Гоготишвили. Символизм Вяч. Иванова на фоне имяславия, 2006)

这里，作者却将 понятие 与 сигнификат 视为同义词，这又为俄语意义谱系词汇的辨析提供了新的视角与难度。

2 俄语"意义谱系"词汇的词典释义

在上述谱系里，各个术语作为词语都有自己的内涵和作为俄语"意义谱系"中术语成员的义项，把它们对举出来，有利于在比较与辨别突显本文的宗旨与价值。

2.1 有定见的几个意义谱系成员的释义

下列几个意义谱系成员是我们比较熟悉的（见表1），在 С. И. Ожегов 的《Словарь русского языка》（1982）和黑龙江大学俄语语言文学研究中心辞书研究所的《大俄汉词典》（2006）里均有释义。

表1　常见意义谱系成员的俄汉释义及其共性

被释词语	俄语释义	汉语释义	共 性
предмет	① всякое материальное явление, вещь；② то, на что направлена мысль. 如 Предмет разговора	①物体；物品，东西 ②现象；对象	①客观世界是认知的基础；②人类的认识是事物的反映
картина	то, что можно видеть, обозревать или представлять себе в конкретных образах. 如 наивная картина.	情景，景象；情形	
представление	воспроизведение в сознании ранее пережитых восприятий	表象；概念，观念；认识	
значение	смысл, то, что данный предмет (слово, знак, жест) обозначает	意思，意义	①意义是人类认识的结果；②意义是概念的所指；③人类对意义的认识是有层次的
мысль	① то, что явилось в результате размышления, идея；② то, что заполняет сознание, дума)	①思想，思维 ②想法，意思	
концепт	(от лат. conceptus «понятие»), структурно-содержательная единица сознания, отражающая совокупность знаний, представлений, мнений об объекте мысли и созидательный смысл.	概念，思想，观点	
понятие	логически оформленная общая мысль о предмете, идея чего-н.	概念，见解	
смысл	внутреннее содержание, значение чего-н., постигаемое разумом	意义，含义，意思	
коннотация	(ср.-лат. connotatio, от connoto – иметь дополнительное значение), сопутствующее значение языковой единицы, т.е. эмоциональная, оценочная или стилистическая окраска языковой единицы, закреплённая в системе языка или имеющая окказиональный характер. В широком смысле коннотация – это любой компонент, который дополняет предметно-понятийное (или денотативное), а также грамматич. содержание языковой.	内涵；附加含义；伴随意义；隐含意义	
идея	понятие, представление, отражающее действительность в сознании человека	思想，观念	思想也是一种概念

2.2 无定见的几个意义谱系成员的释义

концепт，денотат，сигнификат，референт，коннотация 等五个术语是符号学兴起之后出现的，在 2000 年以前的权威词典和学术论著里，要么没有释义，要么释义不一，要么释义含糊，虽然现在网上有释义，但是尚未定型，也尚未进入权威辞书中，成为意义谱系中的识解难点。在 С. А. Кузнецов 编纂的《Большой толковый словарь русского языка》（2003）里，我们查找到 концепт 的释义是：来源于拉丁语 conceptus，意思是"概念，想法，观念（понятие，мысль，представление）"；〈逻辑学〉概念的内涵（содержание понятия）；〈哲学〉概念。《大俄汉词典》（2006）中该词的释义则很简单：概念。而在线上词典"千亿词霸"（2022）里该词的释义是"〈哲〉概念；[语言]文化观念；文化概念；心智概念"。

在 С. А. Кузнецов 编纂的《Большой толковый словарь русского языка》（2003）里，денотат 的释义是：来源于拉丁语 denotatis，意思是"标示的（обозначенный）"；〈语言学〉所指；所指物（предмет мысли, отражающий предмет или явление объективной действительности и образующий то понятийное содержание, с которым соотносится данная языковая единица）。《大俄汉词典》（2006）中该词的释义是：〈逻辑〉所指；〈语〉所指（物）。华劭译为"射指"（华劭，2003）。张家骅译为"指物意义"（张家骅，2003），而在线上词典"千亿词霸"（2022）里的释义是"指示；意义；外延；符号；表示；〈逻辑〉所指；〈语〉所指；所指事物"。

在 С. А. Кузнецов 编纂的《Большой толковый словарь русского языка》（2003）里，сигнификат 的释义是：来源于拉丁语 significatum，意思是"标示，指称（обозначение）"；〈语言学〉语言意义的概念内涵；标示（понятийное содержание языкового значения; обозначение）。具体含义是："语言单位的内涵，该语言单位包含有对所表示的事物的评价信息（область смыслового содержания языковой единицы, которая заключает в себе характеризующую информацию об обозначаемом предмете）"。《大俄汉词典》（2006）中该词无释义。华劭译为"蕴义"（华劭，2003）。张家骅译为"概念意义"（张家骅，2003），而在线上词典"千亿词霸"（2022）里该词的释义是"[新词]〈语〉

能指；意义，含义；[文学]内涵；[新词]〈语〉所指（概念）"，存在明显矛盾。

在 С. А. Кузнецов 编纂的《Большой толковый словарь русского языка》（2003）里，референт 的释义是：〈语言学〉指谓；该语言单位与之相关的客观现实中的事物或现象（предмет или явление окружающей нас действительности, с которыми соотносится данная языковая единица）。《大俄汉词典》（2006）中该词的释义是：（语言学中）所指事物，所指对象。华劭译为"实指"（华劭，2003）。张家骅译为"指涉对象"（张家骅，2003），而在线上词典"千亿词霸"（2022）里该词的释义是"论文提要作者；顾问"。

在 С. А. Кузнецов 编纂的《Большой толковый словарь русского языка》（2003）里，коннотация 的释义是：来源于拉丁语 connotatio；〈语言学〉附加涵义；语言单位的补充的，伴随的含义增量（дополнительное, сопутствующее смысловое приращение языковой единицы）；有社会文化背景的象征承载物（социокультурно обусловленная символическая нагрузка）；补充的语义或修辞的元素（дополнительные семантические или стилистические элементы）。《大俄汉词典》（2006）中该词的释义是：词语含义。华劭译为"附加意义"（华劭，2003）。张家骅译为"联想意义"（张家骅，2003）。而在线上词典"千亿词霸"（2022）里该词的释义是："内涵；含义；伴随意义"。

由此可见，这些成员间的理解难度主要集中在几个表示"所指"的术语上。由于"所指"研究在语言学中起步较晚，造成了与"所指"有关的几个术语的交叉或叠义，不过，随着研究的深入和进一步的辨析梳理，这种现象应该是暂时的。

3 俄语意义谱系中几个关键成员的辨析

经过上述的谱系对举与释义说明，谱系各成员的含义与关系就凸现出来了。

3.1 基本成员间的辨析

（1）концепт 与 понятие。这是目前语言与文化研究中被广泛研究、引用和争议的两个概念。按其本质，концепт 和 понятие 这两个词是一个意思。Ю.С. Степанов 认为，концепт 是人们意识里的文化凝聚物（сгусток культуры），文化借以进入人类的精神世界（ментальный мир）；是集体意识里的，被语言"物化"

（опредмеченные в языковой форме）的多维涵义体（многомерные смысловые образования）。而 понятие 源自动词 пояти，意思是"抓住，抢夺，抢亲（схватить, взять в собственность, взять женщину в жены）"。在科技语体里，концепт 和 понятие 这两个词有时用作同义词，而在语言学中却被分辨得相当清楚。对此，本文的观点是：концепт 是一个外来术语，人文术语，文化术语，观念性术语，而 понятие 是一个本土术语，科学行术语，使用范围更广泛一些。也就是说，концепт 是对事物的一种态度和认知[①]，而 понятие 是对事物的一种科学的界定与把握。因为"在思维里，对象不是以表象或形象的方式而是以概念的方式被把握的"（黑格尔，2001）。一般而言，понятие 这个词主要用于逻辑学和哲学，而 концепт 这个词原来用于数理逻辑，最近又被用于文化学。концепт（观念性概念）属于文化语言学，而概念（понятие）既属于语言学，又属于逻辑学。

（2）представление 与 понятие。根据人类中心说、人类的基本经验结构和认知心理过程，представление 就是一种意象图式，是先于概念（понятие）而对人类的既有经验所做的条理化、体系化加工，比如容器图式、方位关系图式、源头—路径—目标图式、局部—整体图式等。按照黑格尔的本质论，这里的 представление 是映象，也就是假象，是"镜花水月"，是对存在物的映照，还没有上升为概念，因为"概念是纯概念或普遍性的规定（黑格尔，2001）"。

（3）значение、смысл 与 мысль。语言哲学认为，符号作为名称有两个方面：①射指或者名称所指之物（денотат или обозначаемый именем предмет）。这构成了语言所表达的意义（значение）；②意谓或指物方式（смысл или способ）。"射指只能通过语言表达式的意谓获得（Денотат дан только через смысл выражения）"[②]。我们只有掌握了意谓，才能确定射指。意谓是指"普通的这一个"，但是语言说出的不是它本身，而是共相（黑格尔，2001），而且，表达同一个事物的语言单位的"意谓（смысл）"是不一样的，于是造成了意谓的费解。如果意义被视作射指（денотат）的思想的相关物（мыслительное

[①] М. В. Всеволодова сказала:《Мы имеем в виду концепт не как понятие одного слова, а как категорию наиболее высокого в смысловой организации Языка ранга.》*Поля, категории и концепты в грамматической системе языка // Вопросы языкознания.* 2009(3): 76.

[②] 可参考弗雷格《论意义与意谓》《Значение и смысл》一文中的思想。

соответствие），那么意谓（смысл）就是实指的思想相关物，是整个情景在意识里的反映。"句子的意谓诞生于自然的方式，即思想 (Смысл предложений порождается естественным образом — мыслью.)"。"意思形成句子 (Смысл делает предложение.) "（Звегинцев，2001），而"思想不属于句子的意谓（弗雷格，2001）。"可见，значение 属于语言层面，смысл 属于言语层面，而мысль 属于思想观念。

（4）референт 与 смысл

референт 与 смысл 一起构成句子的含义。смысл 使句子具有"涵义信息"（смысловая информация），而референт 使句子与相关的情景相连接（соотноситься с соответствующей ситуацией），如果референт 指代不明，那么交际就无法进行。胡塞尔（Гуссерль）把 смысл 称为"意义"(die Bedeutung, значение)，而把 референт 直接称为"客体"（Gegenstand, объект）。

3.2 特殊成员之间的辨析

这里所谓的特殊成员，主要是指 сигнификат、денотат 和 референт 这三者。它们是目前语言学界最广泛使用，又最让人模糊的三个术语。

一般地，语言符号的意义结构"能指（означающее）+ 所指（означаемое）"一旦形成后，就具有指称能力了。这里，能指是表层元素，即声音或线条的连续体 (последовательность звуков или графических знаков)，而所指是这个事物、现象在人脑中的反映，是社会对现实认识的结果，有时相当于概念（понятие），有时相当于观念（представление）。而在实际的语用里，它的指称能力分为三个部分：денотат、сигнификат 和 референт。

（1）从含义上看，денотат（射指）是指语言单位所标示的事物和现实中的现象，相当于物理学里的势能，сигнификат（谓指）既指称外部世界的事物和现象，同时又表达语言使用者对这些事物和现象的评价（осмысление），而 референт（实指）是指语言单位在话语里所标示的事物、现象，或整个话语。或者说，денотат 所指的是一类事物，референт 所指的是具体事物，сигнификат 则指词义内涵的那些特征（华劭，2003）。

（2）从关系上看，华劭（2003）指出单纯观察术语的指称问题(референция)，可以得出这样的公式：实指（референт）＝ 谓指（сигнификат）＋ 物指（денотат）。

денотат（射指）表示的不是客观世界里的具体事物，具体事物不可能直接进入言语符号，而是概括性的外延意义（экстенсиональное значение, значение по денотату），即一类事物，它是心理性的。референт（实指）表示言语中实指的事物，是符号的所指，处于符号之外，即具体事物，它是本体性的。人们有时把 денотат 与 референт 等同起来，这时，强调的是语言符号的实际所指，从量的角度看，它就有类指、有指、专指、共指（кореферент）之分，因为交际双方有"共同档案（мысленное досье）"（华劭，2003）。

（3）从来源上看，сигнификат 与 денотат 这两个术语借自逻辑学，意义大致相当于概念的外延（объём）与内涵（содержание）。在语义中，术语的指称都包含两方面的意义成分，即指物意义（денотат, денотатное значение; предметная отнесенность）和概念意义（сигнификат, сигнификатное значение; понятийная отнесенность）（张家骅，2003）。

这里，сигнификат 是内涵，是词义的内涵特征，是思维的构架和概念，而 денотат 是外延范围，是外延可能涵盖的事物。"词汇意义在语言体系里定义为 сигнификат，在言语里则体现其 денотат 方面（张家骅，2003）。"因此，денотат（射指）涉及的方面比较多一些，并且在不同的学者眼中含义不同，即使在同一个学者的不同时期也不一致。概括起来，主要有：①指一个特定的客观实体。②相当于外延，与作为内涵的 смысл 或 коннотация 相对立。③统称全部同类事物。④等同于 референт，表示"指涉对象"，因为"意义就是所指（张家骅，2003）"。

（4）从使用上，更能看清它们三者的关系。下文将列举 Арутюнова 在《Предложение и его смысл》中对这几个词的使用情况。

1）Референтом высказывания является ситуация. (стр. 6)

2）Фрагмент действительности называют индивидуальной денотативной ситуацией или событием. (стр. 7)

3）В предложении *Она молодая хозяйка* прилагательное связано с сигнификатом слова хозяйка, а не его денотатом. (стр. 11)

4）смысл = сигнификативное (абстрактное, понятийное) содержание. (стр. 11)

5）В основе современной теории референции лежат идеи денотации Рассела. (стр. 179)

3.3 对这些术语的重新试译

由上述列举、分析可见，这些术语在以俄语为母语的人群眼里可能是清楚明白的，但是在引入汉语时，由于①汉语里暂时还没有与此对等的术语；②目前汉语对这些术语的翻译不是很得当；③即使有翻译，但是不同的汉字往往引起不同的联想与理解，造成术语的多义；④汉语里的"意义""所指"之类的词往往一词对应几个不同的外来术语；⑤学者们的阐述各有侧重等原因造成了理解的混乱和困难。鉴于此，应创造性地设法对译，只要译得正确、贴切，能够消除歧义，完全可以创造术语，比如化学元素的翻译就很成功，一旦获得公认，还可以提高汉语的丰富度。因此，根据对俄语"意义谱系"中各个术语的含义与关系的比较和详解，我们拟在符号学视域下对其重新翻译（见表2）。

表2　符号学视域下的术语重翻译

术　语	旧的翻译	新的翻译
предмет	物体，物象	事物
картина	图像，图景	图指
представление	表象，概念，观念	象指
мысль	思想（过程），想法，念头	思指
концепт	观念，概念	观指
понятие	概念，见解	概念
значение	意思，含义，意义	义指
сигнификат	指谓，概念意义	谓指
денотат	所指，射指，指物意义	物指
референт	指示，指涉对象	实指
коннотация	含义，附加意义	附指
смысл	意义，意思	意指
идея	思想，理念，中心思想	主旨

本文对俄语的"意义谱系"词汇进行了粗略的对比、分析和试译。这是一个复杂、宏大而难以在短期内获得显著成果的尝试。笔者虽然明知自己学力有限，仍不揣冒昧，毅然发起这个话题，是真心希望能够引起大家的批评、讨论和指导，以减少我们对此的误解、困惑和误用，帮助学者们自信而正确地步入俄罗斯语言学理论殿堂。

参考文献

[1] Арутюнова Н Д. Предложение и его смысл[M]. Москва: Едиториал УРСС, 2002.

[2] Звегинцев ВА. Предложение и его отношение к языку и речи[M]. Москва: Эдиториал УРСС, 2001.

[3] Кузнецов СА. Большой толковый словарь русского языка[D]. Санктбетербург: Норинт, 2003.

[4] Ожегов СИ. Словарь русского языка [D]. Москва: Русскийй язык, 1982.

[5] 弗雷格. 弗雷格哲学论著选辑 [M]. 北京：商务印书馆，2000.

[6] 黑格尔. 精神现象学 [M]. 北京：商务印书馆，1983.

[7] 黑格尔. 逻辑学（下卷）[M]. 北京：商务印书馆，2001.

[8] 索绪尔. 普通语言学教程 [M]. 高名凯，译. 北京：商务印书馆，1999.

[9] 华劭. 语言经纬 [M]. 北京：商务印书馆，2003.

[10] 王寅. 认知语言学 [M]. 上海：上海外语教育出版社，2007.

[11] 张家骅等. 俄罗斯当代语义学派 [M]. 北京：商务印书馆，2003.

亚历山大·万比洛夫散文汉译中的风格艺术美之体现[①]

四川外国语大学　赵小兵

摘要：本文以笔者所做的亚历山大·万比洛夫散文汉译为例，探讨了万比洛夫散文作品的语言和风格艺术美，与此同时思考了翻译问题。译者在意义突显的同时，须考虑文学性重构，诗意地传达作品的情感。语言的诗性功能和审美意义的重构，归根到底是作家风格和艺术美之体现。

关键词：亚历山大·万比洛夫；散文；风格艺术美；翻译

1　引言

翻译工作是很辛苦的，但同时也很有趣。辛苦在于容易出错，译者所付出的努力常常因一个细节错误而被全盘否定。有趣在于译者在翻译中能体会到发现和再创造的乐趣。文学作品的翻译一方面要忠实原文，须对得起作者，不以转换、变译之必需为借口而随意使作品发生走样，另一方面又要发挥创造力重写语篇，使原作在另一种文化语境下复活再生。翻译尤其需要体现作品的风格艺术美，从整体上把握作品的意旨和神韵。笔者曾翻译出版亚历山大·万比洛夫散文集，充分认识到译者必须发挥双语能力和创造力，以建构起与原文和谐一致的译本。语言不仅是表意的工具，而且具有创造意义的功能。语言具有语用和认知潜力，翻译在译者的智力识解和文学性重构中完成。智力识解和文学性重构，在意义突显和风格再现中发挥着重要的作用。

文学翻译与其他翻译一样，要经过同样的理解阶段：①在上下文中选择可

[①]　本文系2016年度四川外国语大学科研项目"亚历山大·万比洛夫散文的汉译与研究"（sisu201616）的阶段性成果。

能的词义；②基于这样的词义揭示表层意思；③根据上下文理解内部意义（意蕴或言外之意）（Валгина，2003）。翻译在一定程度上就是意义突显的过程，笔者翻译万比洛夫散文也采用了意义突显法，并且力图再现作家独特、鲜明的艺术风格，实现文学性重构。

意义突显既是为了传情达意，又是为了成就一个"信"字，但实际上可能又会偏离"信"。翻译就这样在矛盾当中运行着，译者能不谨慎吗？但如傅雷所说："兼筹并顾""过则勿太过，不及则勿过于不及"（陈福康，2002）。翻译应尽可能没有错译和漏译，并努力再现原文的句法和字眼，以求风格的毕肖。无疑，文学翻译的意义突显并不等于意义显化。意义突显的同时还是要充分考虑作家风格和诗学意图，否则谈不上意义突显之艺术美。我们再以万比洛夫短篇小说的中文翻译为例，来探讨一下翻译中的作家风格艺术美问题。

哈蒂姆和梅森把风格区分为个人言语风格和表征特定语言的习惯表达形式，而个人言语风格即个体语言使用者无意识的语言习惯，与使用语言的个人特有的方式有关，如特别喜欢某些表达法、对某些特定词语的不同发音以及过多地使用某些特定句法结构的倾向等（哈蒂姆、梅森，2005）。本文在论述万比洛夫的个人言语风格时采用作家风格这一概念，由译例来分别说明万比洛夫散文的作家风格和艺术美，兼论翻译。

2 独特的语言：反讽幽默，鲜活别致，简洁明快，抒情性

万比洛夫的短篇小说具有明显的内在意义结构，几乎每个短篇中都有巧合的故事及悖谬的情节和语言。译者须把握作家的笔墨，极力揣度他，模仿他，把作家独特的语言及其想要表达的思想情趣生动形象地表现出来。

（1）Приближение следующего вечера застало приятелей за хлопотливыми сборами. Вирусов решил навестить своего дядю, у которого, по его предположению, именно этим вечером должен был начаться приступ малярии. По Штучкину стосковалась его добрая тетя, о существовании которой он до сих пор так постыдно забывал. Между малярийным дядей и тоскующей тетей было общее то, что они одинаково любили модные галстуки и безупречные прически у посещающих их племянников. Собравшись, молодые люди вышли на улицу и разошлись в противоположные стороны.（А. Вампилов.《На скамейке》,1982）

第二天傍晚一到，两位朋友都要赶去赴会。维鲁索夫要去看望自己的大伯，他估计大伯当晚疟疾会发作。什图齐根有他善良的姑姑在挂念，此前，她的存在竟然被他忘记了，真是羞愧难当。怪哉，患疟疾的大伯和挂念侄儿的姑姑有一个共同点，他们同样都喜欢侄儿们去看望他们时打上时髦的领带，梳着讲究的发型。两个年轻人一起出门，上了大街便各奔西东。

万比洛夫的小说写得妙趣横生，具有反讽幽默的特点。轻松自如的反讽和幽默，使他的小说读起来令人愉悦，耐人寻味。作家善于发现生活中可笑可乐的故事，将其描写在作品中。

（2）Он приблизился, и Валериан Эдуардович при лунном свете разглядел высокого мужчину: худого и нескладного, как лошадь Дон Кихота. Запах, сопровождавший этого человека, и запах сырой земли вместе составили аромат винного погребка. (см. «Коммунальная услуга», там же.）

那人走近了，瓦勒里昂·艾杜阿尔多维奇借着月光看清是一个高大的男人：瘦高个儿，不匀称，活像唐·吉诃德的马。这人身上的酒气和潮湿的地气混在一起，把深坑变成了个酒窖似的。

作家独特的语言，鲜活别致的比喻，寥寥数语即刻画出人物形象。他善于描写外部世界，以建立起多姿多彩的艺术世界，他的反讽与幽默显得生动活泼，轻松自如。

（3）Утром она, смущаясь, сделала праздничную прическу. Жиденький комплимент, прошамканный по этому поводу высыхающим старичком-пациентом, не был ей неприятен.

...Быстро, почти бегом, он двигался по улице, словно хотел убежать от зубной боли. (А. Вампилов, «Стоматологический роман», 1982)

第二天早晨，她像过节一样梳妆打扮好了，怪不好意思的。干瘦的看病老头儿，说的几句恭维话含糊不清，还是很令人愉快。

……他几乎是快步跑过大街，仿佛要跑掉牙痛似的。

读着这些句子，作家写得多么好啊！语言是鲜活的，具有惹人发笑的元素，译文和原文仿佛如出一辙才好。万比洛夫的短篇随处可见其独特的语言，读来令人愉快，同时，作家健全的公民意识和人生观也能使读者获益。

（4）Разумеется, он не был счастливым. У этого человека могли быть удачи, но не могло быть счастья. ...Особенно раздражали его студенты. Ему уже девятнадцать лет, а его жизненная перспектива тянулась длинной вереницей бутылок и упиралась во что-то темное и безнадежное. Деньги между тем имели для него цену лишь тогда, когда их у него не было. Последнее время у него не было денег.

...Он взглянул ей в глаза и улыбнулся. Может быть, потому, что в жизни ему приходилось редко улыбаться и невинная улыбка хорошо сохранилась у него с малых лет, у грабителя оказалась детская улыбка. Было это трогательно, как грустная любовь веселого юмориста, и Оленьку такая улыбка не могла не взволновать. Кроме того, она смутно почувствовала, что где-то близко около этого разговора бьется самое важное, самое сокровенное в этом человеке. Они отвели глаза, и оба, каждый по-своему, смутились.

...— Вам нужны часы? — проговорила она сухо. Он молчал. Через несколько мгновений послышался шелест травы под ее ногами. Шла она или бежала, он не видел. Он сидел на земле, опустив голову и беспомощно, как подраненная ворона крылья, расставив руки.（А. Вампилов. «Финский нож и персидская сирень», 1982）

他当然是不幸的。这个人可能获得过成功，但不可能幸福。……尤其大学生们，更有可能惹恼他。他已经十九岁了，生活的前程，仿佛排成了一长串的酒瓶，直至漆黑一片，渺无希望。而且，金钱单在他没有钱的时候才显出价值来。最近他就没有钱。

……他望着她的眼睛，笑了。也许因为他在生活中极少微笑的缘故，天真的微笑打小儿就完好地封存起来了，抢劫者原来有着孩子气的微笑。这样的微笑很动人，犹如快乐的幽默作家的忧伤爱情故事一般，不可能不打动奥列尼卡。此外，她还模糊地感到，这场谈话仿佛触动了这个人身上最重要的最神圣的东西。他们移开目光，各怀心思，都不好意思起来。

……"你是要手表吗？"她冷冷地说。他沉默不语。稍过片刻，便听见她踩着青草离开时发出的沙沙响声。她是走远还是跑远的，他没有看见。他坐在地上，低着头，无助地垂下双臂，像是受伤的乌鸦垂下的翅膀。

在短篇小说《芬兰刀与波斯丁香》中，万比洛夫表现了年轻人受到的畸形教育和异常的成长经历，作家用抒情的语言，满含同情地揭示出人性中闪光的一面。万比洛夫在自己的小说中再现人物的生活形象和精神面貌，满怀同情、美好的愿望和绝对的理解。我们从译文中亦可感受到作家对主人公的同情和悲伤的口吻。翻译如同竞赛，译者紧跟在作家后面，再现总的情绪气氛或曰生命气息，与原文契合无间，以获得准确和谐的译文。

（5）Но всё, о чём здесь будет рассказано, произошло в то время, когда влюбленные ссорятся нехотя и ненадолго. Весна не любит расходиться с радостью. А был май—великолепный и достойный венец лучшего времени года.

Убрав с земли снег, растормошив заснувшую реку, весна освободила людей от теплой одежды, разбросала под ноги зеленые ковры, развешала повсюду зеленые портьеры и занавески, снизила цены на живые цветы и мертвые улыбки, —словом, распорядилась так хорошо, так ловко и так заботливо, что не ценить всего этого невозможно. (А. Вампилов. «На скамейке», 1982)

可是，这里将要讲述的故事，发生在两个恋人短暂的无意间的争吵以后。春天充满了欢乐，不喜欢人们分离。而时值五月——一年中最为美好壮丽的时光。

春天扫走了地上的积雪，唤醒了沉睡的河流，叫人们脱下了暖和的棉衣，在脚下铺上厚厚的绿毯，到处挂满翠绿的帘幕，春天使鲜花降价，令死气的微笑贬值——总之，春天安排得多么美，多么惬意，多么周全，让人不能不珍爱这一切。

作家独特的语言犹如警句一般，兼具抒情和幽默，自然景色的描绘加上抒情的语调，给读者以美感享受。他笔下诞生的自然画面美丽而富有诗意。翻译应特别注意语言的运用，以便达到最佳的艺术效果。

（6）Молодые листья на ветру трещат, металлически блестят на солнце. На окно ползет пышное белогрудое облако, ветер рвёт из него прозрачные, легкие, как бабьи косынки, клочки и несёт их вперёд. В бездонную голубую пропасть.

...День не жаркий, ветер ровный, бодрый, с запахом реки и черемух, без конца идут быстрые плотные тени. Напротив в сквере струится зеленый поток березовой листвы, за ней качается серебряная челка фонтана. Ветер бросает струи воды мимо каменной чаши, далеко на асфальт стелется белый водяной дым, под ним визжат, носятся голоногие девчонки.

...Река слепит солнцем, сияет голубизной. И шумят над головой молодые тополя. Но река — сама собой, ты — сам собой...

...Вечером, когда он снова оказался у реки, он почувствовал себя непонятно. На том берегу была уже темнота. Деревья и крыши торчали сплошным черным частоколом. Над ним, между рваными синими тучами, опоясанными малиновыми лентами, зияли бледно-зеленые просветы, ошеломляюще обыкновенные, виденные на закате тысячу раз, минутные и вечные следы прошедших дней. Внизу в заливе плескались три лодки. Парни без устали махали веслами, слышался счастливый визг. Одна из лодок наткнулась на малиновую дорожку заката, дорожка оборвалась, по всей по ней прошла сверкающая дрожь. И всё это ему неожиданно показалось неотделимым от его тоски. (А.Вампилов. «Студент», 1982)

嫩叶在风中弹响，在阳光下闪着金属般的光泽。窗口飘过一大片瑰丽的白胸脯似的白云，风儿把它撕成一块块如女人三角头巾一样的透明、轻盈的云片，携带着它们，进入蔚蓝色的深邃的天空。

……天气并不热，微风拂面，送来河水和稠李的香气，令人神清气爽。眼前闪过绵延不绝的浓密树荫。对面的街心小公园，绿色的白桦树叶随风飘动，犹如流淌着的河流。小公园外面，喷泉摆动着银色的刘海。石碗附近，风抛出一股股水流，向远处的沥青路洒下一重白色的水雾。一群赤脚的小姑娘尖叫着从水雾下跑过。

……河流被太阳照得炫目多姿，闪耀着蓝莹莹的光芒。头上方的白杨嫩枝嬉闹不止，但河流依然是故我，你依然是故我……

……晚上，他再次来到河边，自己都感到不可理解。河对岸已经黑下来了。树木和屋顶如连成一片的黑栅栏一般森然屹立。在其上方，撕裂的蓝云束着深红色的带子，云彩之间形成一线线淡绿色的光明，这是人们经年累月在落日时分见过千百遍的惊人而普通的瞬间永恒之光。在下面，河湾里游荡着三只小船。不知疲倦的小伙子们划着桨，传来快乐的尖叫声。一只小船划进绯红色的夕阳映照的水道，激起浪花，整个水道顿时波光粼粼。他忽然觉得，所有这一切与他的忧愁密不可分。

作家笔下的自然景观绚丽多姿，画面既欢快美好又略带忧愁，仿佛就是人生的拟象！译者采用了比喻、拟人等语言手段，把作家简洁、抒情、诗意的语言再现于译文之中，努力传达出作家的乐观精神和艺术趣味。翻译须保持原作的文学性，而文学性就在文学语言的联系与构造之中（朱立元，1999）。可以说，文学性的具体表现就是作家的语言风格与艺术美。

（7）На перроне мы увидели Пашку. Девчонку он держал за руки, будто на афише. У ног их валялись чемоданы. Пашка что-то говорил. Она слушала и вытягивала шею испуганно и беспомощно, как птенец, выпаущий из гнезда. Потом Пашка перестал говорить и взял её за плечи. Мимо бежали, запинаясь за чемоданы.

...Пашка нагнулся, и мы увидели её голову — подснежник на выгоревшей поляне. (А.Вампилов. «Станция тайшет» , 1982)

月台上我们看见帕什卡。他拉着姑娘的手，仿佛是在海报上。在他们的脚边，放着两个行李箱。帕什卡在说话，她在听，伸着脖子，胆怯无助地，像一个从巢里掉下来的雏鸟。然后帕什卡不说话了，而是扶着她的肩膀。人们绊着行李箱从旁边跑过。

……帕什卡俯下身，我们看见了她的头——烧毁的林中空地上的一朵雪莲花。

作家特别善于描写巧合中、相会中、离别中的人与事。他形象鲜明地描写了帕什卡亲吻姑娘的情景，我们在原文和译文里都能感到语言的明快幽默。

（8）Ночь сомкнулась за нами. Из её темноты на нас глянуло вдруг сто тысяч разлук и сто тысяч встреч. И колёса стучали свою столетнюю песню. Колёса стучали на великой Сибирской магистрали, вы'несшей на своём просмолённом горбу новейшую историю. (А.Вампилов. «Станция Тайшет», 1982)

黑夜在我们身后闭合上了。忽然间，成千上万个离别和成千上万个相会，从黑夜里注视着我们。而滚滚车轮撞击着铁轨，奏响自己的百年长歌。车轮行驶在伟大的西伯利亚主干线上，在它涂油的脊背上书写着崭新的历史。

万比洛夫已作为当今公认的经典作家（戏剧家）而载入俄罗斯文学史。这位年轻的作家关注人的悲欢离合，其短篇创作只是文学创作的开始，这已经被他后来的戏剧创作所证明。而他在早期短篇中就已经表现出了独特的作家天赋。

3 戏剧性的对话和独白

万比洛夫笔下的对话和独白极其出色，其独特的叙述风格和高超的艺术技巧在早期小说中已初露端倪。从这个意义上讲，他的早期短篇是其戏剧写作的序曲和前奏，是"作家掌握新体裁（戏剧）的最初尝试"（Смирнов，2002）。翻译再现语言形象，必须仔细研究作家的语言风格和人物对白设计，以确保译文语言生动形象、富有情趣。

（9）—— Вы накричали на женщину, —— напомнили ему.

—— У этой женщины, —— возразил К —— вот такой (он развёл руками) рот! У неё вот такой (он выбросил вперёд одну руку, а другой отметил первую у самого плеча) язык!

—— Вы не пришли в горком. Вас там ждали, и вы обещали прийти.

—— Почему, —— закричал он в ответ, —— я должен к ним ходить? Почему —— не они ко мне?

—— Рядом с «Комсомольским прожектором» вы приклеили стихи собственного сочинения. Они написаны непростительно грубо. Вы считаете себя правым?

—— Конечно! Написал и ещё напишу! Судиться могу!

(А.Вампилов. «Кое-что для известности», 1982)

人们提醒他："你呵斥女人了。"

К.反驳说："这个女人，有这么大的（他双手比画着）嘴！这么长的（他抛出一只手臂，另一只手指着那只手臂的肩膀处）舌头！"

"你没有来市委。他们在那里等你，你是答应来的。"

他开始喊道："为什么我要到他们那里去——而不是他们到我这里来？"

"在《共青团聚光灯》页面旁边你粘贴了自己的诗。诗写得粗俗不堪，简直不可原谅。你认为自己做得对吗？"

"当然！我是写了，还要写！我还可能打官司！"

我们从作品中看到一个蛮横无理的乡村医士形象，见证了他那无耻不堪的语言和举止。这些语言就是直接从现实生活中提取出来的，译文若是准确再现对话中人物的语言，就可以反映人物形象，甚至其个性品质。

（10）Последней страницей альбома оказался вкле'енный в него небольшой листок, исписанный мелким почерком. Когда-то измятый, теперь тщательно выровненный, скленный из двух частей, выцветший, этот листок заинтересовал меня своей интимностью.

«Я не могу больше любить так мучительно и так униженно. Мне трудно видеть тебя и ждать от тебя всякую минуту признания в том, что ты меня не любишь. Прощай. Будь счастлива — у тебя для этого есть всё и нет больше того нищего, при котором неудобно дарить свою любовь кому-нибудь другому. Прощай! В конце мая сходи за город, туда, где мы были год назад и где с тобой были ещю твои сомнения, со мной—мои надежды. Взгляни, как тают белые цветы, вздохни и всё забудь» (А.Вампилов. «Листок из альбома», 1982)

诗集的最后一页是粘贴在上面的一小张纸，密密麻麻写满了小字。皱巴巴的，又平整过了，是两块纸粘贴在一起的，这一页虽然褪色了，但因为其私密的缘故而让我特别感兴趣。

"我再不能这么痛苦、这么卑微地爱了。我很难见到你，我随时等着你说，你不爱我。永别了！祝你幸福——你完全配得到幸福，你再不用理会那个乞丐了，有他在，你是不便于把爱情赠予某个别人的。再见！五月末去一趟郊外吧，一年前我们去过那里，你是满心的疑虑，而我是满心的希望。去看白色的花朵如何憔悴，叹息一声，就忘掉一切吧。"

这段书信独白，让人感到其中的戏剧性元素，信中有着心灵的震颤，细腻的感情，诀别的话语甚至带着某种宽宏大度似的。作家借一个年轻浪漫的叙述人之口写道，"这一页……因为其私密的缘故而让我特别感兴趣"原来这是一位今日粗鲁无礼的丈夫昔日追求女友时留下的笔迹，而昔日任性无情的美貌女子，如今变成了沉默听话的妻子。似乎是宽宏大度的一页，却折射出今日家庭粗暴和无情的现状，以及生活的无常。译者须明白作家的诗学意图，才能品味到言外之意，也才能准确刻画人物的语言形象。

4 情节悖谬和语言悖谬

万比洛夫在短文《欧·亨利》中写道："他的短篇小说——金砂矿床一般的幽默作品。他小说的动因就是悖谬。悖谬——在对话中，在行动中叙述出来。

悖谬——像准确的思维方法一样，像是对正常的、普通的东西的实质做最鲜明、最简练的表达一样（Александр Вампилов，1982）。"这是他对悖谬现象的独特认识，并将其作为一种创作手法。他观察生活，且善于发现日常生活中的悖谬现象。"他在自己的散文中的确继承了欧·亨利的情节悖谬的诗学。但不能认为他是欧·亨利的模仿者，他把欧·亨利的诗学形式用于处理生动的现代素材，来为他富有个性的创作服务。立即引人注目的是：万比洛夫的短篇小说多数可归纳为一个情节步骤，即一个明确的事件公式'似乎是——原来是'（Гушанская，1990）。"

例如：卡佳·伊戈尔金娜感受到的似乎是追求者火一样的目光，原来是他投向邻居商店收银台的（似乎是恋人，却原来是小偷）；年轻人感到迷人的陌生女郎的意外青睐，原来是她以此报复自己的恋人的；健忘的花花公子，原来是有一次已经讨好过所钟爱的姑娘；急不可待、无限绝望的年轻人，原来是一个到店里来吃早餐的顾客；身为演员的未婚夫为了角色的成功而苦恼，在未来的丈母娘面前扮演自己要演的坏蛋角色，却不料妈妈正好喜欢他的这个品质；在冷静的鞋匠的摊位上巧遇，互不相让，争着修鞋，甚至大吵起来的小伙子和姑娘，原来是通过电话发展起恋情要赶去与对方约会的一对恋人；暑天正午鏖战棋局拖延时间的两个人，对一位刚来到疗养地的女游客背地里恶语诽谤，原来都是在等她，希望讨好她的；一位因专心听课而令老师喜欢的大学生，原来只是喜欢盯着一个固定点看而已。悖谬犹如一个公式，构成万比洛夫短篇中的意义结构。我们还是结合翻译举一两个例子予以说明。

（11）Верочка встрепенулась и, затая дыхание, осмотрела больной зуб. Зуб этот нужно было удалить, но он занимал такое видное место, что его отсутствие было бы большим пробелом в Колиной улыбке.

И без того взволнованная Верочка пришла в смятение. «Вырвать проще всего, — завертелось у нее в голове, — вот если вылечить и сохранить ему этот зуб, а вырвать... он уйдет и... не вернется». Этой последней своей мысли она страшно устыдилась, нашла ее отвратительной, но зуб... «зуб все-таки вылечить». И она стала лечить. Лечить зубы—это значит причинять боль. Закончив, Верочка дрожащей рукой написала рецепт и слабым голосом попросила зайти завтра.

Коля ушел, но боль не проходила. Прописанные порошки были более психологическим средством, чем медицинским, и через несколько часов Коля вернулся.（A.Вампилов.《Стоматологический роман》, 1982）

薇罗契卡精神一振，屏住呼吸，仔细地查看那颗痛牙。这颗牙本来应该拔除，可它占据了太显要的位置，少了它，科里亚笑起来就会露出一个洞来。

本来就很激动的薇罗契卡慌了。她飞快地转动脑子："拔掉倒是最简便，但最好是治疗并保住这颗牙，况且拔掉后……他就走了……再不会来了。"最后一个念头把她吓坏了，也让她感到羞愧，甚至觉得很恶劣，但转念一想：牙齿……牙齿终究可以治愈的。于是她开始治疗。治齿——意味着致痛，薇罗契卡治完牙，手打战开了处方，声音微弱地请他明天再来。

科里亚走了，但疼痛并没有过去。所开的粉剂哪是药，只能算是心理安慰罢了，几个小时后科里亚就回来了。

小说情节悖谬，令人发笑又给人以审美享受，《治齿——意味着致痛》，高度精练地道出了（语言）悖谬的意味。汉字的"治齿"和"致痛"谐音成趣，为了爱而致人痛，不难理解其中的悖谬与反讽。万比洛夫喜爱和尊重那些在艰难中执着生活的人，读者从艺术家的描写中也可看到人物的缺点、弱点。这些主题具有全人类的性质，不仅在俄罗斯，而且在中国等其他国家，都具有启发意义。

（12）Через неделю начинающий поэт Рассветов, прогуливаясь по улице с девушкой, встретил Владимира Павловича, который против обыкновения не свернул в сторону и не отвел глаз, а пошел прямо навстречу Рассветову так, что тот должен был остановиться.

— Вот что, молодой человек, — сказал Владимир Павлович не поздоровавшись. — Не ходите вы, ради бога, по редакциям и не пишите стихов. Чтобы нравиться девушкам, не обязательно писать стихи. Я вам это давно хотел сказать, но не мог. А теперь могу. У вас не то что талант. У вас здравый смысл отсутствует.

— Рехнулся! —сказал посрамленный поэт, глядя вслед уходящему Владимиру Павловичу.

Он был не прав. Владимир Павлович перешел на другую работу и был совершенно здоров.(А.Вампилов. «Сумочка к ребру», 1982)

一个星期后，刚出道不久的诗人拉斯韦托夫与一位姑娘走在街上，遇见了符拉基米尔·巴甫洛维奇，与往常不同，后者没有拐到一边去，也没有移开目光，而是迎面直接走到拉斯韦托夫跟前，拦住了他。

"是这样的，年轻人，"符拉基米尔·巴甫洛维奇没有问好，开口便说："看在上帝面上，您不要往各编辑部跑，也不要写诗了。要讨姑娘喜欢，不一定非得写诗。这话我早就想对您说，但是不能说。现在我可以说了。您不仅不具备那种诗才，您连健全的理智都没有。"

"你疯了！"受辱的诗人冲着走远的符拉基米尔·巴甫洛维奇的背影说道。

他说得不对。符拉基米尔·巴甫洛维奇转而干别的工作了，而且健康得很。

文学顾问在编辑部工作期间，对于一个初出道的诗人不说出自己的审稿意见，却要在离开编辑部调到另一个部门工作时说出意见。生活中有时的确可能见到这样的具有独特逻辑的怪事。作家不仅善于细致观察和描写悖谬，而且善于发现悖谬的语言形象，写得妙趣横生。例如"您不仅不具备那种诗才，您连健全的理智都没有。""他早期作品创造的艺术世界是相当假定的（условный），色彩鲜艳而斑斓，故事情节具有尖锐的戏剧冲突，与作家的内心感受几乎是隔绝的（Гушанская, 1990）。"作家的叙事有时像一个局外人看到笑话后将其讲述给他人一样平常，他本人并不身陷其中，但给读者的感受却是很深的，真实的戏剧性的效果显而易见。

文学翻译，显然并不是逐字（句）翻译，虽然译者的主观阐释不可避免，但只要译者理解了文学文本的意义结构和诗学意图，准确地传达作家风格和艺术美，就可以获得不错的译文。对作家风格艺术的把握与传达，事关翻译的成败。笔者在翻译中对于钱钟书先生所说的"依义旨以传而能如风格以出，斯之谓信（钱钟书，1984）"体会尤深，力求在字眼上、句法上反映出作家风格和艺术特色。

雅各布森说："文学科学的对象不是文学，而是文学性（литературность），也就是使某个作品成为文学作品的东西（Якобсон, 1987）。"文学性就存在于文学作品的语言形式之中，文学科学必须承认"手法"是唯一的"主人公"，因而主要的问题即是对手法的应用与确证无误的问题。在童庆炳看来，"气息""氛围""情调""韵律"和"色泽"就是文学性在作品中的具体的有力的表现，对于文学性来说，气息是情感的灵魂，情调是情感的基调美，氛围是情感的气氛美，韵律是情感的音乐美，色泽是情感的绘画美，这一个"灵魂"的五种美几乎囊括了文学性的全部（童庆炳，2009）。文学性重构，就是通过文学语言的运用和文学手法的再现，而把原文的气息、情调、氛围、韵律和色泽所表现的情感之美体现出来。文学性重构，即对作品的情感诗意的传达，亦即基于语言的诗性功能和审美意义的重构，归根到底是作家风格和艺术美的体现。

结语

综上，我们发现翻译的要求除了在意义突显，还有文学性重构，而再现作者风格与艺术美便是文学性重构的一个重要方面。翻译万比洛夫的散文（包括短篇小说），就得把握准他的散文如戏剧一般富于变化，在平凡中见出奇绝的特点，他的故事通常在"似乎是"的状态下进行，直到篇末才突起波澜与转折，让人好似顿悟，颇感意外但想来又在情理之中。保持文学性和艺术美感，这就要求译者在充分掌握作家风格及其艺术诗学的情况下，把握文本的意义结构，细致入微地从语词、语句、语篇的层次去识解和突显意义，并尽可能地再现作品的语言艺术。翻译应使译文与原文和谐一致，译文本身和谐一致，译成之文须经反复锤炼和润色，方能臻于艺术的境界。翻译难以绝对还原原著，道安早有"五失本"之论，笔者又岂敢妄论译出完全本来的万比洛夫。虽然是不断朝着这个方向努力的，但实际上笔者也只能在原语和译入语之间尝试寻找最佳方案。作品的诗学意图，作家风格与艺术美，须臾不可忽视。

参考文献

[1] Валгина НС. Учебное пособие «Теория текста». [M]. Масква: Логос, 2003.

[2] Вампилов А. Дом окнами в поле: Пьесы, Очерки и статьи, Фельетоны, Рассказы и сцены[M]. Иркутск: Восточно-Сибирское книжно издательство,1982.

[3] Смирнов СР. «Сцены и монологи», «Александр Вампилов. Драматургическое наследие»[M]. Иркутск: 2002.

[4] Якобсон Р. Новейшая русская поэзия. Набросок первый: Подступы к Хлебникову[M]. // Якобсон Р. Работы по поэтике. Масква: Прогресс, 1987.

[5] 陈福康. 中国译学理论史稿 [M]. 上海：上海外语教育出版社，2002.

[6] 哈蒂姆,梅森. 话语与译者[M]. 王文斌译. 北京: 外语教学与研究出版社, 2005.

[7] 钱钟书. 译事三难[M]// 罗新璋. 翻译论集. 北京：商务印书馆, 1984.

[8] 童庆炳. 谈谈文学性[J]. 语文建设（京）, 2009（3）.

[9] 亚历山大·万比洛夫. 巧合、悖谬、反讽：万比洛夫早期散文集萃[M]. 赵易生译. 河北大学出版社, 2014.

[10] 赵小兵. 文学翻译中的意义突显[J]. 中国俄语教学, 2011（4）: 71-75.

[11] 赵元任. 论翻译中信、达、雅的信的幅度[M]// 罗新璋. 翻译论集. 北京: 商务印书馆, 1984.

[12] 朱立元. 当代西方文艺理论[M]. 上海：华东师范大学出版社, 1999.

新时代背景下翻译教学中译者素养相关要素探索

上海外国语大学 高少萍

摘要：新时代背景下跨学科、新文科、多媒介等翻译教学应注意译者素养的培育。高等院校外语专业课程思政建设的大环境为实践教学中培养并提升译者素养提供了契机。译者素养与个体差异、语言天分、学习动机、语言文化知识和言语技能等密切相关。本文通过分析翻译教学实践中学生素质、双语知识和言语技能与译者素养的关系，探究翻译教学中学生学习心理动机、自我评价、课堂素材与能力培养提升、翻译素养等的相互关系；阐述译者素养培育的重要性，提出了译者素养不仅影响学生翻译能力的养成和翻译水平的提升，而且是决定翻译人才培养质量的重要因素的观点。各高校应充分利用新时代提供的多元化的教学方法和手段，以立德树人为根本进行课程建设，形成课程思政建设与译者素养协同发展的综合优化模式。

关键词：翻译教学；学习动机；翻译能力；译者素养；综合培育

1 引言

教育部提出，教育的根本在于立德树人。这一教育目标提升了人才培养的标准、拓宽了对人才的要求、开辟了教育教学的新视角，也体现了外语教学的新时代特色。新时代背景下的高校外语教学面临前所未有的机遇和挑战，特别是近年来针对人才质量的界定和探讨，外语教育工作者意识到译者的素养问题成为外语教学新目标和研究发展方向。高校中开展的思政课程为人才素养培育创造了更为优越的条件，增加了实现这一目标的可行性。"准确理解'立德树人'的深刻内涵是有效找到契合点、着力点和实现途径的重要前提（刘光正，2020）。"文科类外语人才的培养要与时俱进，特别是在对于译者素养的研究分析并不多见的当下阶段。

教学中进行课程思政建设的最终目的在于提升完善外语人才的综合素质，包括外语人才的翻译能力和素养。翻译教学是翻译人才培养的一个重要环节，而翻译人才培养涉及教学各个环节以及课堂内外乃至社会发展等诸多因素。翻译素养问题并非新概念和提法，但是不同时代背景下的翻译素养及其相关因素的研究应当与时俱进。

本文在新时代外语教学的翻译课程思政建设的大语境下探索翻译素养问题，其中包括翻译能力和翻译的素养，突出外语教学中译者的文化立场观点、树立正确的价值观、国家利益至上等培育意识。要使译者"树人先要立德"中的"德"成为教育的重中之重，并成为评价翻译人才培养质量首要的、不可或缺的标准。通过正确的、全面的、有效的思想政治教育，将高尚品德素养视为教育的生命线，是大学教育的核心与灵魂。

2 翻译教学目标、现状和反思

2020年，教育部在中华文化重要发祥地山东召开了一个令人瞩目的会议并发布了《新文科建设宣言》。该宣言强调新时代文科教育的新使命，要求文科教育加快创新发展，明确提出新时代背景下教育发展的任务是"构建世界水平、中国特色的文科人才培养体系"。从这一段话中我们可以提取到有关文科人才培养的两个关键词，即"世界水平""中国特色"。面对这样的挑战和机遇，作为外语教师我们要反思、要规划、要坚持守正创新的原则。无论是三尺讲台上经验丰富的老教师，还是走上高校讲台的新教师，无不感到目标之高远、任务之艰巨。

翻译教学是外语专业教学中极为重要的环节，是衡量大学本科外语专业学生的外语知识和外语言语技能的主要指标之一。从翻译教学几次目标转向和目前所取的成效我们不难看出其中有得有失，还有很大完善空间，特别是翻译教学中译者的素养问题。

2.1 翻译教学的几次目标转向

2.1.1 从"四会并举"到"五会并举"

长期以来中国外语本科教学中突出听说读写"四会并举"的言语技能，国家级别的英语测试局限于客观题型为主。令人担忧的是，改革开放数十年，中国非外语专业学生的外语学习始终侧重于考试刷题。不可否认，20世纪70年代末开始，随着改革开放的推进，外语专业学生的对外交往能力成为关注重点。"80年代，在中国外语界展开了一次讨论，对如何确定听、说、读、写教学的顺序，大家各抒己见（贾冠杰，2003）。"当时人们普遍认为"四会并举"就等同于一个好翻译。事实上，20世纪80年代除了外语专业的学生具备一定交际能力，更多的外语学习停留在阅读、理解、刷题等非言语能力养成的初级阶段。世纪之交翻译专业和翻译能力逐渐成为一门课程或者专业方向。因此，外语专业学生的言语技能从"四会并举"也变成听、说、读、写、译"五会并举"，这一转变尽管只是由四变成五，但实际上发生根本性的转变，"五会并举"突出翻译能力为导向的教学目标，显示出从知识储备、听说读写言语技能培养到翻译能力输出的转换。这一转换也引起评价体系相应变更和完善，即突显跨文化交际的语言转换能力。一般情况下，翻译能力，是言语技能的高阶段、高水平层次的综合知识能力的展示。

2.1.2 跨文化翻译能力

20世纪80年代交际教学法在中国外语教学实践中逐渐被接受认可并放置于突出地位。以实现交际目的为衡量语言转化能力的标准势必引出跨文化问题。文化认知能力培养同样波及翻译教学实践，跨文化交际翻译能力培养具有巨大现实意义，只有培养学生文化认知观、跨文化翻译能力才能完成有效交际行为。跨文化翻译要求翻译教学注重翻译行为、翻译主体、翻译发生具体语境之间相互妥协、认同、顺应的认知行为。跨文化翻译能力突出文化因素，检验译者知识储备和应变能力，具有很强的实用性，所以至今翻译实践中的跨文化问题仍然是大学本科外语专业翻译教学的重点之一。

2.1.3 人机互助的翻译行为能力

随着信息技术的发展，21世纪初外语教师在教学形式方面发生了巨变。绝大多数执教者在使用纸质教材、教学资料的同时，积极掌握信息技术，逐渐从以语言构建意象化图景的教学，转变成以图片、影视、录像等现代化手段激发学生学习兴趣的教学。网络的普及极大丰富了课堂教学形式，形成全新的课堂模式：课堂不再只有教师一个人的声音，而变成了可以无限延伸的时空。从翻译教学而言，信息技术不仅提供了图像、画面，而且具有大量的数据资源，机器翻译可以在瞬间完成大量的文字、语音翻译任务。为了进一步简化翻译过程，实现跨学科翻译实践，缩短翻译进程，各种翻译语料库如雨后春笋，一跃成为翻译实践和研究的热点。

但是机器毕竟是机器，机器翻译不可能在短时间完全取代人工翻译。在某些凸显人类所特有的主观情态性领域，例如文学、艺术等人文学科，只有人才能正确解读其中的信息并加以传达。翻译教学中也要培养学生善于利用机器辅助，进行高效的翻译实践的能力。

2.2 翻译教学的反思

翻译教学实践不断发展，师资力量不断壮大，翻译本身在文史哲、科技、信息与传媒、政治经济等社会生活中展示出巨大魅力。然而，在翻译专业炙手可热的大背景下，我们还是能看到许多的有待进一步发展完善的空间。

2.2.1 高端翻译人才匮乏

翻译专业、同声传译专业曾经是高不可攀的领域，如今呈现遍地开花之势，按照这样的趋势，翻译人才应该层出不穷，但实际情况却令人大跌眼镜。高端翻译人才仍旧远远不能满足日益丰富的文化生活、日新月异的社会发展和瞬息万变的经济金融科技市场的需求。

2.2.2 师资力量不足

在小范围进行的外语专业英语和其他小语种专业翻译教学调查中，我们发现不少拥有国际化教育背景、博士学历的年轻教师，缺少教学方法上的实践积累，教学效果不佳。而一些在翻译理论研究方面有着巨大影响力的教师，却没有时间进行实践教学。与此同时，具有大量翻译实践经验并在高端翻译活动中德高望重的教师，也存在着在翻译教学实践中缺乏理论知识或者方法策略指导的情况，教学效果与教学目标时有偏差。

2.2.3 学习动机不强

动机是源于人自身内部的动力因素和力量，包括愿望、冲动、激情、目标、规划、具体实施等。良好的动机具有利己性和利他性、积极主动和可持续性的特点。翻译教学是一种以知识为材料的富有创造性的劳动，以学生正向学习动机为前提，并要求学生有着强烈的求知欲望、端正的学习态度和为达成目标所付出的努力。翻译人才与社会需求相关，学生应当具备关联语言文化知识、以学习目标为方向，在翻译行为中创造译者自身与外部世界的联结，通过努力实现不同世界的贯通。

动力分为内在动力、外在动力，它们分别又可分为远景和近期规划动力。一切动力都要能够转化成有效学习才能促进学生能力的发展。针对如何激励学生潜在动力、帮助学生养成积极心态、设计有利于成长的评价体系等问题，教育界有待深入探讨。

2.2.4 教学互动个性化不够

翻译教学需要因材施教，具有非常鲜明的个性化特点。学生学习翻译不再是简单地进行背诵、默写、构思、写作，而是要学习一种言语能力的输出。每个学生天赋不同，口笔译能力差距明显。翻译课程时长、教师、环境、教学法、教材、社会需求等对教学效果和人才培养有着直接的影响。学生翻译水平的提升取决于其学习态度、天资和教师的培养方法手段。但学生秉性各异，有的学生能保持长期自觉主动积极向上，有的学生偏向个人兴趣爱好，有的学生可以被批评教育所激励，而有的学生则通过赞誉肯定才能树立自信。

翻译教学注重知识运用和能力输出。当学生知识储备、语言天赋、性格禀赋存在差异时，翻译教学如果忽视学生差异、盲目赶进度、上难度等，可能会对教学效果产生负面影响。

2.2.5 翻译能力评价方式单一

翻译能力主要涉及口译和笔译两个方面的能力。一般教师会依据学生课堂表现、课外作业、平时小测和期中、期末考试成绩给出一个综合评价，缺少过程性评价、前瞻性评价等有助于学生成长的评价方式。笔者在翻译课堂上，针对课堂评价、自我评价等问题展开了一些调查，发现学生自我翻译水平评价过低，自我认同感不够。学生所反馈的信息一方面是自身翻译能力不够好，另一方面对翻译课程的进度和难度表示难以接受，也有部分学生完全否认翻译理论、翻译策略和翻译方法对翻译实践的指导作用。

3 翻译素养及相关因素

素养是个人性格禀赋、爱好、规划、教育和综合培育的结果。不仅包括个人禀赋、知识水平、言行举止特点，也包括个人修养、品质、信仰、思想、交往能力等。高等院校的翻译素养一般包括学生在专业方向内经过系统培育，在知识、言语翻译技能得到全面提升并达到既定的水准，结合个人、家庭和社会需求在该领域内获得工作技能、生存技能、社会责任感、职业伦理意识等职业技能和素质涵养的总和。早在十年前，中国企业对于语言服务人才的需求中排在第一位的就是职业素养，"结果显示，不同规模企业关注度最高的前三位因素完全相同，分别是翻译技术与工具的熟练度、持续学习能力和个人诚信，只是排序略有不同（王传英，2012）"。

新时代背景下翻译素养成为衡量人才的重要标志。尤其是人工智能技术迅猛发展，对翻译人才培养提出更高的要求。对于外语专业的翻译教学而言，学生的翻译素养即译者素质，它是由外语教学的主客观因素相互作用而形成，并且译者素质要结合教学实施的时代背景展开探索，译者素养不仅与具体教学大纲相关、并且和学生个人规划与成长有着密切的联系。

3.1 翻译能力、译者素质和翻译素养

翻译素养不是一个新的理念，它一直存在于外语教学中人才培养方案和人才培育目标体系中。翻译素养与译者素质和翻译能力密不可分，素养、素质和能力相辅相成。

3.1.1 翻译能力

翻译能力是指翻译过程中的言语转换能力,翻译能力包括口译和笔译能力，它是检验外语习得水平的重要手段之一。翻译能力是以听说读写能力为基础形成的综合言语能力。翻译能力要求译者具备在不同文化间进行自由转换的能力，即跨文化交际能力。

3.1.2 译者素质

本文中的译者素质主要指译者的自身条件。外语学习者条件各异，其中包括学习者自身主观意志力和客观条件，学习所具备的物质条件和非物质条件、先天禀赋和后天习得、道德品质、身心状况等等。

译者素质直接影响到翻译实践以及译文质量。译者作为实际操作者，其主体性会对翻译活动产生巨大影响。译者本人所具有的主客观条件包括译者个人天性、才情禀赋、教育经历、精神面貌、时代背景、家庭环境等。"本科专业学生应具有正确的世界观、人生观和价值观，良好的道德品质，爱国情怀与国

际视野，社会责任感，人文与科学素养，合作精神，创新精神，以及学科基本素养（肖伟青等，2021）"。

3.1.3 翻译素养

翻译素养的界定很复杂，同时很重要。在外语教学中，各个高校应当在保持各自学科优势和教学特点的基础上，关注外语教学中的翻译人才素养培育和培训问题。

翻译能力和译者素质是翻译素养的前提条件，而翻译素养也是促进并构成这两个前提条件的要素。三者之间互相联系、各具特点、相辅相成。译者素质决定翻译能力获得的速度和效果，是翻译素养的物质基础。翻译能力是评判翻译素养的重要指数，而翻译素养是基于译者素质特点和翻译能力上形成的更为全面和综合的能力。

翻译素养包括译者语言资质、知识储备、策略选择、与外部世界联通的能力。根据口译和笔译的不同特点，翻译素养呈现不同的特质。具备翻译素养的译者，首先具有相当的双语转换能力、文化知识、逻辑思辨能力、对外界变化反应能力和跨文化交际能力等。就口译而言，翻译素养包括译者使用设备的技术、口译职业伦理意识等。因此，翻译素养不仅包括实施翻译行为所需要的、必须具备的知识、素质、能力，而且还包括某一行业和领域内更为详尽具体的内容、规范和制度要求。

4 课程思政建设背景下的翻译素养培育

在新时代的课程思政建设背景下，外语翻译人才的培养理念内涵、实践内涵、教学研究内涵越加丰富。2014年上海外国语大学学生完成了一个大学生创新创业项目，即调查俄语专业本科毕业生五年后的就业情况。项目以上海外国语大学、北京外国语大学等知名院校本科毕业生中从事与俄语翻译工作相关的人员为对象，关注其毕业后五年之内薪金变化、涨幅等问题。调查显示，城市变动和职业变化决定薪金波动，但主因是专业知识、实际沟通言语能力和人际交往能力、译者自身价值取向等。课程思政建设的目的在于提升学生的综合素养，翻译课程亦不例外。新时代背景下汉译俄课程思政对教师在教学中坚定学生文化立场、厘清不同文化特性、坚守文化民族性、提升文化自信心等提出较高的要求，即要求教师践行立德树人的教学效果。

4.1 课程设计

根据上海外国语大学的培养理念、发展策略和目标，上海外国语大学俄罗斯东欧中亚学院围绕课程思政建设推进专业课程与思政课程相互融合的课程设计。首先，创造关联语种之间的翻译教学与研究的条件，尝试推动非关联语种间交叉互动式的翻译理论研究与实践教学。其次，不断完善和丰富学生在人文社科、国别区域等方面的知识，注意在教学中突出课程思政元素。最后，根据学校现有的资源，充分考量国家需求和社会发展纲要，制定出培养视野开阔、具有创新精神、精通俄汉互译理论、具备可独立实施翻译行为的能力、具备跨文化交往能力的人才的计划。

4.2 跨学科培养体系

教师应根据翻译理论的基本原则和常见的翻译策略与方法进行针对性的翻译实践教学。在翻译实践中掌握文学作品、政论文、科普以及外事、外贸等不同语体特点，分析跨学科的应用类语料翻译重点、难点。该阶段课程与俄语专业三年级第二学期的俄译汉的教学形成对接，形成俄语专业本科阶段完整的翻译课程体系，并在学科上有所拓展，促成以翻译素养为主导的跨学科翻译转换能力。与此同时，跨学科的翻译教学是一个知识灌输与价值观塑造并驾齐驱的过程。

近年来俄语专业毕业生就业面不断拓展。字节跳动、华为、海康威视、大华、中兴等企业和国有银行等每年都在招聘俄语专业毕业生。社会对跨专业应用型翻译人才的需求日趋旺盛，并且在需求增加的情况下不断提高对翻译人才综合素养的要求。综合素养不仅包括外语知识的深度和广度，还包括在翻译实践中双语言语转换技能的实际水平，特别是翻译人才的跨学科能力。

跨学科是专业人才的要求之一，随着教育的国际化和全球人类命运共同体的发展趋势，中国审时度势，提出了"立德树人"育人的理念。跨学科、国际化、传统文化立场、家国情怀等成为新时代的人才标配。

4.3 教学、科研相辅相成

翻译素养同样对任课教师提出了新的要求。新时代背景下外语专业翻译教学必须与时俱进，任课教师需要提高业务素养，进行教学方法、教学思路和教学实践的完善。要了解国家，"翻译活动的难度就在于翻译的内容包罗万象，因此我们在训练和培养翻译人才时，要明确政治、经济、文化、军事、科技等各领域的基础知识是合格翻译必须学习和具备的素养。这既是教学中的难点，又是学生在学习期间应该努力的方向（刘宏，2021）。"

翻译方向的任课教师和翻译理论研究者应当注重实践和理论之间的互动。科研要立足于当前的社会政治经济生活，要能落到实处，发现问题、分析问题并解决问题。"新时期，外语教育首先应该把人才培养视为学科建设的重要任务，外语学科的科研也应该服务于人才培养（曹德明，2021）。"翻译教学作为外语教育主干课程，主要目的在于培养学生的翻译技能。而技能背后则是学生素养问题。

翻译素养以行业标准和职业准入技能为要素。翻译研究与实践教学必须根据社会需求开展。

4.4 激发学生的主观能动性

教师应引领学生深入思考、明辨是非、从历史唯物主义角度分析问题，在课堂上使用具有价值引领作用的素材。注意材料之间的自然衔接，避免程式化、模式化，注意激发学生的学习积极性和总结归纳性思考。历史事件、传统节日、婚恋观、是非观、理想信念、家庭等都可以进行话题式分享。

4.5 注重知识点的内涵

"教材是课程教学素材的主要来源，在选用或编写教材时，应注意选择政治方向正确、思想积极、逻辑严密、具有时代活力和丰富育人意义的教学内容（张敬源、王娜，2020）。"善于以教材为蓝本进行主题关联性拓展，注意相关主题的技能可行性及跨学科特征，拓宽视野、提高政治意识，注重价值引领、时效性和育人功能。

参考文献

[1] 曹德明，等. 新文科背景下的外语教育与外语研究 [J]. 中国外语，2021（1）：5.

[2] 贾冠杰. 外语教育心理学 [M]. 南宁：广西教育出版社，2003：116.

[3] 刘宏. 新时代新阶段高水平翻译人才培养刍议 [J]. 中国翻译, 2021, 42（4）: 62.

[4] 刘正光, 等. 外语课堂思政的"德"与"术" [J]. 中国外语, 2020（5）: 4.

[5] 肖伟青等. 推动构建中国特色翻译本科专业人才培养体系 [J]. 中国翻译, 2021（2）: 65.

[6] 张敬源, 王娜. 外语"课程思政"建设 [J]. 中国外语, 2020（5）: 19.

[7] 王传英. 2011年企业语言服务人才需求分析及启示 [J]. 中国翻译, 2012, 33（1）: 68.

欧亚语言与文化研究

中文歌曲俄语译配研究

中国科学院上海光学精密机械研究所　郑　淼

摘要：歌曲翻译是一项极有意义、富含文化价值的活动。好的译文不仅延伸了原歌曲的艺术意义，更赋予了其第二次生命。译者不仅要将其中的"难写之景"和"不尽之意"表达出来，更要保证原歌词中"随语成韵"和"随韵成趣"特点的传达。现阶段，国内外相关研究主要集中于中英文歌曲的互译，有少量学者涉及俄文歌曲的汉译研究，而中文经典歌曲的俄语译配研究则鲜有涉及。现今俄语国家的人民对中国文化的兴趣与日俱增，因此，规范现行中文歌曲的俄语译本对于我国文化外宣工作有重要意义。本文结合大量中文歌曲俄译本的实践译例，以顺应论的四个维度为理论基础，结合音韵和节律的乐理知识，对中文歌曲的俄语译配版本进行分析评价。

关键词：歌曲译配；顺应论；音韵；节律

Песня —— это один из наиболее распространённых литературных и художественных жанров. Хорошие песни не только являются спутниками на протяжении всей жизни человека, но и помогают нам думать о жизни, обмениваться чувствами и разговаривать по душам. Русские народные и советские песни, появившиеся в Китае в прошлом веке, глубоко влияли на китайцев в течение нескольких поколений. Эти песни сократили духовную дистанцию между народами двух стран и стали посланцами для укрепления дружбы между двумя сторонами.

Перевод песни —— это очень значимая и культурно-насыщенная деятельность. Хороший перевод не только расширяет художественное значение оригинальной песни, но и даёт ей вторую жизнь. Переводчик должен не только выразить «неописанные пейзажи» и «бесконечное значение» текстов песен, но также обеспечить передачу характеристик «ритма и красоты языка» в оригинальной лирике. В наше время внимание отечественных и зарубежных учёных в основном сосредоточено на переводе китайских песен на английский или наоборот, и небольшое количество учёных занимается изучением переводов русских песен на китайский язык. Исследование русских переводов китайских классических песен проводится редко. В настоящее время граждане русскоязычных стран всё больше интересуются китайской культурой, поэтому стандартизация русского перевода китайских песен имеет большое значение для внешнего распространения культуры Китая.

1. Теоретические основы исследования перевода китайских песен

Согласно теории адаптации (Theory of Adaptation), упомянутой Jef. Verschueren (耶夫·维索尔伦), в своей книге «Understanding Pragmatics» (《语用学诠释》或《语用学新解》), во время использования языка говорящий и получатель языка постоянно делают выбор и адаптацию, то есть процесс применения языка — это процесс непрерывного выбора и адаптации, и на этот процесс влияют не только внутренние факторы, но и внеязыковые факторы.

Согласно мнению Verschueren, концепция адаптации языка предлагает четыре аспекта для прагматической интерпретации и описания языковых явлений: адаптация контекста, адаптация языковой структуры, динамическая адаптация и мера сознательности человека. В своё время адаптация языка реализуется в этих четырёх аспектах. В том числе контекстные отношения относятся к единству выбора языка коммуникатора и среды общения в процессе общения. Адаптация языковой структуры соответствует структуре и принципам «конструирования» на всех уровнях языка. Динамическая адаптация является ядром прагматической теоретической основы Verschueren, которая относится к динамическому процессу адаптации в общении, или «динамической генерации смысла». Мера сознательности человека в процессе адаптации относится к когнитивному психическому состоянию коммуникатора в процессе формирования языкового значения и мера сознательности человека в процессе языкового выбора (Verschueren, 1999).

2. Исследование русских переводов китайских песен с точки зрения теории адаптации

2.1 Адаптация контекста и перевод песен

Автор и читатель оригинала часто имеют один и тот же контекст. Когда автор и композитор пишут песни, они также учитывают потребности читателей, певцов и слушателей, которые владеют тем же языком, поэтому язык автора оригинала обычно соответствует контексту, культуре, мышлению читателей и нормам общения ИЯ. Переводчик должен тщательно выбрать язык при переводе, чтобы перевод был максимально эквивалентен оригиналу, коммуникативным нормам, культурной психологии и референтным отношениям целевых читателей. Согласно Verschueren, адаптация контекста включает два аспекта: адаптацию лингвистического контекста и адаптацию культурного контекста. Интерпретация адаптации контекста перевода песен в этом разделе будет сфокусирована на этих двух аспектах, также будут проанализированы переводы на основе точной передачи культурного значения и коннотации песни.

2.1.1 Адаптация лингвистического контекста и перевод песен

Лингвистический контекст отражает различные отношения между лингвистическими символами и участниками общения. Адаптация лингвистического контекста означает, что переводчик правильно понимает исходный текст и передаёт семантику исходного текста без каких-либо ошибок. А при переводе песен семантика некоторых слов неясна для целевых читателей, поэтому переводчики должны полностью понимать общий контекст и эмоции песен, чтобы передать её истинное значение. В процессе перевода песен понимание и рассмотрение лингвистического контекста в основном отражаются при переводе некоторых фразеологизмов, готовых выражений и символических слов.

(1) 我们万众一心，冒着敌人的炮火。

Наш шестьсот миллионов, мы — единое сердце!

——《中华人民共和国国歌》即《义勇军进行曲》(«Государственный гимн Китайской Народной Республики» или «Марш добровольцев»)[1]

Это типичная и самая известная революционная и патриотическая песня в Китае. Выдающийся китайский композитор Не Эр написал эту музыку во время войны против японских захватчиков. Песня ярко показывает патриотические чувства тогдашнего китайского народа. В этой лирике есть два очень захватывающих словосочетания «万众一心» и «冒着敌人的炮火». Первое словосочетание «万众一心» в китайском языке означает «все как один человек, единодушно, сохранять сплочённость воедино, массовый героизм», переводчик умеренно выбрал словосочетание «шестьсот миллионов», эта цифра соответствует историческим фактам, потому что в начале основания Китайской Народной Республики население составляло около 600 миллионов человек, таким образом, можно сказать, что «600 миллионов человек» — это все китайцы. Этот перевод соответствует языковому контексту. А второе словосочетание «冒着敌人的炮火» описывает сцену войны, в которой китайская нация сталкивается с врагами. Такую сцену невозможно подробно описать при переводе песен, поэтому переводчик обрабатывает по порядку словосочетание «мы — единое сердце», которое тоже выражает дух, упорство и смелость нашего народа.

(2) 我是一个兵，来自老百姓。

Я — простой солдат, я — народа сын.

——《我是一个兵》(«Я — простой солдат»)[2]

Эта песня была написана в 1950 году, то есть на втором году после

---

[1] Слова Тянь Ханя, музыка Не Эра, фортепьянное сопровождение Ли Хуань-чжи, перевод С. Болотина и Т. Сикорской, темп марша, из сборника «Известные китайские песни», 2010, стр. 1-3.

[2] Слова Лу Юаня и Юэ Луня, музыка Юэ Луня, фортепьянное сопровождение Сяо Шу-сянь, перевод К. Алемасовой, темп марша, из сборника «Известные китайские песни», 2010, стр. 38-47.

образования Китайской Народной Республики. Эта песня рассказывает о боевом пути Народно-Освободительной Армии Китая. Перевод этой простой фразы тоже отличный и ритмический. Во-первых, переводчик добавил имя прилагательное «простой», которое показывает слушателям близкие отношения. Во-вторых, переводчик выбрал словосочетание «народа сын» вместо «老百姓», который в китайском языке означает «народные массы, простолюдин, обыкновенные люди», тоже заставляет слушателей чувствовать себя ближе к армии. Этот перевод соответствует адаптации лингвистического контекста.

2.1.2 Адаптация культурного контекста и перевод песен

Культурный контекст — это сумма знаний и информации, накопленной обществом в процессе его долгосрочного развития. У каждой нации есть свои уникальные базовые знания и идеология, и вся эта информация является незаменимым фактором формирования культурного контекста. Адаптация культурного контекста означает, что переводчик должен точно понимать культурную среду и культурную коннотацию исходного текста в процессе перевода, чтобы исходный текст и перевод не только явился преобразованием между языковыми символами, но также представлял обмен культурной информацией. При переводе китайских песен на иностранные языки некоторые культурные слова с китайскими спецификой и древние слова относятся к этой части речи. То есть переводчики должны обладать значительным уровнем образования в области китайской культуры, чтобы передать культурную коннотацию песен иностранным певцам и слушателям.

(3) 日子越过越红火，何不趁现在去办嫁妆？

Жизнь счастливей с каждым днём, так почему нам не жить вдвоём?

——《闺女之歌》(«Песня девушки»)[①]

Это тоже известная китайская песня о любви, которая получила серебряную

[①] Слова Цуй Цзин-юань, музыка Чжэн Чжэнь-юй, русский текст М. Лапирова, темп: умеренно, из сборника «Известные китайские песни», 2010, стр. 29-37.

308

медаль на Международном конкурсе 5-ого Всемирного фестиваля молодёжи и студентов в Москве в 1957 году. В этой лирике есть два слова «红火» и «嫁妆» с культурным значением. Слова «红火» в китайском языке имеет два значения: 1) обильный (flourishing), например, «Гранат всё больше и больше расцветает»; 2) экономически процветающий (prosperous), например, «Жизнь её семьи становится всё лучше и лучше». В этой лирике используется второе значение этого слова, поэтому переводчик выбрал слова «счастливый», а не прямой перевод «красный огонь». Слова «嫁妆» в китайском языке означает «деньги и вещи, которые приносят женщины в дом мужа, когда вступают в брак» (maritage, dowry, trousseau), в этой песне автор использовал это слово как символ, подразумевая, что молодой человек сделал предложение любимой девушке и хотел быстро сыграть свадьбу, поэтому при переводе переводчик выбрал другое словосочетание «жить вдвоём», которое тоже соответствует настроению парня. В общем, перевод соответствует адаптации культурного контекста.

(4) 人儿伴着孤灯，梆儿敲着三更。

Свет луны погас, пробил полуночный час.

——《夜半歌声》(«Полуночная песня»)[①]

Эта песня является тематической песней из одноимённого фильма 1936 года, сюжет фильма был взят из популярного романа «Призрак Оперы» французского писателя Гастона Леру, эту песню поёт обезображенный артист глубокой ночью, когда он скучает по своей любимой. В этой лирике есть два важных слова «孤灯» и «三更». Первое слово «孤灯» в китайском языке означает «одинокая лампа», в литературе часто используется как метафора одиночества. Переводчик выбрал словосочетание «свет луны», тоже показывает слушателям тоску героя. А слово «三更» (the third watch) тесно связано с китайской культурой. В древнем Китае было двенадцать часов или сто мгновений в сутки, среди которых было сорок мгновений, принадлежащих ночи.

[①] Слова Тянь Ханя, музыка Сянь Син-хая, русский текст А. Орфёнова, темп: медленно, из сборника «Известные китайские песни», 2010, стр. 55-67.

Всего четыре периода в каждую десятую, и ещё плюс начало и конец получается пять узлов. Поэтому третий период ночи —— это полночь, то есть с 23:00 дня до 1:00 следующего дня. При переводе переводчик не выбрал прямой перевод «третий период», а выбрал объяснительный перевод «полуночный час», чтобы слушателям был понятно.

2.2 Адаптация языковой структуры и перевод песен

Сущность адаптации структурного объекта —— это процесс, в котором субъект общения адаптируется к генерализации смысла и выделяет элементы объекта. В этом процессе взаимосвязь и взаимозависимость между различными элементами структурного объекта оказывают важное влияние на процесс выбора языка, и каждый процесс выбора языка также будет оказывать влияние на адаптацию между элементами.

(5) 五星红旗迎风飘扬，胜利歌声多么响亮。

Пятизвёздочный флаг горит огнём, песню славы гордо мы поём.

——《歌唱祖国》(«Песня о Родине»)[①]

Эта лирика о государственном флаге производит сильное эмоциональное воздействие на каждого китайца. В ней фраза «五星红旗迎风飘扬，胜利歌声多么响亮» описывает нам красивый и живой пейзаж —— «Пятизвездочный красный флаг развевается на ветру, и как громко звучит песня победы». Из-за ограниченности музыки в процессе перевода переводчик принял адаптацию языковой структуры. Во-первых, переводчик сравнивает национальный флаг с огнём. Цвет национального флага Китайской Народной Республики —— красный, он развевается на ветру, как огонь, а пламя также символизирует неукротимый дух китайского народа. Во-вторых, переводчик заменил словосочетание «胜利歌声» (песня о победе) словосочетанием «песня славы», заменил слово «响亮» (громко) словом «гордо», потому что создание Нового

[①] Слова и музыка Ван Синя, перевод С. Болотина, темп марша, из сборника «Известные китайские песни», 2010, стр. 4-8.

Китая является для нас предметом гордости и славы, и перевод соответствует стилю и жанру оригинального текста. Кроме того, в этой лирике ещё есть рифма на конце строки —— «扬» (yang) и «亮» (liang), при переводе переводчик тоже выбрал слова «огнём» и «поём» с окончанием «-ём», что также соответствует адаптации компонентов языковой конструкции. В общем, это типичный пример адаптации языковой структуры.

(6) 轻撒网，紧拉绳，烟雾里辛苦等鱼踪。

Гонит волны шквал седой. Как сердит морской прибой!

——《渔光曲》(«Песня рыбака»)[①]

В фильме «Песня рыбака» рассказывается о трагической судьбе китайских рыбаков, фильм получил почётный приз на Московском международном кинофестивале в феврале 1935 года. Песня была удостоена приза как лучшая оригинальная песня для кинофильма, и она получила мировую известность. А эта фраза также типично и образно показывает нам тяжёлую жизнь и горькое настроение рыбаков: в тумане рыбак аккуратно забросил сеть и крепко затянул верёвку, с тревогой ожидая рыбу. В процессе перевода переводчик умело изменил перспективу и заменил подлежащее предложения словами «шквал» и «морской прибой». Перевод показывает нам трудности жизни рыбаков с другого направления: опасный шквал гонит волны, и сильный береговой морской прибой сердится на рыбака, который не видел направление в тумане, и не видел рыбу и надежду жизни. В общем, этот перевод ярко и выразительно передал чувство героя фильма, соответствовал информации и стилю исходного текста.

2.3 Динамическая адаптация и выбор стратегии перевода

В процессе динамической адаптации, события дискурса, контекстные отношения и структурные объекты являются тремя незаменимыми факторами, в том числе события дискурса или поведение дискурса являются предпосылками

[①] Слова Ань Э, музыка Жэнь Гуана, перевод А. Орфёнова, темп: умеренно, из сборника «Известные китайские песни», 2010, стр. 75-80.

для генерации смыслов. Таким образом, динамическая адаптация относится к процессу интерпретации адаптации в выборе языка в соответствии с изменениями трёх миров (психологический мир, социальный мир и физический мир) и различными уровнями использования языка, в которых коммуникаторы расположены.

(7) 这边住着一位勤劳的小伙，江对岸有一位年轻姑娘。

Двое в разных посёлках живут, но расстояние для них не беда.

——《闺女之歌》(«Песня девушки»)①

В этой лирике представлена личность двух героев в песне: трудолюбивый парень живёт на берегу реки, а молодая девушка —— через реку. В процессе перевода переводчик не мог чётко описать все детали, поэтому он опустил значение реки и получил перевод «они живут в разных посёлках», также указал, что молодой человек и девушка живут неблизко друг от друга, но в следующему предложении переводчик сразу напомнил слушателям: «но расстояние для них не беда», подразумевая, что потом у них будет любовная история. Перевод сделал коммуникативный контекст более согласованным, что соответствует когнитивной психологии слушателей, выразил смысл оригинального текста.

(8) 你到他家生一男孩，我到他家，生下一朵花②。

Скоро замуж мы пойдём с тобой, ты сына хочешь, я о дочке мечтаю!

——《夸女婿》(«Хвала женихам»)③

Лейтмотив этой песни очень веселый, описывающий, что две девушки хвастаются своими женихами и предвидят счастливую жизнь в будущем. Но поскольку две девочки ещё не замужем, некоторые слова у них не очень конкретные и чёткие, поэтому переводчику нужно использовать стратегии перевода. Во-первых, переводчик заменяет фразы "你到他家" и "我到他家"

---

① Слова Цуй Цзин-юань, музыка Чжэн Чжэнь-юй, русский текст М. Лапирова, темп: умеренно, из сборника «Известные китайские песни», 2010, стр. 29-37.

② 比喻女儿。

③ Народная песня провинции Шаньси, обработка У Цзу-цяна, перевод М. Лапирова, темп: оживлённо, шутливо, из сборника «Известные китайские песни», 2010, стр. 84-87.

предложением «скоро замуж мы пойдём с тобой», используя слово «замуж», которое легко понять иностранным слушателям. Потом переводчик передал «花» подразумеваемым словом, то есть это «родить дочку». Перевод соответствует адаптации к динамичному культурному контексту.

2.4 Мера сознательности человека в переводе песен

Уровень сознания отличается, причина различий заключается в разнице в психологических действиях людей и разнице в овладении социальными условностями. Это составляет важную основу для языковой адаптации и формирования значения — «социальную психологию». С точки зрения адаптации, социальная психология представляет собой совокупность многих социальных и когнитивных факторов.

月亮出来亮汪汪，亮汪汪，想起我的阿哥在深山	月亮出来亮汪汪，亮汪汪，想起我的阿妹在深山
Светит ясный месяц в час ночной. О тебе мечтаю я, мой родной	Только ночь настанет, луна взойдёт, думаю о милой я, что в горах живёт.
哥像月亮天上走，天上走，哥啊，哥啊，哥啊，山下小河淌水清悠悠	妹像月亮天上走，天上走，啊，啊，啊，山下小河淌水清悠悠
Ты уехал в горы высоко. Милый, милый, милый, как и светлый месяц, ты далеко.	Ах, она прекрасна, как солнца свет. Ах! Ах! Ах! Мне ручей приносит с гор от неё привет.
哥啊，哥啊，哥啊，你可听见阿妹叫阿哥？	啊！啊！啊！你可听见阿妹叫阿哥？
Милый, милый, милый, разве ты не знаешь, что здесь я жду?	Ах! Ах! Ах! Слышишь, я тебя зову, милый мой
——《小河淌水》（独唱）(«Светит ясный месяц»)[1]	——《小河淌水》（合唱）(«Ручей»)[2]

Это два очень интересных примера перевода, потому что содержание текстов и стиль написания двух песен почти одинаковы, китайский поэт,

---

[1] Народная песня провинции Юньнань, слова Инь И-гуна, обработка Ли Ин-хая, перевод К. Алемасовой, темп: медленно, из сборника «Известные китайские песни», 2010, стр. 113-115.

[2] Народная песня провинции Юньнань, слова Инь И-гуна, обработка Мэн Гуй-биня и Ши Лэ-мэна, перевод К. Алемасовой, темп: немного медленно, из сборника «Известные китайские песни», 2010, стр. 116-124.

написавший слова, и советский переводчик те же, но в итоге мы получили два совершенно разных перевода, даже названия песен тоже разные. Внимательно изучив данные, мы обнаружили, что композиторы обработки двух песен разные. Кроме того, певческий тон двух песен также различен, темп первой песни —— медленно（慢）, а темп второй песни —— немного медленно（适中的行板）.

Давайте посмотрим на конкретный раздел перевода песен. При переводе первого предложения первый перевод представил статическое описание для слушателей, в переводе глагол «светить», а второй перевод показал слушателям более подвижную картину, в переводе глаголы «настать» и «взойти». Поэтому, хотя в обоих текстах речь идёт о молодых, скучающих по своим возлюбленным, выражения перевода отличаются в деталях. При переводе второго предложения два перевода также различаются. В первом переводе переводчик перевёл ласковое обращение девушки к своему парню словом «месяц», которое одинаково как в исходном тексте, а во втором переводе переводчик перевёл ласковое обращение парня к девушке словом «солнце». При переводе третьего предложения в первом переводе переводчик перевёл более свободно, и основное значение и эмоции не менялись, а во втором переводе переводчик был более предан оригинальному тексту. В целом оба перевода превосходны, но первый перевод отражает более свободное состояние переводчика, а второй перевод ближе к исходному содержанию и имеет более высокую степень сходства. Благодаря сравнению мы чувствуем меру сознательности переводчика в процессе перевода.

3. Исследование русских переводов китайских песен с точки зрения ритма и такта

Структура поэзии делится на метрическую и свободную поэзию. Здесь «метрика»（格律）—— это в основном мелодика（声律）. Есть два основных строительных блока у мелодики, первый —— ритм（音韵）, второй —— такт（节律）(такт делает тексты мелодичными и чёткими, выразительными с расстановкой и паузами). Лингвистическая мелодика поэзии впервые отражается в рифмовке. Упомянутая здесь ритмичность тесно связана со строками поэзии, тактами, изоколонами и рифмовками, а также неотделимая от высоты, длины, акцентов и скорости языковой комбинации. (Сюэ Фань，2002)

В этой главе мы анализируем некоторые примеры из сборника «Известные китайские песни» с точки зрения ритма и такта. Потом сравниваются и анализируются типичные примеры перевода популярных китайских песен в Интернете, и примеры из уханьской городской агитационной песни «Здесь», который сам автор пытался перевести. Выводятся общие принципы оценки последующих работ по переводу песен с точки зрения ритма и такта.

3.1 Исследование русских переводов китайских песен с точки зрения ритма

Рифмовка является основным фактором, формирующим мелодии поэзии, в текстах песен рифма обычно является фонемой последнего слога в конце поэтической строки. В создании китайских стихов и песен существуют стандарты «Восемнадцать мелодичных звуков» (十八韵) и «Тринадцать классов внетональных рифм» (十三辙). В стандарте «Восемнадцать мелодичных звуков» включают: «Один ma» «Два bo» «Три ge» «Четыре jie» «Пять zhi» «Шесть er» «Семь qi» «Восемь hui» «Девять kai» «Десять mo» «Одиннадцать yu» «Двенадцать hou» «Тринадцать hao» «Четырнадцать han» «Пятнадцать hen» «Шестнадцать tang» «Семнадцать geng» «Восемнадцать dong». «Тринадцать классов внетональных рифм» включают в себя: «Один fahua» «Два suobo» «Три miexie» «Четыре gusu» «Пять yiqi» «Шесть huailai» «Семь huidui» «Восемь yaotiao» «Девять youqiu» «Десять yanqian» «Одиннадцать renchen» «Двенадцать jiangyang» «Тринадцать zhongdong».

Ритм очень важен для создания и перевода поэзии. Рифма может создать гармоничный и приятный звук, сделать стихи ярче, а также выразить настроение и эмоции поэзии и музыки более активно, вызвать тем самым внутренний резонанс у людей. Рифмованные тексты легче петь, запомнить и распространять.

(9) 云儿飘在海空，

Облака вдали плывут,

鱼儿藏在水中。

лодки к берегу идут.

潮水升，浪花涌，

Вся семья улова ждёт,

渔船儿漂漂各西东。

лодка быстрая плывёт.

——《渔光曲》(«Песня рыбака»)①

В этом тексте много раз повторяется рифма «-ong», то есть звук «Восемнадцать dong» и «Тринадцать zhongdong», которые относятся к стандартам «Восемнадцать мелодичных звуков» и «Тринадцать классов внетональных рифм». В процессе перевода переводчик тщательно искал рифму, третье лицо единственного и множественного числа русских глаголов «плыть», «идти» и «ждать» окончательно выбрано, получаются окончания в переводе «-ут» и «-ёт».

(10) 塞纳河畔，左岸的咖啡，

Берег Сены, ароматный кофе.

我手一杯，品尝你的美，

Красота в моей руке.

留下唇印的嘴。

Я тебя поцеловал в губы.

花店玫瑰，名字写错谁，

Тебе благоуханные розы.

你说你有点难追，

Я к тебе всегда стремлюсь.

想让我知难而退。

---

① Слова Ань Э, музыка Жэнь Гуана, перевод А. Орфёнова, темп: умеренно, из сборника «Известные китайские песни», 2010, стр.75-80.

II. 文学与翻译研究

И надежду не оставлю.

——《告白气球》(«Love Confession»)①

Эта песня выбрана с платформы WeChat «Eyubang», данный вариант перевода является относительно успешным примером перевода китайских популярных песен в Интернете. Мы можем видеть, что повторяются в оригинальной лирике рифмы «-ei» и «-ui», которые относятся к звуку «Восемь hui» и рифме «Семь huidui». В процессе перевода переводчик гибко использовал богатые изменения окончаний в русском языке. Сначала переводчик выбрал именительный падеж единственного числа имени существительного «кофе» и предложный падеж единственного числа имени существительного «рука», получается одинаковое окончание слов на —— «-е». Затем переводчик выбрал винительный падеж множественного числа имени существительного «губа» и «роза», и получил то же окончание «-ы». Наконец, переводчик выбрал первое лицо единственного числа глаголов «стремиться» и «оставить», и получил похожие окончания «-люсь» и «лю». Хотя появляется в текстах несколько рифм, но всё-таки этот перевод лёгок для вокального исполнения.

3.2 Исследование русских переводов китайских песен с точки зрения такта

Во многих иностранных языках, если в слове есть два или более слогов, один из них должен быть под ударением, а остальные —— безударные слоги. В текстах песен на иностранных языках интенсивность тактов часто связана с ударениями слов. Повторно произносится слог с ударением в сочетании с несколькими безударными слогами —— это единица такта, обычно называют «стопа» (音步). Поэт ставит повторно ударные и безударные слоги в стихах по определённым правилам, так что получает мелодичные и чёткие ритмичные фразы, которые похожи на «ямб» (抑扬格), «трохей» (扬抑格) и «ровные и

---

① Слова Фан Вэньшаня, музыка Чжоу Цзелуня, обработка Линь Майкэ, перевод и электронный ресурс: https://mp.weixin.qq.com/s/axlIhq1CWysoeUGOQtuW9g.

ломаные тоны» (平仄) в древних китайских стихах. Когда композиторы сочиняют музыку, они должны аранжировать ударный слог на сильной доле музыки, или относительно на вспомогательной доле. Если в музыке ударные слоги не находятся на сильных долях, будет формироваться явление «обратное слово» (倒字). (Сюэ Фань 2002:78-79)

(11) 我们可爱的家乡！
Ты цветёшь, край родно́й мой!

我们　可　爱　的　家　　　乡！
wǒ mén kě ài de jiā xiāng!
во мэнь кэ ай дэ цзя сян!
ты цве- тёшь, край род- ной мой!

——《新疆好》(«Песня о Синьцзяне»)①

Размер такта этой песни —— размер на две четверти (2/4). Ударный слог «тёшь» слова «цветёшь» —— в сильной доле, а безударный слог «цве» —— в слабой доле. Ударный слог «ной» слова «родно́й» —— на сильной позиции слабой доли, а безударный слог «род» —— на слабой позиции сильной доли. Таким образом, этот перевод также соответствует правилам нот.

(12) 绣你名字在万花落尽。
Имя вышива́ет на цвета́х.

---

① Синьцзянская народная песня, слова Ма Хань-бина, переложение Лю Чи, перевод А.Машистова, темп: весело, игриво, из сборника «Известные китайские песни», 2010, стр. 17-27.

Ⅱ. 文学与翻译研究

```
 6 1 2 6 5 3 6 2 1 | 1 1 1  (6 5 1 3) |
 人 间 四 月 秀 一 树 樱       花。
 绣 你 名 字 在 万 花 落       尽。
```

——《在此》(«Здесь»)①

Размер такта этой песни — размер на четыре четверти (4/4). Это предложение занимает два такта в нотах, в русском переводе всего девять слогов, что соответствует девяти иероглифам в китайской лирике: «绣» — «и́» «你» — «мя́» «名» — «вы́» «字» — «ши» «在» — «ва́» «万» — «ет» «花» — «на́» «落» — «цве́» «尽» — «та́х». Ударный слог «и́» слова «и́мя» — на сильной позиции сильной доли, а безударный слог «мя́» — на слабой позиции сильной доли. Ударный слог «ва́» слова «вышива́ет» — на сильной позиции вспомогательной доли, а безударный слог «вы́» — на сильной позиции слабой доли, «ши» — на слабой позиции слабой доли, «ет» — на слабой позиции вспомогательной доли. Ударный слог «та́х» слова «цвета́х» — в сильной доле, а безударный слог «цве́» — в слабой доле.

4. Заключение

В результате проведённого исследования были сделаны следующие выводы:

(1) Предпосылка перевода песен — это по-настоящему понять глубокое искусственное значение произведений. Например, мы должны понимать основной сюжет при переводе песен фильмов и телесериалов, понимать образы и подразумевания города при переводе городских пропагандистских песен, понимать особенности диалекта и обычаи при переводе народных песен, которые с очевидными национальными особенностями. При переводе песен «Китайская волна» мы должны часто обращаться к словарю древнекитайского и современного языка, узнавать происхождение и аллюзии слов и фраз из различных источ-

---

① Слова Юй Цзяна, музыка Ма Шаню, перевод Чжэн Мяо.

ников.

(2) Перевод песен —— это не работа, которую возможно выполнить за один этап. После того, как черновой перевод завершен, мы должны пригласить иностранных экспертов с целью корректировать грамматику и лексику, и одновременно предлагать им аудиозапись и нотоносец оригинальной песни. Переводчики и иностранные эксперты должны совместно выполнить работу по прослушиванию, корректировать трудные для произношения слова в переводе. Обычно для этой работы требуется несколько человек, чтобы проверить много раз и получить более подходящий перевод. В случае необходимости, мы можем обратиться к музыкальным экспертам за помощью.

(3) Выбор исследовательских материалов —— это тщательная работа. Переводчики должны внимательно различать при прослушивании записи текстов песен, выбирать официальную и правильную музыкальную версию. Текстовая версия не должна приниматься в качестве критерия. Например, чтобы соответствовать мелодии, некоторые певцы часто пропускают имена прилагательные или наречия в переводах и сохраняют только имена существительные. Иногда такой подход влияет на передачу всего текста, поэтому исследователи должны уделять особое внимание этому при работе над оценкой переводов песен.

(4) Перевод песен неограничен текстом песен. Чтобы поэтический текст в полной мере выполнял свою коммуникативную функцию, его недостаточно просто перевести, ещё необходимо полностью учитывать его структуру предложений и подразумеваемое значение каждых слов. В некоторых случаях для сохранения прагматического потенциала оригинального текста переводчику можно и необходимо вносить в текст перевода различные изменения или преобразования. Например, иногда мера сознательности заставляет переводчиков получить более «свободный перевод».

(5) Гибко использовать различные способы и приёмы перевода при переводе песен. Переводчику нельзя просто заменить слова в переводах однотипными языковыми средствами, так как в таких случаях трудно сохранить прагматический потенциал текста оригинала. Переводчику надо обеспечить адекватность

текста перевода, передать чувства и красоту переведённых песен с помощью различных стратегий перевода.

Литература

[1] Verschueren J. Understanding Pragmatics [M]. Beijing: Foreign Language Teaching and Research Press, 2000.

[2] Комиссаров В. Н. Современное переводоведение[M]. Москва: Издательство «ЭТС», 2004.

[3] 樊发稼. 试议一首歌词的译文 [J]. 词刊，1988（5）.

[4] 胡凤华."歌曲译配"与"歌曲翻译"辨 [J]. 安徽大学学报（哲学社会科学版），2007，31（5）：96-100.

[5] 胡凤华. 歌曲译配——中俄文化交流的特殊桥梁 [J]. 中国俄语教学，2006（04）：61-64.

[6] 陶源. 顺应论视角下的模糊语言翻译研究 [M]. 武汉：武汉大学出版社，2014.

[7] 维索尔伦，钱冠连，霍永寿. 语用学诠释 [M]. 北京：清华大学出版社，2003.

[8] 薛范. 歌曲翻译探索与实践 [M]. 武汉：湖北教育出版社，2002.

[9] 薛范. 中国名歌选集　汉俄双语版 [M]. 北京：人民音乐出版社，2010.

[10] 张红星. 论韵辙属性的综合分类标准 [J]. 社会科学辑刊，2006(03):237-241.